北京外国语大学一流学科建设科研项目成果

引渡新论：国际规则与中国实践

张燕龙 著

YINDUXINLUN
GUOJIGUIZE YU ZHONGGUOSHIJIAN

中国政法大学出版社

2025·北京

声　　明　　1. 版权所有，侵权必究。

　　　　　　2. 如有缺页、倒装问题，由出版社负责退换。

图书在版编目（CIP）数据

引渡新论：国际规则与中国实践 / 张燕龙著. --北京：中国政法大学出版社，2025. 4. -- ISBN 978-7-5764-2062-3

Ⅰ. D998.2

中国国家版本馆 CIP 数据核字第 2025VB4627 号

出 版 者	中国政法大学出版社
地　　址	北京市海淀区西土城路 25 号
邮寄地址	北京 100088 信箱 8034 分箱　邮编 100088
网　　址	http://www.cuplpress.com（网络实名：中国政法大学出版社）
电　　话	010-58908586（编辑部）58908334（邮购部）
编辑邮箱	zhengfadch@126.com
承　　印	固安华明印业有限公司
开　　本	880mm×1230mm　1/32
印　　张	9
字　　数	240 千字
版　　次	2025 年 4 月第 1 版
印　　次	2025 年 4 月第 1 次印刷
定　　价	59.00 元

前　言

　　引渡有着悠久的发展历史。最早期的引渡活动主要是罪犯的遣返，目的是维护政权的稳定。[1]1623年，格劳秀斯（Hugo Grotius）在《战争与和平法》一书中提出了在引渡领域中非常重要的"或引渡或起诉"原则。[2]18世纪，受美国与英国签署历史上第一份引渡协议《杰伊条约》的影响，欧美国家开启了引渡条约签署时期。[3]进入19世纪之后，引渡制度开始迈向现代化和法律化。许多国家开始在其国内立法中对引渡问题进行专门性规定，并通过制定单行引渡法的方式来解决引渡问题。

　　1833年《比利时引渡法》是世界上第一部引渡法，[4]并成为以后欧洲各国引渡法制定的模板。1841年《卢森堡引渡法》、1849年《荷兰引渡法》、1866年《法兰克福自由城市引渡法》等，都是在《比利时引渡法》的基础上制定的。英国则于1870年颁布了其引渡立法史上的第一部引渡法。此后，欧美国家开

---

[1] 参见刘亚军：《引渡新论——以国际法为视角》，吉林人民出版社2004年版，第1页。

[2] 参见［荷］格劳秀斯：《战争与和平法》，［美］A.C.坎贝尔英译、何勤华等译，上海人民出版社2005年版，第318页。

[3] 参见马进保：《现代引渡制度及其发展趋势》，载《政法论坛》1993年第2期。

[4] 参见秦一禾：《犯罪人引渡诸原则研究》，中国人民公安大学出版社2007年版，第3~4页。

始在引渡条约中规定"政治犯罪不引渡"原则,这标志着现代引渡制度的诞生。[1]19世纪的欧洲引渡立法中最具特色的当属意大利。意大利采取将基本原则纳入宪法、实体性规范纳入刑法典以及程序性规范纳入刑事诉讼法的方法对引渡问题进行了全方位的规制。[2]此时的引渡在传统的国际刑事司法合作中占据了重要地位,与此相对,狭义的国际刑事司法协助尚未获得独立地位。

进入20世纪之后,随着国际交流的发展,狭义国际刑事司法协助的重要性显著增加。各国也开始尝试建立国际刑事司法合作的专门国内法依据。比如,法国于1927年颁布了专门的引渡法,使得其与外国的司法合作由单纯的国际礼让逐渐地变成真正由法律调整的对象。瑞士和德国则相继于1981年、1982年颁布了《联邦国际刑事协助法》和《联邦德国国际刑事司法协助法》。另外,引渡制度在国际上的应用也逐渐扩展到更广泛的领域,出现了诸如1952年《阿拉伯联盟引渡协定》(Arab League Convention)、1957年《欧洲引渡公约》(European Convention on Extradition)、1989年《美洲国家间引渡公约》(Inter-American Convention on Extradition)以及1994年《西非国家经济共同体引渡公约》(Convention A/P. 1/8/94 on Extradition)等多边引渡条约。国际上亦出现了如国际刑警组织(International Criminal Police Organization, ICPO)、国际民用航空组织(International Civil Aviation Organization, ICAO)等促成国际刑事司法合作的国际组织。

第二次世界大战之后,交通工具的发展与人口的大规模流动带来了犯罪的国际化,也对国际刑事司法合作的开展产生了较大影响。1959年签订的《欧洲刑事司法协助公约》(European

---

[1] 参见刘亚军:《引渡新论——以国际法为视角》,吉林人民出版社2004年版,第3页。

[2] 参见黄风:《引渡制度》(增订本),法律出版社1997年版,第18页。

Convention on Mutual Assistance in Criminal Matters)明确了送达司法文书、搜集证据和进行刑事诉讼等三种刑事司法协助的形式。20世纪70年代,又出现了刑事诉讼移转和外国刑事判决的承认与执行等新的国际刑事司法协助方式,极大地促进了国际刑事司法合作的进程。以法国为例,据统计,仅1975年,由法国向外国引渡的案件有169件,由外国向法国引渡的案件则有70件;到了1977年,法国的国际刑事司法合作委托书件数总计高达8000件,其中法国向外国提出的委托书约3000件,受理外国的委托书约有5000件,且多数委托书的发出和受理由双方国家司法部或司法当局之间直接进行,而非外交途径。[1]1988年的《联合国禁止非法贩运麻醉药品和精神药物公约》(United Nations Convention Against Illicit Traffic in Narcotic Drugs and Psychotropic Substances)较为全面地规定了国际刑事司法协助的形式,1990年,联合国又制定了《引渡示范条约》(Model Treaty on Extradition)、《刑事事件转移诉讼示范条约》(Model Treaty on the Transfer of Proceedings in Criminal Matters)、《有条件判刑或有条件释放罪犯转移监督示范条约》(Model Treaty on the Transfer of Supervision of Offenders Conditionally Sentenced or Conditionally Released)、《刑事事件互助示范条约》(Model Treaty on Mutual Assistance in Criminal Matters)等一系列有效加强国际刑事司法合作的示范性文件。

21世纪以来,随着全球化进程的深化,国际刑事司法合作的重要性与日俱增。2000年,联合国大会通过了《联合国打击跨国有组织犯罪公约》(United Nations Convention against Transnational Organized Crime),就引渡、司法协助、联合调查、执法合

---

[1] 参见董璠舆:《关于国际刑事司法协助的一般考察》,载《比较法研究》1987年第1期。

作等作出详细规定，囊括了当时国际刑事司法合作的各种形式。2003年10月31日，联合国大会通过了《联合国反腐败公约》(United Nations Convention Against Corruption)，全面建立了国际反腐领域的国际司法与执法合作机制，其规定的国际司法合作机制由引渡、司法协助、被判刑人的移管和刑事诉讼移交四个部分组成，形成了以追缴非法犯罪所得为中心开展国际司法合作的体系，[1]为世界各国开展打击跨国腐败犯罪的国际刑事司法合作提供了更为便利的途径。

总体而言，国际刑事司法合作的发展经历了漫长的演进过程，跨国刑事司法合作的内容和程序都在不断规范和完善，呈现出现代化和法制化的特征。引渡的发展不断适应着变化着的国际法律和国际刑事司法合作的需求，有助于国际社会更好地应对跨国犯罪的挑战，维护正常的国际法律秩序。

引渡制度是国际刑事司法合作中的核心制度，是惩治犯罪方面最古老的国际协作形式。[2]在国际上最主要的四种国际刑事司法合作形式中，引渡不仅是其中最核心的内容，而且引渡制度中的基本原理也是其他合作形式的基础。即使是在遣返、劝返等引渡替代措施中，也依旧能看到引渡基本原则的影响。可以说，引渡是国际刑事司法合作中最主要的形式，在国际刑事司法合作中居于主导地位。"在现代国际刑事司法协助体系中，引渡的历史最为悠久，适用最为普遍，有关引渡的理论也最为成熟。"[3]引渡理论的发展为当今时代丰富多彩的国际刑事

---

[1] 参见黄风：《国际刑事司法协助制度的若干新发展》，载《当代法学》2007年第6期。

[2] 参见[意]杜里奥·帕多瓦尼：《意大利刑法学原理》（注评版），陈忠林译评，中国人民大学出版社2004年版，第59页。

[3] 彭峰：《引渡原则研究》，知识产权出版社2008年版，第1页。

司法合作奠定了理论基础。

我国早在春秋战国时期就有了各诸侯国相互协助缉捕逃犯的实例，1689年签订的《中俄尼布楚条约》是我国历史上第一个有证可查的与外国缔结的含有引渡条款的平等条约。[1]但由于近代中国沦为半殖民地半封建国家，依附于司法主权的近代引渡也就无从发展。中华人民共和国成立后由于复杂的国际形势，正常的引渡合作很难展开，直到党的十一届三中全会以后引渡合作才逐步走上正轨。党的十八大之后，随着对境外追逃追赃工作的进一步加强，引渡实践深入展开，"猎狐行动"等取得了重大的成就，这也给引渡理论的发展带来了机遇。当然，由于历史国情的因素，我国引渡制度在相当长一段时间内发展较为缓慢，至今依旧存在着与其他国家或地区引渡合作协议较少、以直接引渡方式开展司法合作较少、过于依赖引渡替代措施以及死刑保留等阻碍因素多等各种问题。

以上问题的存在与我国引渡实践的积累时间过短有关，客观上造成了我国引渡理论发展尚不成熟的局面。无论是从引渡制度的原理、国内法的制度规定，还是双边引渡条约来看，我国关于引渡的法律体系及理论研究均尚未达到体系化的程度。而引渡理论的不成熟又反过来对引渡实践的顺利开展产生阻碍。要促进引渡理论的发展，就要紧紧抓住国际规则这个核心，深入研究引渡国际合作的基础理论和前沿观点。同时要植根我国引渡实践，以服务国家战略为根本指引。因此，关于引渡的国际规则与中国实践，既是本书的核心内容，也是本书的两大价值指引，本书将紧紧围绕这两个方向展开。

---

[1] 参见杨泽伟：《近代国际法输入中国及其影响》，载《法学研究》1999年第3期。

目 录

前　言 …………………………………………………………… 001

第一章　我国参与国际刑事司法合作的历史 ………………… 001
　第一节　国际刑事司法合作的概念 ……………………………… 001
　第二节　国际刑事司法合作概念在我国的形成 ………………… 013
　第三节　我国参与国际刑事司法合作的实践 …………………… 018
　第四节　我国在引渡国际合作中存在的问题 …………………… 025

第二章　引渡的基础理论 ………………………………………… 032
　第一节　引渡的历史发展及规律 ………………………………… 033
　第二节　引渡的主体 ……………………………………………… 044
　第三节　引渡的依据 ……………………………………………… 052

第三章　可引渡的犯罪 …………………………………………… 070
　第一节　双重犯罪原则 …………………………………………… 070
　第二节　"或引渡或起诉"原则 ………………………………… 091
　第三节　特定性原则 ……………………………………………… 105

第四章　拒绝引渡的强制性事由 ………………………………… 112
　第一节　政治犯罪不引渡 ………………………………………… 112
　第二节　军事犯罪不引渡 ………………………………………… 131

第三节　禁止不正当追诉目的 …………………… 137
第四节　酷刑或迫害不引渡 ……………………… 142
第五节　一事不再理原则 ………………………… 153
第六节　缺席审判不引渡 ………………………… 160
第七节　犯罪已过追诉时效或被赦免不引渡 …… 167

第五章　拒绝引渡的任择性事由 ………………… 177
第一节　本国公民不引渡 ………………………… 177
第二节　死刑不引渡 ……………………………… 192
第三节　人道主义原则 …………………………… 211

第六章　引渡的实施 ………………………………… 215
第一节　引渡的提起 ……………………………… 215
第二节　引渡的审查 ……………………………… 220
第三节　引渡强制措施 …………………………… 230
第四节　引渡的执行 ……………………………… 240
第五节　向外国请求引渡的程序 ………………… 246
第六节　引渡特殊程序 …………………………… 248

第七章　引渡的替代措施 …………………………… 253
第一节　遣返 ……………………………………… 255
第二节　异地追诉 ………………………………… 260
第三节　劝返 ……………………………………… 266
第四节　我国适用引渡替代措施的经验总结 …… 273

第一章

我国参与国际刑事司法合作的历史

第一节 国际刑事司法合作的概念

世界各国之间存在着广泛多样的国际合作形式。从领域上划分，大致可以将国际合作分为广义的国际立法合作、国际执法合作与国际司法合作。而国际司法合作领域又包含了国际民商事司法合作和国际刑事司法合作。引渡是国际刑事司法合作中的重要形式之一，要明确引渡在国际刑事司法合作中的地位，就要准确把握国际刑事司法合作的概念，将国际刑事司法合作与国际执法合作、国际民商事司法合作以及国际刑事司法协助之间的关系进行清晰界定。

一、国际司法合作与国际执法合作

国际执法合作（International law enforcement cooperation）受政治发展的影响较大，[1]是指不同国家、地区或国际组织的行政、执法或安全机关为打击犯罪而进行的执法层面的合作。其概念有狭义和广义之分。狭义上的国际执法合作，主体仅限于警察和安全机关。而广义上的国际执法合作，除警察和安全机

---

[1] See Bruggeman Willy: "International Law Enforcement Co-operation: A Critical Assessment", *European Journal on Criminal Policy and Research*, 9 (2001), 283~290.

关之外，还包括工商、税务、海关以及其他被赋予行政执法权的监管机构等。比如《联合国反腐败公约》[1]采用了"主管机关"（competent authority）一词，明显超过了狭义意义上的执法合作主体范围。[2]2000年通过的《联合国打击跨国有组织犯罪公约》[3]专门设立"执法合作"条款，就执法合作的具体范围作出了明确规定。[4]执法合作凭借其高效性和便捷性成为国际

---

[1] 本公约于2003年10月31日联合国大会通过，并于2005年12月14日生效。我国于2005年10月27日批准该公约。

[2] 参见黄风、赵林娜主编：《国际刑事司法合作：研究与文献》，中国政法大学出版社2009年版，第211页。

[3] 本公约于2000年11月15日签订，2003年9月29日生效，我国于2003年9月23日交存批准书，并自2003年10月23日起对我国生效。

[4] 《联合国打击跨国有组织犯罪公约》第27条规定："1.缔约国应在符合本国法律和行政管理制度的情况下相互密切合作，以加强打击本公约所涵盖的犯罪的执法行动的有效性。各缔约国尤其应采取有效措施，以便：（a）加强并在必要时建立各国主管当局、机构和部门之间的联系渠道，以促进安全、迅速地交换有关公约所涵盖犯罪的各个方面的情报，有关缔约国认为适当时还可包括与其他犯罪活动的联系的有关情报；（b）同其他缔约国合作，就以下与本公约所涵盖的犯罪有关的事项进行调查：（i）涉嫌这类犯罪的人的身份、行踪和活动，或其他有关人员的所在地点；（ii）来自这类犯罪的犯罪所得或财产的去向；（iii）用于或企图用于实施这类犯罪的财产、设备或其他工具的去向；（c）在适当情况下提供必要数目或数量的物品以供分析或调查之用；（d）促进各缔约国主管当局、机构和部门之间的有效协调，并加强人员和其他专家的交流，包括根据有关缔约国之间的双边协定和安排派出联络官员；（e）与其他缔约国交换关于有组织犯罪集团采用的具体手段和方法的资料，视情况包括关于路线和交通工具，利用假身份、经变造或伪造的证件或其他掩盖其活动的手段的资料；（f）交换情报并协调为尽早查明本公约所涵盖的犯罪而酌情采取的行政和其他措施。2.为实施本公约，缔约国应考虑订立关于其执法机构间直接合作的双边或多边协定或安排，并在已有这类协定或安排的情况下考虑对其进行修正。如果有关缔约国之间尚未订立这类协定或安排，缔约国可考虑以本公约为基础，进行针对本公约所涵盖的任何犯罪的相互执法合作。缔约国应在适当情况下充分利用各种协定或安排，包括国际或区域组织，以加强缔约国执法机构之间的合作。3.缔约国应努力在力所能及的范围内开展合作，以便对借助现代技术实施的跨国有组织犯罪作出反应。"

合作中运用最为广泛的形式之一。

作为开展司法工作的重要基础，执法层面的合作在打击跨国犯罪中也发挥着不可或缺的作用。我国目前与他国采用的国际执法机制主要有警务联络官派出制度、定期与其他国家内政警察部门会晤与直接沟通机制以及通过区域性或世界性国际组织加强地区或全球范围的执法合作等。[1]截至2016年，"我国警方已与113个国家和地区建立了务实高效的合作关系，搭建了129个双多边合作机制和96条联络热线；与49个国家的内政警察部门设立了65条24小时畅通的联络热线，与50余个国家的内政警察部门建立了定期会晤机制，同70多个国家的内政警察部门签署各类合作文件400余份；牵头或参与的国际组织及相关多边机制82个"。[2]这不仅是我国开展对外执法合作的杰出成就，也为世界打击跨国犯罪和维护世界安全与和平贡献了巨大的力量。

而国际司法合作是指不同国家、地区或国际组织的司法机关开展的涉及司法领域的合作。国际执法合作与国际司法合作均为国际主体之间合作的不同形式，二者分属执法和司法两个不同领域，既存在相似之处又各有特点，既互相联系又相互区别。

一方面，国际刑事司法合作与国际执法合作之间存在相似之处，共同为全球打击犯罪作出贡献。其一，二者均以打击犯

---

[1] 参见熊安邦：《"一带一路"发展战略下的执法安全国际合作机制研究》，载《湖北警官学院学报》2015年第11期；赵宇：《公安工作国际化的内涵及战略应对》，载《中国人民公安大学学报（社会科学版）》2014年第6期。

[2]《为维护世界安全稳定贡献"中国力量" 中国警方全面开展国际执法安全合作》，载 https://www.mps.gov.cn/n2253534/n2253535/c5544461/content.html，访问日期：2024年11月10日。

罪为宗旨。比如《联合国反腐败公约》对司法合作的规定为："缔约国应当在对本公约所涵盖的犯罪进行的侦查、起诉和审判程序中相互提供最广泛的司法协助。"[1]同时亦对执法合作提出要求，即"缔约国应当在符合本国法律制度和行政管理制度的情况下相互密切合作，以加强打击本公约所涵盖的犯罪的执法行动的有效性"。[2]二者虽在不同阶段由不同国家机关参与，但却具有共同打击犯罪的目的。其二，二者所采取的合作措施在某些情况下存在重合之处。例如调取证据材料、建立联合调查机构等。[3]刑事事务上的国际合作形式种类繁多，有些仅涉及警察方面的合作，而有的则需要检察院和法院方面与之配合与干预。[4]因此，刑事司法合作在很多情况下将同时涉及国际执法合作和国际司法合作两方面的内容。

另一方面，二者之间各有不同。明显之处首先在于二者所处的阶段不同，国际执法合作主要发生在前端，重在建立犯罪预防机制及为后续的刑事追诉奠定基础，而国际刑事司法合作则围绕着犯罪后的刑事审判展开。另外，二者主导机关明显不同，国际执法合作以行政机关为主导，重在合作机制的建设，而国际刑事司法合作则由法院主导，各国一般均会对引渡规定司法审查程序。不同的合作机制面对不同的跨国刑事犯罪活动可能会产生不同的结果。[5]而且相比国际刑事司法合作，执法

---

[1]《联合国反腐败公约》第46条第1款。

[2]《联合国反腐败公约》第48条第1款。

[3] 参见黄风：《国际刑事司法合作的规则与实践》，北京大学出版社2008年版，第112页。

[4] See Bruggeman Willy, "International Law Enforcement Co-operation: A Critical Assessment", *European Journal on Criminal Policy and Research*, 9 (2001), 285.

[5] See Richard A. Martin, "Problems in International Law Enforcement", *Fordham International Law Journal*, 14 (1990), 519~539.

合作是一种更加高效的直接合作机制。[1]

此外，国际刑事司法合作和国际执法合作两者之间相互联系，互相影响。国际执法合作作为开展国际合作最重要的手段之一，为后续顺利开展国际司法合作提供了必要的法律保障，[2]其在开展国际司法合作的前置程序中发挥着至关重要的作用，比如取证、涉案财产的移送等，都会直接影响到刑事司法合作能否顺利展开。而国际刑事司法合作程序可以作为执法合作的最终保障程序，且在国际刑事司法合作的实践过程中获取的宝贵经验也将会不断完善相关领域的国际执法合作，使二者进入相互促进的良性循环之中。

二、国际刑事司法合作与国际民商事司法合作

国际司法合作进一步又可以分为国际民商事司法合作和国际刑事司法合作。对于国际民商事司法合作的概念，学界也作出了广义和狭义之分。广义的国际民商事司法合作涵盖了两国间司法机关提供民商事诉讼协助、承认与执行民商事判决或仲裁裁决等方面。[3]而狭义的国际民商事司法合作的范围仅以送达文书和调查取证为限。我国人民法院的民事司法协助工作主要包含司法文书送达、调查取证和外国法院判决的执行与承认三大部分，即采纳广义说。而广义的刑事司法合作则包括引渡、刑事犯罪的调查和起诉、刑事诉讼的移交以及执

---

[1] 参见张丽娟：《从反腐败领域看国际刑事司法协助发展趋势——以〈联合国反腐败公约〉为视角》，载《法学杂志》2010年第6期。

[2] 参见胡铭：《国际执法合作：反腐败斗争的新路径——以〈联合国反腐败公约〉为主要视角》，载《学术探索》2005年第1期。

[3] 参见李学鹏：《我国与东盟国家民事司法协助的缺陷与完善——基于"一带一路"国际合作背景》，载《安徽农业大学学报（社会科学版）》2018年第2期。

行等。[1]

我国现有的涉外民事诉讼制度开始于20世纪80年代。[2]我国法院与外国法院进行民事司法协助的依据主要是基于互惠原则或我国缔结或者参加的国际条约。[3]我国与外国开展民商事司法合作和刑事司法合作都可以基于互惠原则而进行，但"由于刑事司法协助受政治互信程度、司法互信程度和意识形态的影响很深，在互惠基础上开展深层次刑事司法协助的难度较大，与重要国家的重大刑事司法协助合作往往只能在缔结条约的基础上进行"。[4]这就大大限制了国际刑事司法合作的范围，相反民商事合作的空间则更为宽广。最高人民法院的统计数据显示，中国法院"合作国家已达到130多个，合作形式从送达文书扩展到所有民商事司法协助形式，涉及各种案由，案件数量也从最初的每年不足10件上升到每年3500余件。2018年以来，最高人民法院国际合作局每年审查、办理以及指导地方法院办理民商事送达、取证、承认和执行判决、法律查明等各类民商事司法协助案件已达4000件"。[5]因此，相比刑事领域，各国在民商事领域更容易开展国际司法合作，这主要是因

---

[1] See Bruggeman Willy, "International Law Enforcement Co-operation: A Critical Assessment", *European Journal on Criminal Policy and Research*, 9 (2001), 286.

[2] 参见涂广建：《构建外向型的国际民事诉讼程序体系》，载《武汉大学学报（哲学社会科学版）》2016年第5期。

[3] 参见《民事诉讼法》第293条。

[4] 孙劲、曾朝晖：《新时期人民法院国际司法协助的进展、特点和趋势》，载《人民司法（应用）》2017年第1期。

[5] 《高晓力：加强民商事国际司法协助 服务国际商事争议解决》，载 https://cicc.court.gov.cn/html/1/218/62/164/2272.html，访问日期：2024年10月8日。此文系最高人民法院国际合作局时任局长、第六巡回法庭副庭长、国际商事法庭法官高晓力在2022年8月24日至25日"最高人民法院国际商事专家委员会第三届研讨会"上的发言。

为刑事诉讼的证明标准较高且刑事诉讼的域外追诉程序更为复杂。[1]

在承认与执行民商事判决方面,我国长期致力于通过倡导互惠原则、与外国法院签署承认和执行判决的指导备忘录、设立国际商事法庭等开展国际民事司法合作,促进双方民商事法律之间的国际交流。[2]我国先后加入了于海牙签订的《关于向国外送达民事或商事司法文书和司法外文书公约》[3] (Convention on the Service Abroad of Judicial and Extrajudicial Documents in Civil or Commercial Matters)(以下简称《海牙送达公约》)和《关于从国外调取民事或商事证据的公约》[4] (Convention on the Taking of Evidence Abroad in Civil or Commercial Matters)(以下简称《海牙取证公约》)。2013年4月7日,为正确适用有关国际公约和双边司法协助条约,依法办理民商事案件司法文书送达和调查取证请求,根据《民事诉讼法》[5]《海牙送达公约》《海牙取证公约》以及双边民事司法协助条约的规定,结合我国的司法实践,我国最高人民法院公布了《关于依据国际公约和双边司法协助条约办理民商事案件司法文书送达和调查取证司法协助请求的规定》,以协助各级人民法院正确适用有关国际公

---

[1] 参见王秀梅、朱贝妮:《反腐败追逃追赃域外追诉探讨》,载《法学杂志》2019年第4期。

[2] 参见张勇健、杨蕾:《司法机关相互承认执行民商事判决的新探索》,载《人民司法(应用)》2019年第13期。

[3] 本公约于1969年2月10日生效,我国于1991年5月3日加入该公约,公约自1992年1月1日对我国生效。

[4] 本公约于1972年10月7日生效,我国于1997年12月8日交存加入书,并自1998年2月6日起对我国生效。

[5] 《民事诉讼法》,即《中华人民共和国民事诉讼法》,为论述方便,本书涉及我国法律直接使用简称,省去"中华人民共和国"字样,全书统一,后不赘述。

约和双边司法协助公约，依法正确办理民商事案件司法文书送达和调查取证请求工作。

随着经济社会的不断发展与高水平对外开放的不断推进，近年来我国人民法院审理的涉外民事纠纷数量快速攀升，另外，司法实践中面临的管辖权国际冲突等问题愈加复杂，2023年，我国《民事诉讼法》的最新修正立足于我国对外民商事活动的发展现状，并从便利民商事争议解决的角度出发，进行了不断地修正，兼顾了诉讼法的效率和公正要求，更好地满足了我国现阶段加强对外国际民商事司法合作的制度需求。

三、国际刑事司法合作与国际刑事司法协助

具体到国际刑事司法合作的概念，特别需要指出其与"国际刑事司法协助"概念之间的关系。在很长一段时间内，以上两个概念不仅在学理上经常被混用，甚至在规范性法律文件中也引发诸多争议。

（一）主要学术观点

关于"国际刑事司法协助"的定义，目前主要存在"狭义—广义二分法"与"狭义—广义—最广义三分法"两大类说法。

"狭义—广义二分法"认为狭义的刑事司法协助是指一国在刑事诉讼过程中委托另一国代为某种刑事诉讼方面的活动，其内容包括对证人和鉴定人的询问，证据的收集，物证的移送，搜查、扣押财产，现场勘查或搜查，文书送达，传唤，犯罪资料的提供等；而广义的刑事司法协助除包含狭义司法协助的概念之外，还将引渡、刑事诉讼移转管辖以及外国刑事判决的承认与执行等囊括在内。[1]

---

[1] 参见赵永琛：《论国际刑事司法协助》，载《现代法学》1991年第2期。

"狭义—广义—最广义三分法"则存在不同的分类方法。如在董璠舆的"三分法"中，狭义的司法协助（entrade judiciaire mineure）一般被称为"小司法协助"（minor legal assistance），包括证人及鉴定人的询问、物的引渡、搜查及扣押、查证、文书送达、情报提供等；广义的司法协助则除狭义的司法协助外，还包括犯罪嫌疑人的引渡；最广义的司法协助，除引渡及狭义的司法协助外，还包括刑事追诉移管及外国刑事裁判的执行。[1]杨世英、马进保的"三分法"将开展司法协助的具体工作形式划分为狭义、广义和最广义：在狭义的刑事司法协助上，与董璠舆的观点类似，认为主要涵盖国家与国家之间刑事情报的传递、文书的相互送达、对证人的询问调查以及财产的扣押与移交等；而广义的刑事司法协助在此基础之上还包括协助调查刑事案件，通缉和拘捕入境案犯等；最广义的刑事司法协助还包括诉讼移管、有条件的判决与释放以及对外国刑事判决的承认与执行等。[2]也有学者认为最广义说实则将"国际刑事司法协助"与"国际刑事司法合作"两个概念等同之。[3]

（二）学理争议

对于国际刑事司法协助与国际刑事司法合作之间的关系，学界一直颇有争议。不少学者认为，国际刑事司法合作的范围

---

[1] 参见董璠舆：《关于国际刑事司法协助的一般考察》，载《比较法研究》1987年第1期。

[2] 参见杨世英、马进保：《论国际刑事司法协助的概念、特征和形式》，载《法律科学（西北政法学院学报）》1991年第5期。

[3] 参见朱志峰：《我国刑事司法合作立法的规范、协调与完善：以正在酝酿的〈中华人民共和国刑事司法协助法〉为视阈》，载《社会科学辑刊》2014年第3期。

要广于国际刑事司法协助,[1]二者之间为种属关系。[2]除狭义的刑事司法协助之外,国际刑事司法合作还包括引渡等其他国际合作方式。[3]在这类观点中,国际刑事司法合作的概念普遍要广于国际刑事司法协助。也有学者认为应当将国际刑事司法协助和国际刑事司法合作这两个概念等同起来。[4]还有学者主张应当使用"国际刑事司法协助与合作"[5]这一表述。当然还有更加广义的表述方式。比如有观点认为:"凡是有利于惩治和防范跨法域犯罪、涉外犯罪与国际犯罪的事项都可以纳入刑事司法合作的范畴。"[6]

(三) 本书观点

本书认为,国际刑事司法协助属于国际刑事司法合作的一部分。

首先,从内容上来看,"合作"已经囊括了"协助"的意思。无论采用何种划分标准,从国际刑事司法合作的实践内容来看,刑事司法协助只是众多国际刑事司法合作中的一部分。"协助"总是包含在"合作"之中,"合作"一词包含了"协助"的概念。

---

[1] 参见赵永琛:《论国际刑事司法协助》,载《现代法学》1991年第2期;吕岩峰、李海滢:《论复合法域条件下的中国对外刑事司法合作关系》,载《当代法学》2005年第2期。

[2] 参见岳树梅、黄秋红:《国际司法协助与合作中的"长臂管辖"及中国应对策略》,载《北方法学》2021年第2期;吕岩峰、李海滢:《论复合法域条件下的中国对外刑事司法合作关系》,载《当代法学》2005年第2期。

[3] 参见阮丹生等:《检察机关刑事司法协助完善与发展》,载《人民检察》2021年第23期。

[4] 参见马进保:《国际犯罪与国际刑事司法协助》,法律出版社1999年版,第25~26页。

[5] 邵沙平:《现代国际刑法教程》,武汉大学出版社1993年版,第228页。

[6] 吕岩峰、李海滢:《论复合法域条件下的中国对外刑事司法合作关系》,载《当代法学》2005年第2期。

第一章　我国参与国际刑事司法合作的历史

其次，从词义的角度来讲，在中英文语境中，"国际刑事司法协助"都应当包含在"国际刑事司法合作"之中。英文中的"assist"（协助）主要强调的是单向帮助，在日常使用中，以受助者为主，所给的帮助主要起第二位或从属作用。[1]中文中的"协助"也更加侧重单方面的帮助，强调的是单边性质。因此从词源上来说，"协助"似乎更加对应的是狭义的司法协助，难以包含双边合作性质的其他三部分内容，尤其是代为执行判决以及追诉的移管。而"cooperate"（合作）一词更侧重两个或多个个体、团队、组织或国家之间为了实现共同目标而进行的共同努力和协作，[2]强调的是双方之间开展的合作，含义更为广泛，能够涵盖上述国际刑事司法合作领域中的四大部分。

最后，从法律规范性用语的角度来讲，"国际刑事司法合作"是"国际刑事司法协助"的上位概念。"刑事司法协助"是常出现于条约和立法之中的用词，英文中"judicial assistance in criminal matters"一词曾被学者用于表达最广义的国际刑事司法协助。"国际司法合作"（international judicial cooperation）是个总括的概念，而"国际司法协助"（international judicial assistance）是国际司法合作的重要组成部分。关于协助的内容，比如侦查令状等都属于"小司法协助"的概念。[3]这一观点也能得到我国理论界的认可，有学者认为国际刑事司法协助主要表现为国家之间相互提供诉讼程序上的便利，而国际刑事法律合

---

[1] "help someone to do something (esp. by doing all the less important things so that they can spend time doing difficult things) or make it easier for someone to do something."《朗文当代英语辞典》（英语版），外语教学与研究出版社1997年版，第66页。

[2] "work together in order to achieve a result that is good for both of them."《朗文当代英语辞典》（英语版），外语教学与研究出版社1997年版，第301页。

[3] 参见[德] 赫尔穆特·查致格：《刑事法的欧洲一体化及其挑战》，程捷译，载《国家检察官学院学报》2017年第2期。

作不仅仅是诉讼程序上的相互协助，还包括了代为行使某些实体上的权利，如代为执行刑事判决等。[1]

综上，国际刑事司法合作的内容主要包括引渡、刑事司法协助（"小司法协助"、狭义的司法协助）、代为执行判决以及追诉的移管四部分内容。因此，本书使用国际刑事司法合作的概念，国际刑事司法协助专指国际刑事司法合作项目下的狭义的刑事司法协助。

在清晰界定了国际刑事司法合作的概念之后，仍有必要对以下观点做进一步的澄清：一是有学者认为，关于国际刑事司法协助的范围，司法实践中已交由各个公约和国内立法视自身需求而制定，因而给刑事司法协助划定一个范围是意义不大的。[2]这种说法存在一定的片面性，一个学科如果连最基本的概念都无法界定清楚，必然会引发实践中的适用混乱，因此该说法并不可取。二是有学者主张采纳并使用"国际刑事司法协助与合作"[3]这一表述。从本书的定义来看，"合作"就已经包括了"协助"的意思，因此没有必要将二者结合在一起使用，若将合作与协助等同起来，或者逻辑上重复表述或者混用不同的概念，都会造成使用中的混乱。三是有学者提出国际刑事司法合作还包括国际犯罪学研究、国际犯罪发展动向的预测和防范、刑事科学技术的开发、利用和交流等内容，认为应当将这两个概念等同起来。[4]此种观点过于扩大国际刑事司法合作的

---

[1] 参见陆晓光主编：《国际刑法概论》，中国政法大学出版社1991年版，第90~91页。

[2] 参见张丽娟：《从反腐败领域看国际刑事司法协助发展趋势——以〈联合国反腐败公约〉为视角》，载《法学杂志》2010年第6期。

[3] 邵沙平：《现代国际刑法教程》，武汉大学出版社1993年版，第228页。

[4] 参见马进保：《国际犯罪与国际刑事司法协助》，法律出版社1999年版，第25~26页。

范围,如果将规范法学和犯罪学区分开来,可以看到本门学科大部分依旧属于规范法学的范畴,因此不适宜将其他领域的内容也纳入进来。

第二节 国际刑事司法合作概念在我国的形成

我国对国际刑事司法合作概念的使用经历了以下发展过程。《刑事诉讼法》第18条规定:"根据中华人民共和国缔结或者参加的国际条约,或者按照互惠原则,我国司法机关和外国司法机关可以相互请求刑事司法协助。"这是我国《刑事诉讼法》对于刑事司法协助的规范表述,也是实践中检察机关在处理跨国案件时的基础性条款。比如在张某闵等52人电信网络诈骗案(检例第67号)中,本案中大量的证据在国外形成,检察机关对涉案证据合法性的审查就主要依赖于基于本条开展的刑事司法协助。[1]该条款在1996年3月修正的《刑事诉讼法》中首次出现后,于2012年《刑事诉讼法》第17条、2018年10月26日修正的《刑事诉讼法》第18条中一直得以原文保留。虽然立法上并未对其进行修改,但这并不妨碍在司法实践中对其进行扩大解释,比如有学者认为由于该条款未以列举的方式界定其范围,因而应对此进行广义理解。[2]

除《刑事诉讼法》中的相关规定外,我国司法解释对刑事司法协助的概念有更加详细的规定。1997年1月《人民检察院实施〈中华人民共和国刑事诉讼法〉规则(试行)》(已失效)

---

〔1〕《最高人民检察院发布第十八批指导性案例》,载 https://www.spp.gov.cn/spp/xwfbh/wsfbh/202004/t20200408_458230.shtml, 访问日期:2024年5月10日。

〔2〕参见黄风:《国际刑事司法合作的规则与实践》,北京大学出版社2008年版,第104页。

第 387 条规定:"人民检察院司法协助的范围主要包括刑事方面的调查取证、送达刑事诉讼文书、通报刑事诉讼结果、移交物证、书证和视听资料、引渡以及法律和国际条约规定的其他司法协助事宜。"从该定义中可以看出,我国检察院对《刑事诉讼法》中的刑事司法协助进行了扩大解释,不是专指狭义的国际刑事司法协助,其含义接近于国际刑事司法合作的概念。1999年实施的《人民检察院刑事诉讼规则》(已失效)增加了"扣押、移交赃款、赃物"并删除了"引渡"的规定。[1]这是因为当时我国专门的《引渡法》即将出台,因此在司法解释中不再就引渡进行单独规定。2012 年修订的《人民检察院刑事诉讼规则(试行)》(已失效)延续了这一表述。[2]2019 年实施的《人民检察院刑事诉讼规则》第 672 条规定:"人民检察院刑事司法协助的范围包括刑事诉讼文书送达,调查取证,安排证人作证或者协助调查,查封、扣押、冻结涉案财物,返还违法所得及其他涉案财物,移管被判刑人以及其他协助。"该条规定增加了被判刑人员的移管。可见,我国刑事司法解释对于"刑事司法协助"概念的使用是以实务为导向的,不限于狭义的刑事司法协助概念,而是根据国际合作的需求及参照其他法律的规定,灵活变化适用,在立场上大致呈现出由广义向狭义、由粗放向精细化转变的趋势。

我国在缔结刑事司法协助条约时主要采用了狭义的刑事司法协助概念。例如 2015 年 11 月 23 日签订的《中华人民共和国

---

[1] 1999 年《人民检察院刑事诉讼规则》第 440 条规定:"人民检察院司法协助的范围主要包括刑事方面的调查取证、送达刑事诉讼文书、通报刑事诉讼结果、移交物证、书证和视听资料、扣押、移交赃款、赃物以及法律和国际条约规定的其他司法协助事宜。"

[2] 《人民检察院刑事诉讼规则(试行)》第 679 条。

政府和马来西亚政府关于刑事司法协助的条约》第1条第1款规定:"双方应当根据本条约和各自法律规定,在侦查、起诉或者其他刑事诉讼程序中相互提供最广泛的司法协助。"具体的刑事司法协助内容应当包括获取证据;查找和辨认人员;就有关人员作证或者协助刑事侦查,包括移送在押人员,作出必要安排;搜查和扣押;对物品、场所、人身或尸体进行勘验或检查;辨认、查找、限制、冻结、扣押和没收犯罪所得和犯罪工具;送达文书;不违背被请求方法律的其他形式的协助。[1]同时,该条约第2条第1款明确规定不适用于"(一)人员的引渡,包括为引渡目的逮捕或者拘留人员;(二)在被请求方执行请求方作出的刑事判决,但本条约和被请求方法律许可的除外;(三)移交被判刑人以便服刑;(四)刑事诉讼程序转移"。可见,此类刑事司法协助条约采用了狭义的刑事司法协助概念,在表述时与我国国内法的立场不同,对概念的使用比较严谨,暂不包括引渡、相互承认与执行刑事判决等其他国际刑事司法合作内容。

我国于2018年10月26日颁布施行的《国际刑事司法协助法》似乎对上述立场进行了更新。"本法所称国际刑事司法协助,是指中华人民共和国和外国在刑事案件调查、侦查、起诉、审判和执行等活动中相互提供协助,包括送达文书,调查取证,安排证人作证或者协助调查,查封、扣押、冻结涉案财物,没收、返还违法所得及其他涉案财物,移管被判刑人以及其他协助。"[2]据此,我国《国际刑事司法协助法》中的"国际刑事司法协助"包括了狭义的刑事司法协助与移管被判刑人,并不

---

[1]《中华人民共和国政府和马来西亚政府关于刑事司法协助的条约》第1条第2款。

[2]《国际刑事司法协助法》第2条。

包括引渡。

"移管被判刑人"的增加是《国际刑事司法协助法》采用不同概念立场的关键所在。资料显示，这一章节在最初的《国际刑事司法协助法》草案中并不存在，有学者在草案历时10个月的建议征集期内提出，鉴于我国与一些国家缔结了移管被判刑人的条约，也有不少相关司法实践，因而建议在《国际刑事司法协助法》中对移管被判刑人作出专门规定。[1]宪法和法律委员会、法制工作委员会会同全国人大外事委、中央纪委、中央政法委、最高人民法院、最高人民检察院、外交部、公安部、国家安全部及司法部对此进行了反复深入的研究。各部门普遍认为，首先，近年来我国与外国相互移管被判刑人的需求日益增长，《监察法》《反恐怖主义法》《出境入境管理法》等均对移管被判刑人作出了明确规定；[2]其次，我国与一些国家已签订了一批移管被判刑人条约，参加的有关国际公约中也含有移管被判刑人的内容；[3]最后，我国在与一些国家和地区开展移管被判刑人合作的过程中，积累了一些宝贵的实践经验。因此，

---

[1] 《对"移管被判刑人"作出专门规定》，载 http://www.npc.gov.cn/zgrdw/npc/cwhhy/13jcwh/2018-10/23/content_2063172.htm，访问日期：2024年6月23日。

[2] 参见《监察法》第51条："国家监察委员会组织协调有关方面加强与有关国家、地区、国际组织在反腐败执法、引渡、司法协助、被判刑人的移管、资产追回和信息交流等领域的合作。"《反恐怖主义法》第70条："涉及恐怖活动犯罪的刑事司法协助、引渡和被判刑人移管，依照有关法律规定执行。"《出境入境管理法》第28条第1款第1项："被判处刑罚尚未执行完毕或者属于刑事案件被告人、犯罪嫌疑人的，但是按照中国与外国签订的有关协议，移管被判刑人的除外"。

[3] 例如《联合国打击跨国有组织犯罪公约》第17条规定："缔约国可考虑缔结双边或多边协定或安排，将因犯有本公约所涉犯罪而被判监禁或其他形式剥夺自由的人员移交其本国服满刑期。"《联合国反腐败公约》第45条规定："缔约国可以考虑缔结双边或多边协定或者安排，将因实施根据本公约确立的犯罪而被判监禁或者其他形式剥夺自由的人移交其本国服满刑期。"

第一章　我国参与国际刑事司法合作的历史

为规范移管被判刑人工作，有必要在本法中作出专门规定，有利于更好地开展移管合作。[1]因此，我国《国际刑事司法协助法》在使用刑事司法协助概念的时候，除指狭义的刑事司法协助、"小司法协助"的概念之外还增加了对移管被判刑人的规定。这种规定方式也反映出在我国当前引渡制度发展较为成熟，其他司法协助制度尚待完善的情况下，国际刑事司法协助概念由传统狭义的刑事司法协助向广义刑事司法协助转化的趋势。

我国参与的国际条约则使用了外延更为广泛的国际刑事司法合作的概念。比如《联合国反腐败公约》分别在不同的条文中规定了引渡、被判刑人的移管、司法协助、刑事诉讼的移交等内容。[2]不仅如此，从近些年来的国际刑事司法合作实践来看，狭义的刑事司法协助概念被国际社会越发广泛地接受，凸显了其对打击犯罪和司法合作的重要性，也表明狭义的刑事司法协助或"小司法协助"已经从单一的概念发展为相对独立的制度体系。[3]引渡、移管被判刑人等常以缔结双边条约的形式单独出现，在法律意义上不再被纳入"刑事司法协助"的范畴之内。

总之，从我国规范性法律文件对刑事司法协助的表述来看，我国国内法对刑事司法协助概念的使用较为灵活，属于实务驱动型，往往根据实践的变化而变化，在不同语境中存在广义和狭义的不同理解。但无论如何变化，其所对应的合作内容

---

〔1〕 参见《关于〈中华人民共和国国际刑事司法协助法（草案）〉审议结果的报告》，2018年10月22日全国人民代表大会宪法和法律委员会审议。

〔2〕 参见《联合国反腐败公约》第43条、第44条、第45条、第46条和第47条。

〔3〕 参见黄风：《国际刑事司法合作的规则与实践》，北京大学出版社2008年版，第105页。

与国际公约中的规定能基本匹配。至于属于狭义还是广义的概念就需要我们在国际刑事司法合作实践中根据不同的语境逐一判断。

第三节 我国参与国际刑事司法合作的实践

早在春秋战国时期，我国就出现了各诸侯国相互协助缉捕逃犯的实例。[1]鸦片战争爆发后，闭关锁国的中国沦为半殖民地半封建国家，逐步丧失了涉外案件的司法主权。引渡的发展高度依赖于国家之间地位的平等，属于司法主权的让与，在这种历史条件下引渡的发展自然也无从谈起。

中华人民共和国成立以后，中国共产党领导的人民政府取得了独立的司法主权，鉴于复杂的国际和国内形势，在很长一段时期内，国内的法律制度建设缓慢，国际司法合作工作也迟迟打不开局面。随着党的十一届三中全会胜利召开和国际形势逐渐好转，国家推行改革开放政策，经济、政治、文化领域的国际交流与合作日益频繁，打击涉外犯罪的需求攀升，社会主义法治化进程不断推进，真正意义上的当代国际司法合作也迎来了春天。实行对外开放政策后，我国"已同150多个国家建立了外交关系，与近200个国家和地区建立了经济贸易关系"。[2]在这种历史条件下，引渡也迎来了真正的发展机遇。

这一阶段的引渡合作普遍缺乏引渡规范的指引，我国与其他国家之间主要采用个别条约的形式开展引渡合作。在没有引

---

[1] 参见马进保：《国际犯罪与国际刑事司法协助》，法律出版社1999年版，第56页。

[2] 程荣斌：《反贪污中的国际司法协助问题》，载《人民检察》1995年第11期。

渡条约的情况下，我国只能根据互惠原则实现个案之间的协助工作。由于条约的签署一般均由外交部门牵头，因此引渡在我国带有浓重的外交色彩而非刑事色彩。[1]1992年4月23日，外交部、最高人民法院、最高人民检察院、公安部和司法部联合发布了《关于办理引渡案件若干问题的规定》，制定了调整引渡活动的国内程序规范，拉开了引渡国内法的法制化序幕。1996年3月修正的《刑事诉讼法》首次出现了"刑事司法协助"的概念。[2]这次修法对我国引渡制度的发展具有重要意义，标志着我国第一次将国际刑事司法合作问题纳入刑事诉讼法的调整领域，极大地推动了引渡法制化的进程。

2000年12月28日，第九届全国人民代表大会常务委员会第十九次会议通过了《引渡法》，确立了我国对引渡案件的审查制度和合理的职责分工。[3]《引渡法》的出台对于我国引渡发展具有里程碑式的意义，标志着我国正式与国际社会接轨，引渡合作有了专门法的规制。2006年颁布的《反洗钱法》规定了反洗钱领域的国际合作，[4]成为我国联手国际社会打击洗钱犯罪，开展国际司法协助的法律基础。2007年颁布的《禁毒法》以专章的形式规定了禁毒国际合作。[5]以上特别法律的出台，不仅为我国引渡合作提供了国内法方面的依据，也为引渡理论的发展提供了更多的研究范本。

---

〔1〕 参见黄风：《中国引渡制度研究》，中国政法大学出版社1997年版，第16页。

〔2〕 参见《刑事诉讼法》（1996年修正）第17条规定："根据中华人民共和国缔结或者参加的国际条约，或者按照互惠原则，我国司法机关和外国司法机关可以相互请求刑事司法协助。"

〔3〕 参见王晓鑫：《浅谈中国国际司法协助工作的历史与发展》，载《中国司法》2011年第9期。

〔4〕 参见2006年《反洗钱法》第五章"反洗钱国际合作"。

〔5〕 参见《禁毒法》第五章"禁毒国际合作"。

除了加快、加强国内涉外刑事领域的基本立法，我国也积极同国外开展条约缔结工作。据我国外交部条法司的统计，中国双边引渡条约的缔约历程大体可分为三个阶段：第一阶段为从无到有，实现零的突破，这一阶段以我国和泰国签订的双边引渡条约为基础，我国先后与白俄罗斯、俄罗斯、哈萨克斯坦、吉尔吉斯斯坦等国缔结了双边引渡条约；第二阶段为由易到难，打破坚冰。这一阶段的标志性事件为 2005 年中国和西班牙签署引渡条约，此后我国与法国、意大利、葡萄牙、比利时、塞浦路斯、希腊等 6 个欧盟成员国缔结了引渡条约；第三阶段为由点及面，织密"法网"，截至目前，中国已与各国缔结双边引渡条约 60 项，其中亚洲国家 20 个、欧洲国家 14 个、非洲国家 14 个、拉美国家 11 个、大洋洲国家 1 个，初步构建并不断织密覆盖五大洲的司法合作条约网络。[1]可见，我国引渡的缔约工作虽然起步较晚，但是发展迅速，已经取得了来之不易的成绩。

为推进国际刑事司法合作的有效进行，我国在国际法律交流合作层面也积极缔结或参与多边公约，成为我国对外进行或参与国际刑事司法协助的重要依据。其中主要的公约包括 1948 年《防止及惩治灭绝种族罪公约》[2]（Convention on the Prevention and Punishment of the Crime of Genocide）、1963 年《关于在航空器内的犯罪和犯有某些其他行为的公约》[3]（Convention on Of-

---

[1] 参见《对外缔结引渡条约 30 年 中国由点及面织密"法网"》，载 https://baijiahao.baidu.com/s?id=1775385179542217969&wfr=spider&for=pc，访问日期：2023 年 8 月 27 日。本文来自中国外交部条法司三处时任处长史晓斌于 8 月 26 日在"中国对外缔结引渡条约 30 年：回顾与展望"研讨会上的发言。

[2] 本公约于 1948 年 12 月 9 日在联合国大会通过，于 1951 年 1 月 12 日生效。我国于 1983 年 4 月 18 日向联合国交存批准书，于 1983 年 7 月 17 日起对我国生效。

[3] 本公约于 1969 年 12 月 14 日生效，我国于 1978 年 11 月 14 日交存加入书，并自 1979 年 2 月 12 日起对我国生效。

fences and Certain Other Acts committed on Board Aircraft)、1970年《关于制止非法劫持航空器的公约》[1]（Convention for the Suppression of Unlawful Seizure of Aircraft)、1973年《禁止并惩治种族隔离罪行国际公约》[2]（International Convention on the Suppression and Punishment of the Crime of Apartheid) 和《关于防止和惩处侵害应受国际保护人员包括外交代表的罪行的公约》[3]（Convention on the Prevention and Punishment of Crimes Against Internationally Protected Persons, Including Diplomatic Agents)、1979年《反对劫持人质国际公约》[4]（International Convention against the Taking of Hostages)、1984年《禁止酷刑和其他残忍、不人道或有辱人格的待遇或处罚公约》[5]（Convention against Torture and Other Cruel, Inhuman or Degrading Treatment or Punishment)、1988年《联合国禁止非法贩运麻醉药品和精神药物公约》[6]以及2000年《联合国打击跨国有组织犯罪公约》[7]等。截至

---

[1] 本公约于1971年10月14日生效，我国于1980年9月10日交存加入书，并自1980年10月10日对我国生效。

[2] 本公约于1973年11月30日在联合国大会通过，于1976年7月18日生效。我国于1983年4月18日向联合国交存加入书，1983年5月18日起对我国生效。

[3] 本公约于1977年2月20日生效，我国于1987年8月5日交存加入书，并自1987年9月4日起对我国生效。

[4] 本公约于1983年6月3日生效，我国于1992年12月28日第七届全国人民代表大会常务委员会第二十九次会议决定加入本公约，并自1993年1月26日起对我国生效。

[5] 本公约于1984年12月10日通过，于1987年6月26日生效。我国于1986年12月12日签署，并自1988年11月3日起对我国生效。

[6] 本公约于1990年11月11日生效，我国于1988年12月20日签署该公约，并自1990年11月11日起对我国生效。

[7] 本公约于2003年9月29日生效，我国于2003年9月23日交存批准书，并自2003年10月23日起对我国生效。

2014年，我国先后已经加入了包括《联合国反腐败公约》在内的18项国际公约。

中华人民共和国成立以来，我国引渡的发展基本经历了从无到有的过程，其间在党的十一届三中全会之后迎来了快速发展的时期，引渡也从强政治属性不断地向法治化方向发展完善，在引渡国内立法、引渡双边条约签订、加入国际公约等领域都取得了举世瞩目的成绩。党的十八大以来，随着国家对涉外法治工作的进一步强化，国际刑事司法合作迎来了从有到强的发展进程。

2014年10月23日，党的十八届四中全会通过了中共中央《关于全面推进依法治国若干重大问题的决定》，要求加强涉外法律工作，增强我国在国际法律事务中的话语权和影响力，深化司法领域的国际合作。国家积极开展以国际司法协助为主的对外司法合作，在三年时间内，我国中央机关平均每年处理的司法协助请求超3000件。[1]之后的反腐败国际追逃追赃工作成为依法治国战略的重要内容，其积极开展也推进了我国刑事司法协助的进程。

2014年，由中共中央纪律检查委员会牵头，最高人民法院、最高人民检察院、外交部、公安部、国家安全部、司法部、中国人民银行作为成员单位设立中央反腐败协调小组国际追逃追赃工作办公室，组织各成员单位深入开展国际刑事司法合作工作，建立健全追逃追赃工作协调机制。最高人民检察院也下发各级检察机关《关于进一步加强追逃追赃工作的通知》，部署开展职务犯罪国际追逃追赃专项行动。公安部也开展了代号为"猎狐2014"的境外缉捕犯罪嫌疑人专项行动。次年，中央反腐败协调小组会同国际刑警组织中国国家中心局、中共中央纪律

---

[1] 参见《〈中国人权法治化保障的新进展〉白皮书》，载 http://www.scio.gov.cn/zfbps/tuijian/renquan/202403/t20240321_839112.html，访问日期：2017年12月15日。

第一章　我国参与国际刑事司法合作的历史

检查委员会等对 100 名涉嫌犯罪的外逃国家工作人员发布红色缉捕令。据统计，我国仅在"2014 年至 2017 年 10 月中旬，共从 90 多个国家和地区追回外逃人员 3453 名，追赃 95.1 亿元，'百名红通人员'48 人"。[1]

在新时代全面从严治党的方略下，得益于对腐败行为的严厉打击以及党的政策的积极引导，我国不断拓展反腐败斗争的深度和广度，在反腐败国际刑事合作领域取得了重大进展。自"2014 年开展反腐败国际追逃追赃'天网行动'以来，从 120 个国家和地区追回外逃人员 9165 人，其中党员和国家工作人员 2408 人，追回赃款 217.39 亿元"。[2] "2023 年 1 月至 11 月，'天网 2023'行动共追回外逃人员 1278 人，其中党员和国家工作人员 140 人，'红通人员'48 人，'百名红通人员'1 人，追回赃款 29.12 亿元。"[3] 这些活动的开展不断丰富了我国国际刑事司法合作的实践。

同时，国际刑事司法合作的进一步法治化也在顺利进行。为了顺应国际司法合作的规则需求，2018 年 10 月 26 日，第十三届全国人民代表大会常务委员会第六次会议通过了《国际刑事司法协助法》。这是我国强化刑事领域的国际合作，顺应国际刑事司法合作潮流的重要举措。《国际刑事司法协助法》的出台结束了我国刑事司法协助仅由《刑事诉讼法》进行原则性规制的局面，消除了我国与国外开展国际刑事司法合作的制度障碍，明确了刑事司法协助的具体内容和程序。

---

[1] 《〈中国人权法治化保障的新进展〉白皮书》，载 http://www.scio.gov.cn/zfbps/tuijian/renquan/202403/t20240321_839112.html，访问日期：2017 年 12 月 15 日。

[2] 《"数"说这些年：中共中央多部门负责人讲述百年历程》，载 https://www.chinanews.com/gn/2021/06-28/9508913.shtml，访问日期：2021 年 6 月 28 日。

[3] 曹雅丽：《新时代反腐败国际合作跃上新高度》，载《中国纪检监察》2024 年第 1 期。

《国际刑事司法协助法》明确规定了国家监察委员会的主管机关地位,[1]对我国国际刑事司法合作的发展影响深远。在此之后,中央纪委国家监委制定《纪检监察机关办理反腐败追逃追赃等涉外案件规定(试行)》,积极提升我国海外追逃追赃工作的进度。截至2020年,"我国已经与81个国家缔结引渡条约、司法协助条约、资产返还与分享协定等共169项,与56个国家和地区签署金融情报交换合作协议"。[2]为加强我国反腐败国际追逃追赃力度,构建国际执法合作法网,我国在建立引渡及司法协助的双边协议付出了持之以恒的努力。截至2024年,"中国已同80余个国家缔结引渡条约、司法协助条约、资产返还与分享协定等170余项。监察法专章明确规定国家监委的反腐败国际合作职责,国家监委同100多个国家反腐败机构建立工作联系,同30多个国家和地区、国际组织签署了40余份合作文件,初步构建起覆盖各大洲和重点国家的反腐败司法执法合作网络"[3],逐渐形成了完整且有效的国际刑事司法合作体系。

---

[1] 参见《国际刑事司法协助法》第6条:"国家监察委员会、最高人民法院、最高人民检察院、公安部、国家安全部等部门是开展国际刑事司法协助的主管机关,按照职责分工,审核向外国提出的刑事司法协助请求,审查处理对外联系机关转递的外国提出的刑事司法协助请求,承担其他与国际刑事司法协助相关的工作。在移管被判刑人案件中,司法部按照职责分工,承担相应的主管机关职责。办理刑事司法协助相关案件的机关是国际刑事司法协助的办案机关,负责向所属主管机关提交需要向外国提出的刑事司法协助请求、执行所属主管机关交办的外国提出的刑事司法协助请求。"

[2] 杨晓渡:《国家监察委员会关于开展反腐败国际追逃追赃工作情况的报告——2020年8月10日在第十三届全国人民代表大会常务委员会第二十一次会议上》,载《中华人民共和国全国人民代表大会常务委员会公报》2020年第4期。

[3]《从"北京宣言"到"北京共识"为反腐败全球治理贡献中国力量》,载https://www.ccdi.gov.cn/toutiaon/202409/t20240928_378372.html,访问日期:2024年9月28日。

第四节　我国在引渡国际合作中存在的问题

作为开展国际刑事司法合作中的一项重要制度，引渡对打击跨国犯罪具有重要意义。尽管我国与世界上其他国家的引渡合作取得了瞩目的成就，但实践中依旧存在不少问题，应当予以重视。

一、引渡合作参与程度较低

我国在开展国际刑事司法合作工作中的规则制定意识有待提高，国际规则利用率低。在我国的司法实践中，实务部门"善于也习惯于按照既定国际秩序开展工作，相对忽略了对国际规则的构建"[1]。这固然与近代以后西方国家主导了国际条约的制定有关，但同时也存在着实务部门对规则不甚熟悉、不善于利用条约等刑事司法合作国际规则渠道开展司法协助工作的问题。[2]要解决这一问题，一方面需要进一步完善国内法律制度。"国际条约在国内法中的位阶问题尚未解决"[3]，我国对某些犯罪的立法比较粗疏，尚未完全与国际公约的要求接轨，难以满足打击跨国犯罪和刑事司法合作的需要。[4]另一方面则需要提高对国际规则的利用率。虽然我国是不少国际刑事司法

---

[1] 阮丹生等：《检察机关刑事司法协助完善与发展》，载《人民检察》2021年第23期。

[2] 参见刘福谦：《检察机关司法协助中存在的问题和对策》，载《中国刑事法杂志》1999年第6期。

[3] 张晓鸣：《加强国际执法司法合作，打击严重跨国网络犯罪》，载《北京航空航天大学学报（社会科学版）》2022年第2期。

[4] 参见邢绡红：《论我国反腐败国际司法合作的立法完善——以〈联合国反腐败公约〉为视角》，载《延边大学学报（社会科学版）》2015年第6期。

公约的缔约国，但是公约的实际利用率较低，操作性不强，实践中多采用执法合作等方式与国外开展合作。[1]

我国签署的国际刑事司法合作条约覆盖面较窄。通过缔结或参与国际公约是推动国际刑事司法合作的有效形式之一。"截至2021年12月，我国已与82个国家缔结引渡条约、司法协助条约、资产条约共170项。"[2]然而，我国外逃人员倾向藏匿的国家大多数没有同我国签署引渡双边条约，尤其是欧美国家。[3]世界上与我国签署引渡双边条约的国家和地区尚未达到1/4，[4]只能以其他替代措施开展国际刑事司法工作。引渡条约的缺失和"条约前置主义"的制约，阻碍了我国同其他国家开展引渡合作的进程，同时也易导致犯罪行为愈发猖獗。未来我国还需要进一步加大双边引渡条约的签署力度，这可以极大地提升我国与他国刑事司法合作的效率和确定性。一旦双方之间存在引渡双边条约，被请求国可以正当事由相信请求国不会将被请求引渡人置于危险之中，从而增加引渡的可能性，同时特定化的引渡安排也有助于节省个案上的审查时间。

二、引渡合作案件结构不均衡

从中外刑事司法协助的总体情况看，国外向我国提出刑事

---

[1] 参见郝家英：《电信网络诈骗犯罪跨境追赃与国际刑事司法合作》，载《北京警察学院学报》2021年第2期。

[2] 阮丹生等：《加强国际刑事司法协助 提升涉外执法司法效能》，载《人民检察》2023年第12期。

[3] 参见赵秉志：《中国反腐败刑事法治领域中的国际合作》，载《国家检察官学院学报》2010年第5期；冯殿美、王芳：《反腐败犯罪国际引渡合作机制研究——基于我国主动引渡制度的视角》，载《法学论坛》2011年第2期。

[4] 参见高一飞、韩利：《国际反腐败合作中的追逃附带追赃》，载《政法学刊》2020年第4期。

司法协助请求的案件量明显高于我国向国外提出的请求。[1]自"2003年至2013年，司法部共接收所有条约合作国提出的刑事司法协助请求1200余件，但司法部代表我国执法机关向外国提出的司法协助请求则不足100件"。[2]具体到引渡领域的国际合作中亦面临此种困境，即引渡合作案件的结构不均衡。从理论上来说，引渡可以分为主动引渡和被动引渡，我国实践中主动引渡与被动引渡的数量不成比例，主客观两方面累积的障碍导致我国主动引渡的成功率很低。[3]造成这一现状的原因，与我国与外国在打击犯罪国际合作中长期存在的制度性障碍有关，比如我国司法机关主动利用条约开展国际合作的意识和能力有待提高，[4]也与我国对替代性措施的使用频率过高有关。

三、引渡替代措施使用比例畸高

虽然引渡居于国际刑事司法合作中的核心位置，引渡制度的发展也为其他形式的国际刑事司法合作奠定了基础，但在国际刑事司法合作领域也存在着劝返、遣返等引渡的替代措施，引渡替代措施对于国际刑事司法合作也有重要的实践意义。然而，我国当前引渡替代措施的使用率畸高，在一定程度上影响了引渡工作的开展。"通过对'百名红通'人员归案情况的分

---

[1] 参见阮丹生等：《检察机关刑事司法协助完善与发展》，载《人民检察》2021年第23期。

[2] 蒋皓：《变相引渡仍为我国海外追逃主要方式》，载https://www.spp.gov.cn/zdgz/201411/t20141105_83180.shtml，访问日期：2024年11月5日。

[3] 参见黄风：《我国主动引渡制度研究：经验、问题和对策》，载《法商研究》2006年第4期。

[4] 参见傅莹：《关于〈中华人民共和国国际刑事司法协助法（草案）〉的说明——2017年12月22日在第十二届全国人民代表大会常务委员会第三十一次会议上》，载《中华人民共和国全国人民代表大会常务委员会公报》2018年第6期。

析，目前我国反腐败追逃措施以劝返、缉捕为主，少数适用遣返，但没有成功引渡的案例。"[1]

劝返是我国在国际刑事司法实践中探索出来的一种引渡替代措施，是指外逃分子经劝说教育之后，主动回到追逃国接受追诉、审判或执行刑罚。由于引渡在实践中的适用较为复杂且存在较多限制，因此在我国境外的追逃缉捕工作实践中，潜逃的职务犯罪嫌疑人多以劝返的方式归案，而相比之下，运用国际规则成功开展国际刑事司法合作的例子在我国仅占少数。[2]自"猎狐2014"专项行动"开展100天来，已从40余个国家和地区缉捕劝返在逃经济犯罪嫌疑人180余名，其中经公安机关劝返投案自首76名，缉捕数已超过去年全年总数"。[3]为了进一步促进劝返工作，最高人民法院、最高人民检察院、公安部、外交部于2014年10月10日联合发布了《关于敦促在逃境外经济犯罪人员投案自首的通告》，规劝了一批在逃境外经济犯罪嫌疑人、被告人、罪犯回国接受刑事审判。据相关数据统计，截至2016年，"全国公安机关共从61个国家和地区成功抓获各类境外在逃人员409名。其中，缉捕272名，劝返137名"。[4]与此相对应的则是引渡使用频率的降低。据统计，2018年天网行动追回的1335名外逃人员中，适用引渡制度规则追回的仅有17

---

[1] 王秀梅、宋玥婵：《新时代我国反腐败追逃的经验与完善——聚焦于"百名红通"》，载《北京师范大学学报（社会科学版）》2018年第5期。

[2] 参见陈雷：《我国反腐败国际追逃追赃现状、问题及展望》，载《法律适用（司法案例）》2017年第12期；陈泽宪、周维明：《追逃追赃与刑事司法协助体系构建》，载《北京师范大学学报（社会科学版）》2015年第5期。

[3] 《公安部：将"猎狐2014"专项行动向纵深推进》，载https://www.gov.cn/xinwen/2014-10/31/content_2773470.htm，访问日期：2024年10月31日。

[4] 《公安部：2016年"猎狐行动"成效显著》，载https://www.gov.cn/xinwen/2016-08/18/content_5100356.htm，访问日期：2024年8月18日。

人。[1]

虽然高效率是劝返的突出优势，但劝返并非一项具有明确法律依据的司法措施，存在着诸多的争议。该措施"也非司法程序的前置程序，而是为了使司法程序或其前置程序顺利进行而采取的特殊方式"，[2]在司法实践的适用过程中容易存在不规范的问题。另外，劝返的适用前提应当是在"没有引渡条约、司法协助条约或者引渡、遣返存在困难"[3]时，但其往往在实践中成了优先适用的措施。我国劝返工作虽然卓有成效，但至今欠缺专门的法律法规对劝返的程序进行规定，增加了劝返工作的不确定性，在一定程度上也制约了其他国家与我国进行刑事司法合作的进程。"反腐败办案机关过度关注劝返的灵活性和技术性，而漠视它的制度性和规范性建设，导致劝返作为非司法程序的特殊作用被弱化。"[4]

四、引渡制度还有待完善

第一，我国《引渡法》缺少系统化、细节性的配套规定。我国《引渡法》自出台已有20多年，其间《引渡法》一直缺少司法解释的细则性规定，具有核心地位的《引渡法》本身也需要修订，以进一步完善相关细节，比如引渡审查的证据标准等。同时，除《引渡法》专门立法外，我国在《刑事诉讼法》以及专门性的《禁毒法》《反洗钱法》等法律中也包含了国际刑事合

---

[1] 参见高一飞、韩利：《国际反腐败合作中的追逃附带追赃》，载《政法学刊》2020年第4期。

[2] 李迪：《恢复性司法视域中的反腐败追逃追赃国际合作》，载《法学杂志》2022年第3期。

[3] 刘娜：《劝返的现实困境与突破路径》，载《湖北社会科学》2014年第2期。

[4] 高一飞、韩利：《国际反腐败合作中的追逃附带追赃》，载《政法学刊》2020年第4期。

作的相关内容,《国际刑事司法协助法》的出台也进一步提升了国际刑事司法合作的规范性,但是这些法律的衔接依旧需要细化。未来需要以《引渡法》的修订为核心,促进我国国际刑事司法合作法律的体系化。

第二,缺少与引渡实践适配的具体制度工具。比如现有的引渡审查程序繁琐,缺少变通性的规则。同国际上适用简易引渡程序的实践相比,我国引渡程序中的双重审查机制过程较为繁琐,实践中耗费了大量的行政和司法资源。单一而繁琐的程序规定还可能使其他本有司法合作意愿的国家望而生畏,从而不愿意同我国签订引渡条约,或者在进行引渡合作时故意进行对等的繁琐且无必要的审查,以此达到所谓的"程序对等",这在一定程度上对我国引渡工作的开展造成了困难。[1]

第三,实践中出现的突出问题亟须解决。比如死刑制度的存在是我国开展引渡国际合作的重要阻碍之一。[2]死刑不引渡原则作为引渡领域的一项通用原则,是国际上开展刑事司法合作的普遍趋势。我国在国际刑事司法合作实践中避免直接引入"死刑不引渡"原则的主要原因在于担心犯有严重罪行的犯罪分子借此脱逃刑罚,[3]但不少国家从保护人权的角度以被请求引渡人可能会在请求国被判处或执行死刑为由而拒绝请求国的引渡请求。近年来,我国主要采取以不判处死刑承诺的方式对犯罪进行个案处理,但死刑的保留不可避免地已成为阻碍我国与

---

[1] 参见秦晋:《我国外逃贪腐人员引渡制度实施实证研究》,载《兰州学刊》2021年第5期。

[2] 参见王勇:《赖昌星"难民"案的法理评析——兼论加强我国国际刑事司法合作的几点思考》,载《法学》2002年第10期。

[3] 参见王勇:《赖昌星"难民"案的法理评析——兼论加强我国国际刑事司法合作的几点思考》,载《法学》2002年第10期。

他国开展国际刑事司法合作的重要因素。再比如对外逃人员自首的认定及量刑问题,长期以来一直都困扰着司法实践。近些年随着国内"认罪认罚从宽"制度的发展,对外逃人员如何适用,如何精准量刑都需要进一步研究。

第二章

引渡的基础理论

从词源上来看,引渡一词最早来源于拉丁文短语"extra tradere",意为"向外遣送",[1]主要是为了保护被请求引渡人所在共同体的利益,避免出现大规模的同态复仇。发展至今,"引渡"的英文表述为"extradition",指的是一国应他国之请求,将在本国境内但被他国追诉或判刑的人移交给他国审判或处罚的行为。因此,从文义的角度来看,引渡的概念应当包含被判刑人员的移管,即"引渡,是指一国应他国的请求,将当时在其境内而被该外国指控犯有某种罪行或已被判刑的人移交给该外国以便起诉或执行刑罚的活动"。[2]我国《引渡法》第7条区分了"为了提起刑事诉讼而请求引渡的"和"为了执行刑罚而请求引渡的"两种情形,实质上是将被判刑人员的移管也归入《引渡法》之中。这种处理方式使得《引渡法》与2018年生效的《国际刑事司法协助法》在适用范围上有一定的交叉重合之处,实践中需要甄别把握。

引渡是国际刑事司法合作中的核心制度,是惩治犯罪方面最古老的国际协作形式。[3]在四种主要的国际刑事司法合作形式

---

[1] 参见彭峰:《引渡原则研究》,知识产权出版社2008年版,第4页。

[2] 张智辉:《国际刑法通论》(第3版),中国政法大学出版社2009年版,第360页。

[3] 参见[意]杜里奥·帕多瓦尼:《意大利刑法学原理》(注评版),陈忠林译评,中国人民大学出版社2004年版,第59页。

中，引渡不仅是其中最核心的内容，而且引渡制度中的基本原理也奠定了其他形式的司法合作的基础，并且在遣返、劝返等引渡替代措施中，也依旧能看到引渡基本原则的影响。可以说，引渡是国际刑事司法合作中最主要的形式，在国际刑事司法合作中居于主导地位。"在现代国际刑事司法协助体系中，引渡的历史最为悠久，适用最为普遍，有关引渡的理论也最为成熟。"[1]引渡理论的发展为当今时代丰富多彩的国际刑事司法合作奠定了理论基础。

第一节　引渡的历史发展及规律

引渡的起源可以追溯到两千多年前罗马法中的典故，即家父将犯了罪的家子移交给受害者所属的共同体任其处罚，以避免自己的共同体遭受更为严重的报复，这在当时被称为"noxae deditio"，中文译为"损害投偿"。[2]可以看出，引渡制度的最初意蕴已经与现代引渡制度存在较大的差异，引渡最初是为了避免本方共同体受复仇的损害而将己方人员交出，主要还是服务于一种政治目标，而在当今世界包括我国在内的许多国家都将"本国公民不引渡"作为一项基本原则，更加侧重司法主权及对公民权利的保障。

引渡制度的形成与发展经历了漫长的演变过程，可以分别从古代、近代和现代三个时期来探寻其发展规律。

一、古代引渡：纯粹政治交易

公元前1291年，古埃及的法老拉姆捷斯二世（Ramses Ⅱ）

---

[1] 彭峰：《引渡原则研究》，知识产权出版社2008年版，第1页。
[2] 参见黄风：《国际刑事司法合作的规则与实践》，北京大学出版社2008年版，第3页。

和赫梯皇帝哈图希里二世（Hittites Ⅱ）签订的和约是历史上第一个有证可查的与引渡相关的合约。[1] 此时在和约中加入引渡是基于政治上的互惠主义（reciprocity），意在保障国家利益而非个人权利。另外据学者考察，我国则在春秋时期出现了有关引渡罪犯的事例和相应的引渡规定。[2]

从实体上看，古代引渡一般只适用于政治犯，而不是普通罪犯。这依旧是由早期引渡所带有的鲜明的政治性所决定的。对于君主而言，为维护其统治，首先予以镇压的对象即意图推翻本国政治体制的政治犯。[3] 因此，君主之间主要是为了保证彼此的王位统治而引渡叛逆者，这样做一方面能够取得同盟者之间的信赖，另一方面也可以给其领域内潜在的反叛者以警戒。[4] 这与现代引渡制度中被普遍接受的"政治犯罪不引渡"原则截然相反。如果认为引渡的主要任务在于维护本国的统治，自然应允许对政治犯进行引渡。相反，如果强调人权保障，认可他国的政治庇护，则不能引渡政治犯。此外，引渡政治犯也明显与后来引渡制度发展中出现的双重犯罪原则不符。可见，政治犯是否具有可引渡性，与引渡制度的目的息息相关。

从程序上来看，古代既没有引渡制度也没有引渡理论，但

---

[1] 参见秦一禾：《犯罪人引渡诸原则研究》，中国人民公安大学出版社2007年版，第1页。学者对法老拉姆捷斯二世和赫梯皇帝哈图希里二世签订的和约是世界上有证可查的第一个引渡条约不存在争议，但对该和约的订立时间存在不同看法。例如，国际法学者巴西奥尼主张该和约的订立时间为公元前1259年。See M. Cherif Bassiouni, *International Extradition*: *United States Law and Practice*, Oxford University Press, 2014, p 5.

[2] 参见马德才：《引渡制度溯源》，载《现代法学》1993年第5期。

[3] 参见[韩]李万熙：《引渡与国际法》，马相哲译，法律出版社2002年版，第21页。

[4] 参见秦一禾：《犯罪人引渡诸原则研究》，中国人民公安大学出版社2007年版，第1页。

已经产生了一国向另一国遣返罪犯的引渡形式。[1]当然，由于引渡形式的存在只是为了维护各国之间的内在秩序，并没有把引渡看作一种进行国际刑事合作的手段，[2]而且也缺少最基本的对于被请求引渡人的保护制度，因此这种引渡形式更多的是一种政治合作的表现形式，与现代法治意义上的程序法相差甚远。古代的引渡虽然存在条约性和约，但是引渡并不是完全按照和约所规定的程序进行的，甚至可能和约本身也没有规定详细的引渡程序，也就谈不上程序所特有的人权保障功能。

总之，"早期的引渡，是封建君主们进行政治交易的手段，带有浓厚的政治色彩"。[3]无论是从引渡制度的实体内容还是程序上来讲，古代引渡缺乏现代意义上引渡的人权保障功能和规范程序，更多的是主权者之间友好关系的体现。

二、近代引渡：走向法制化

到了近代，随着时代的发展，引渡由这种重政治色彩、随意性较强的外交形式逐渐走向法制化。

古典时代自然法学家的思想为引渡在近代的转型作出了突出的贡献。比如17世纪初期，格劳秀斯（Hugo Grotius）主张一个国家或其君主对于受害者的控诉并非必须移交罪犯，而是可以在自行惩罚或者移交罪犯中进行选择。[4]这些观点将引渡从

---

[1] 参见刘亚军：《引渡新论——以国际法为视角》，吉林人民出版社2004年版，第1页。

[2] See M. Cherif Bassiouni, *International Extradition：United States Law and Practices*, Oxford University Press, 2014, p 6.

[3] 刘亚军：《引渡新论——以国际法为视角》，吉林人民出版社2004年版，第2页。

[4] 参见［荷］格劳秀斯：《战争与和平法》，［美］A.C.坎贝尔英译、何勤华等译，上海人民出版社2005年版，第318页。

政治礼仪提升到国家义务、犯罪惩罚等法治的语境之中，成为推动引渡广泛开展的重要依据。但此时的实践并不与此同步，西方国家这一时期几乎只关注政治和宗教罪犯。[1] 18世纪以前，对于普通罪犯的引渡一直非常有限，且世界各国大多是出于"礼让"的角度向他国提出引渡逃犯的请求或批准他国的引渡请求，[2]政治依旧是引渡的内核。

这种情况在18世纪之后逐渐发生变化，国际上开始出现对普通罪犯的引渡。[3]从引渡政治犯到引渡普通刑事罪犯，是引渡发展历史中的重要事件，这种变化有着深刻的历史背景，其中18世纪开始的启蒙运动对刑事司法改革产生了深远的影响，[4]无疑起到了决定性的作用。资产阶级启蒙运动的兴起带动了刑事法律现代化的变革，刑事法律中的一些基石性原则，比如罪刑法定原则、无罪推定原则、刑罚人道化等开始确立，这些变化使得人们对犯罪、刑罚有了新的认识，也间接对引渡制度的发展产生了深远的影响。人们开始意识到刑事犯罪不是封建君主维护政权的手段，引渡不应成为君主维护暴政的工具，逐渐产生了"政治犯罪不引渡"的案例。[5]

学界主流观点认为，实践中"政治犯罪不引渡"原则的产生主要是受到了法国大革命的影响。在法国大革命之前，"政治

---

[1] See M. Cherif Bassiouni, *International Extradition: United States Law and Practices*, Oxford University Press, 2014, p. 5.

[2] 参见刘大群：《论引渡的主体》，载《法学研究》1990年第1期。

[3] 参见[韩]李万熙：《引渡与国际法》，马相哲译，法律出版社2002年版，第21页。

[4] 参见[意]切萨雷·贝卡里亚：《论犯罪与刑罚》，黄风译，北京大学出版社2008年版，第123~131页。

[5] 参见薛淑兰：《引渡司法审查研究》，中国人民公安大学出版社2008年版，第13页。

罪"这个名词在国际法的理论和实践中是不为人所知的,有关"政治犯罪不引渡"的原则也是不存在的。受法国大革命的影响,不少封建专制国家出于害怕纷纷镇压意图推翻其本国政治制度的人,很多政治犯因此逃往法国并在法国受到了庇护。[1]关于庇护的规定可以被认为是最早的有关"政治犯罪不引渡"的条款,此前正是因为是政治犯才予引渡,现在因为是政治犯所以才要庇护,政治犯罪因此成为拒绝引渡的事由。随着时间的推移,受法国大革命的间接影响,"政治犯罪不引渡"原则在19世纪逐渐得到了采纳。[2]

虽然在当时,这仅仅是欧洲国家用于维持国际关系和保护自身国家利益的外交手段。[3]从根本上讲,此时引渡依旧属于政治的催生物,缺少人权保障的精神内核。但无论如何,"政治犯罪不引渡"的惯例一旦确立,就具有了法制化的基本特点,也推动着近代引渡逐渐由一种政治化的外交事宜发展为一项具有法律依据的制度。同时在近代刑事司法改革的推动下,各国刑法被注入了一定的人权保障功能,国内法的更新推动着国际刑事司法合作的发展,客观上也形成了一些特属于引渡法的基本规则。

1833年《比利时引渡法》通过其国内立法正式确定了"政治犯罪不引渡"原则,明文禁止引渡外国政治犯,[4]这在引渡

---

[1] 参见[韩]李万熙:《引渡与国际法》,马相哲译,法律出版社2002年版,第22页。

[2] 参见[英]詹宁斯、瓦茨修订:《奥本海国际法》,王铁崖等译,中国大百科全书出版社1995年版,第344页。

[3] 参见秦一禾:《犯罪人引渡诸原则研究》,中国人民公安大学出版社2007年版,第7页。

[4] 参见刘亚军:《引渡新论——以国际法为视角》,吉林人民出版社2004年版,第2页。

国际刑事司法合作中具有划时代的意义。次年,比利时又将政治犯罪作为引渡的例外情形明确规定在与法国缔结的双边引渡条约中。[1]由此,比利时通过国内立法和国际条约的形式,将"政治犯罪不引渡"正式作为国际刑事司法合作的基本原则确立下来。19世纪,交通的便利化增加了犯罪人逃亡的可能性,催生了国与国之间签订双边引渡条约的现象。[2]现实的需要不断推动着引渡制度的发展,其他欧洲国家与美国也开始在其双边引渡条约中加入"政治犯罪不引渡"原则。[3]自此"政治犯罪不引渡"原则成为国际条约缔约国之间的义务,引渡从原来纯粹的政治交易转变为正式的国际合作,这也标志着现代引渡制度的诞生。

伴随着引渡国际合作基本原则的法制化进程,各国规范引渡活动的国内立法也逐步发展起来,法制化成为世界潮流。比

---

[1] 参见马德才:《引渡制度溯源》,载《现代法学》1993年第5期。

[2] 参见[英]詹宁斯、瓦茨修订:《奥本海国际法》,王铁崖等译,中国大百科全书出版社1995年版,第339页。

[3] See Treaty between the United States of America and Rumania 1924, Article Ⅲ: "The provisions of the present Treaty shall not import a claim of extradition for any crime or offense of a political character, nor for acts connected with such crimes or offenses; and no person surrendered by or to either of the High Contracting Parties in virtue of this Treaty shall be tried or punished for a political crime or offense. When the offense charged comprises the act either of murder or assassination or of poisoning, either consummated or attempted, the fact that the offense was committed or attempted against the life of the Sovereign or Head of a foreign State or against the life of any member of his family, shall not be deemed sufficient to sustain that such crime or offense was of a political character; or was an act connected with crimes or offenses of a political character." See Treaty between the United States of America and the Swiss Confederation 1901, Article Ⅶ, "Extradition shall not be granted for political crimes or offenses. No person surrendered under the present Treaty, for a common crime, shall be prosecuted or punished for a political offense committed before his extradition. If the question arises in a particular case, whether the offense committed is or is not of a political character, the Authorities of the State upon which the demand is made shall decide."

如意大利于 1899 年和 1913 年分别将引渡条款相继纳入其《刑法典》和《刑事诉讼法典》之中，标志着现代引渡制度正式成为其国内刑事司法制度的一部分。[1]尽管如此，仍然有相当一部分国家没有将引渡纳入其国内立法，因而需要另外与其他国家或地区签署双边引渡条约来进行补充适用。[2]

总之，引渡从一项国际惯例发展到双边国际条约，再进入各国国内的刑事立法之中，标志着引渡制度整体上趋向成熟，这种体系化的立法模式也不断提高了各国引渡立法的水平。

三、现代引渡：追求平衡的国际刑事司法合作

进入 20 世纪以后，国际经济迅速发展，全世界在政治与文化理念、价值观等方面均经历了一场深刻的变化。尤其是第二次世界大战以后，自然法思想逐渐复兴，人们开始反思战争所带来的人道主义灾难。[3]以拉德布鲁赫为代表的学者也"转向了一种较为温和形式的自然法理论"，[4]全世界开始更加重视对人权的保护以及建立正当程序的必要性，这些变化都影响了引渡制度的变革。

受国际人权法的影响，人权越来越成为影响现代引渡制度的重要事由，塑造了以保护人权为价值导向的新引渡规则。[5]这种理念在近代刑事司法变革中即已出现，无罪推定、刑罚的

---

[1] 参见马德才：《引渡制度溯源》，载《现代法学》1993 年第 5 期。

[2] 参见邹江江：《附条件引渡研究》，华中科技大学出版社 2019 年版，第 8 页。

[3] 参见郑永流主编：《法哲学与法社会学论丛（四）》，中国政法大学出版社 2001 年版，第 443 页。

[4] [美] E. 博登海默：《法理学：法律哲学与法律方法》，邓正来译，中国政法大学出版社 2004 年版，第 183~186 页。

[5] 参见孙萌、荆超：《国际人权法对引渡原则的影响》，载《人权法学》2024 年第 1 期。

人道化等都闪烁着人权保障的光芒，而战后对人道主义灾难的反思使得对人权的保护进一步从理念落实到具体的规范之中。"现代引渡制度的一个基本特征就是：不再把引渡合作的对象当作国家间政治交易的筹码，而是把他确定为一个权利主体，他的权益同样得到法律的保护。"[1] 如果被请求国有充分理由相信被引渡人的基本权利在请求国可能受到侵犯时，其会作出拒绝引渡的决定。相应的保障被引渡人不受双重追诉的风险、其享有充分的辩护权，引渡中的人道主义考虑等逐渐成为引渡国际刑事司法合作中的基本原则。

与权利保障相伴随的是打击犯罪的需求。随着全球化进程的逐渐加快，跨国犯罪也开始在全世界蔓延，成为各国不得不面对的棘手问题。为了共同打击一些公害犯罪，世界各国开始限缩政治犯罪的范围，"政治犯罪不引渡"原则开始受到限制，其适用范围在国际上甚至呈现出扩大的趋势。许多国际公约相继将"政治犯罪不引渡"原则的适用排除在特定犯罪之外。[2] 这股潮流也影响着与引渡相关的其他国际刑事司法合作。比如从引渡和国际司法协助的关系来看，虽然历史上引渡是最早的国际刑事司法合作形式，但从后来的发展进程来看，引渡与司

---

[1] 黄风：《国际刑事司法合作的规则与实践》，北京大学出版社2008年版，第97页。

[2] See Convention drawn up on the basis of Article K. 3 of the Treaty on European Union, relating to extradition between the Member States of the European Union [1996] OJ C 313/12, article 5 (1): "For the purposes of applying this Convention, no offence may be regarded by the requested Member State as a political offence, as an offence connected with a political offence or an offence inspired by political motives." 另见《制止向恐怖主义提供资助的国际公约》第14条："为引渡或司法互助的目的，不得视第2条所述任何罪行为政治犯罪、同政治犯罪有关的罪行或出于政治动机的犯罪。因此，对于就此种罪行提出的引渡或司法互助请求，不得只以其涉及政治犯罪、同政治犯罪有关的罪行或出于政治动机的罪行为理由而加以拒绝。"

法协作往往是相伴随而发展的,二者之间一直缺乏明确的界限。甚至在一段时间内如果强调国际刑事司法合作的效率,则会有意无意地提升刑事司法协助的地位。1959年《欧洲刑事司法协助公约》的出台即包含了这层含义。[1]同时,传统引渡制度的基础也在逐渐发生改变,引渡制度的多样化趋势呈现。比如欧盟国家将引渡问题视为相互承认司法裁决和判决的方式,"欧盟逮捕令"制度即这一方式的体现,区域间的引渡呈现出简化的趋势。[2]引渡在人权保障与打击犯罪之间,形成一种微妙的平衡。

四、引渡发展史评析

引渡具有悠久的历史,通过对引渡发展进程的梳理,可以将其中所体现出来的规律总结如下。

首先,引渡经历了从纯粹政治形式到法律制度的演变。在相当长一段时间内,引渡都没有被看作国际刑事司法合作的手段。早期的引渡是"政治引渡",引渡的达成以及引渡的程序完全取决于古代君主的个人意志。直至到了近现代,引渡才发展为真正意义上的"法律引渡",各国规范引渡制度的国内立法、促进引渡合作的双边引渡条约、国际公约等得到全面的发展,既是引渡制度法制化的重要成果,也是国际刑事司法合作的主要内容。

其次,引渡的制度目的在不断地变化。古代引渡制度的目的在于维护统治及政治交易,导致引渡的主要对象都是政治犯。

---

[1] See Explanatory Report to the European Convention on Mutual Assistance in Criminal Matters 1959, p. 1~2.

[2] 参见[德]赫尔穆特·查致格:《刑事法的欧洲一体化及其挑战》,程捷译,载《国家检察官学院学报》2017年第2期。

随着社会的不断发展，世界各国开始尝试在其各自的国内法中明确对引渡进行规定，这标志着引渡开始走向法治化轨道，其制度目的也逐渐从维护国内的政治统治进化到国际的刑事司法合作，引渡普通犯罪遂逐渐成为主流。随着"政治犯罪不引渡"等原则的相继确立，近代引渡制度诞生。现代以来，尤其是二战后人权保障运动的兴起促使人们对引渡制度的价值进行了进一步的思考，国际社会逐渐开始重视被请求引渡人的人权问题，引渡的制度目的遂从单一关注国家利益进化到兼顾保障人权。

再次，引渡制度是在引渡实践的基础上形成并发展的，受事实上的国际合作影响较大。从近代引渡制度的发展来看，其最早出现在比利时是有其历史必然性的，这与该国发展较早的引渡实践相关。虽然近代以来引渡制度的法制化进程不断加快，但依旧无法否认引渡合作中的政治因素，引渡不仅受国际关系影响较大，也与一国的内政、外交及法律制度有着密切的联系。以我国为例，受制于改革开放之前的外交形势影响，我国的引渡制度发展较为缓慢，而改革开放之后随着对外交流的增多，引渡制度才有了发展的空间。

最后，现代引渡制度的发展追求一种协调，企图在政治利益与法律制度、打击犯罪与保护人权之间达到平衡。在有关引渡的国际刑事司法合作实践中，各国始终都面临着政治需要与法律约束之间的矛盾平衡，最后形成了一系列被国际社会所公认的基本原则和规则，作为国际刑事司法合作的底线。现代引渡制度还努力在打击犯罪与保护人权之间实现平衡，在此基础上发展为各国间开展的一种理性的国际刑事司法合作。

我国的引渡实践既体现出世界各国在引渡合作中共有的规律，也含有中国特色的部分。

从我国的实践来看，作为事实的引渡在我国早有发生，但是作为法律制度的引渡在我国是纯粹的舶来品，我国引渡制度的确立和发展都相对较晚。我国于1689年签订的《中俄尼布楚条约》是我国历史上第一个有证可查的与外国缔结的含有引渡条款的平等条约，[1]其对越境逃亡、越境捕猎或进行盗窃、抢劫活动的罪犯进行了规定，[2]虽然这一条款"是清政府为防止俄国再次入侵而提出的要求"[3]，但客观上对于逃犯的遣送作出了制度性的规定，可以将其视为引渡条款。自《中俄尼布楚条约》之后，我国法律意义上的引渡活动就基本陷入了空白。改革开放之后，我国与国外的合作交流日益密切，这也为跨国犯罪的产生和犯罪人员的流动提供了便利，在这种背景下，我国逐渐认识到加强国际刑事司法合作的重要性，积极开展与外国的刑事司法合作工作，先后与多国签订双边引渡条约。引渡制度受引渡实践制约这一特点在我国引渡的发展中体现得十分明显。

我国引渡制度的法制化进程也在不断推进。除加入国际公约、签订双边条约外，国内法的不断完善也是引渡法制化的重要一环。1992年，外交部、最高人民法院、最高人民检察院、公安部、司法部联合发布《关于办理引渡案件若干问题的规

---

[1] 参见杨泽伟：《近代国际法输入中国及其影响》，载《法学研究》1999年第3期。

[2] 参见《中俄尼布楚条约》（拉丁文汉译本）第2条："两国猎户人等，不论因何事故，不得擅越已定边界。若有一、二下贱之人，或因捕猎，或因盗窃，擅自越界者，立即械系，遣送各该国境内官吏，审至知案情，当即依法处罚。若十数人越境相聚，或持械捕猎，或杀人劫掠，并须报闻两国皇帝，依罪处以死刑。既不以少数人民犯禁而备战，更不以是而至流血。"参见北京师范大学清史研究小组：《一六八九年的中俄尼布楚条约》，人民出版社1977年版，第451页。

[3] 北京师范大学清史研究小组：《一六八九年的中俄尼布楚条约》，人民出版社1977年版，第360页。

定》，引渡再次进入我国立法的视野之中，2000年12月28日颁布了《引渡法》，标志着我国引渡正式走上了法治轨道。2018年10月26日通过的《刑事司法协助法》进一步完善了相关的制度，这也符合引渡法制化的世界潮流。

我国《引渡法》亦十分注重对被引渡人权利的保障。《引渡法》实体部分对被请求人不予引渡的情形作了详细的规定，还将人道主义原则等都直接列为可以拒绝引渡的理由。在程序上也对被请求引渡人的辩护权等有完善的规定。此外，在我国《引渡法》以及与其他国家签订的双边引渡条约中，均将被引渡的对象称为"被引渡人"而非"犯罪人""罪犯"或"逃犯"等，体现了我国对被引渡人权利保障的理念。

另外，作为多法域的国家，我国的现代引渡制度也呈现出中国特色，不仅包括依据双边引渡条约等与其他国家开展的属于国际刑事司法合作内容的引渡，还包括我国内部的内地与香港特别行政区、澳门特别行政区以及台湾地区的区际司法协助内容。在很多具体的制度设计如行政司法双审查机制等方面也体现出中国特色。

第二节　引渡的主体

简单来说，引渡的主体指的就是引渡活动的参与者。从历史发展来看，国家作为一般主体，是引渡活动中最早、至今也是最主要的主体。近代以来准引渡主体作为类似国家的主体也开始出现在引渡活动中，并发挥了重要作用。二战后国际特别刑事法庭与国际刑事法院的出现，更是进一步丰富了引渡的主体形式。

一、一般主体

早期对于引渡的概念认识较为统一，一般认为引渡就是国家之间司法权的让与。引渡即"一国应另一国的请求，把在其境内而请求国对其犯罪有管辖权的人，移交给该请求国审判或惩处的国际刑事合作制度"。[1]由于引渡处理的是犯罪人的移交问题，因此首先需要确定的就是犯罪的概念。在现代国家，判断一个公民是否犯罪均是以罪刑法定作为基本原则，而罪刑法定原则只有主权国家的立法和司法体系才能认定，因此引渡的合作就与一国的司法主权牢牢捆绑在一起，成为国家所特有的行为。这既是国家司法主权的必然体现，也是对被请求引渡人人权保障的基础。

因此，在传统国际法上，引渡被认为是一种主权行为和国家行为，任何个人或国内地方当局都无权作为引渡的主体提出或批准引渡请求。[2]此时关于引渡概念的共同侧重点在于将引渡作为国家间的活动加以界定，引渡的主体只能是主权国家。[3]"任何非政府机构、个人均无权主张引渡权。"[4]决定引渡的权力也只有一国才能享有，纯属国家内部事务。我国《引渡法》也体现了这一点，"中华人民共和国和外国之间的引渡，依照本法进行"[5]。《引渡法》只能适用于我国与外国之间。如此，"香港作为国内的一个特别行政区，当然无法参照《引渡法》与内地开展移交逃犯的刑事司法合作。"[6]

---

[1] 陆晓光主编：《国际刑法概论》，中国政法大学出版社1991年版，第129页。
[2] 参见刘大群：《论引渡的主体》，载《法学研究》1990年第1期。
[3] 参见彭峰：《引渡原则研究》，知识产权出版社2008年版，第5页。
[4] 赵永琛：《国际刑法与司法协助》，法律出版社1994年版，第188页。
[5] 《引渡法》第2条。
[6] 杨柳：《内地与香港移交逃犯合作之法律障碍及对策分析》，载《时代法学》2009年第4期。

国家有权请求引渡的前提是对案件具有管辖权。从世界范围内的一般规定来看，主要可以分为罪行发生地国、罪犯国籍国和受害国三类。[1]各国一般都会在其国内刑法中规定本国刑法的适用范围，比如《德国刑法》第3条至第9条。[2]我国《刑法》规定了属地原则、属人原则、保护原则和普遍原则四种管辖权确立原则，[3]对犯罪的管辖权规定较为全面，基本与世界接轨。在此四类管辖权中，虽然尚未明确规定何种管辖原则优先，但是从国际合作习惯来看，属地原则优先仍是各国较为认同的基本规则。当然，随着跨国犯罪情形的不断增多，管辖权的重叠成为常态，一个犯罪出现多个有管辖权的主体以及针对一个被请求引渡人存在多个请求国均属正常之事，此时就涉及国际刑事司法合作的另一种形式，即管辖权的移管。管辖权的移管与引渡具有一定的区别，现代国家一般规定本国享有管辖权的可以拒绝引渡。

二、准引渡主体

随着国际交往范围的不断扩大，引渡活动的主体在事实上已经不再局限于主权国家，"准引渡主体"的概念开始出现。不仅一些非主权国家之间的合作被纳入引渡的范围，而且同一主权国家不同法域之间、主权国家与国际组织之间以及司法管辖区等也都存在需要引渡罪犯的问题。所以，引渡主体的"扩充"成为事实。[4]当然，也有不少学者不支持同一个国家内的不同

---

[1] 参见李瑛：《跨国犯罪及其罪犯的引渡问题探析》，载《河北法学》2001年第4期。

[2] 参见［德］赫尔穆特·查致格：《国际刑法与欧洲刑法》，王士帆译，北京大学出版社2017年版，第469~471页。

[3] 《刑法》第6~9条。

[4] 参见周建海、慕亚平：《引渡制度的新问题与我国引渡制度之健全》，载《政法论坛》1997年第5期。

法域可以成为"准引渡主体",坚持引渡主体只能是主权国家的观点。[1]但是,这种观点一方面不符合实际发生的引渡合作事实,另一方面也难以解释引渡主体与准引渡主体在法律适用上的趋同性。因此,否定准引渡主体并没有实质上的理由,主流观点普遍较为认可准引渡主体的存在。

"'准引渡主体'的出现是引渡制度的新发展。"[2]有学者据此将引渡的概念进行了修正。"引渡是被请求方应请求方的请求,将其管辖范围内被请求方指控犯了某种罪行或已被判了刑的人,移交给请求方以便起诉或者执行刑罚的活动。"[3]"请求方"的表述淡化了主权国家的色彩,强调了司法管辖的概念。这种定义方式既扩大了引渡的主体,也符合引渡的实际情况。比如,根据我国香港特别行政区、澳门特别行政区基本法的有关规定,在中央人民政府授权及协助下,特区政府可与外国就司法互助关系做出适度安排。[4]合作内容包括了与外国谈判缔结移交逃犯、移交被判刑人、刑事司法协助等类型的协定。[5]根据这些规定,我国香港特别行政区、澳门特别行政区具有了"准引渡主体"的地位。虽然根据基本法的规定,特别行政区不适用《引渡法》,[6]但并不能因适用法律的不同而否认其不能进行引渡活动,进而否定其"准引渡主体"的地位。

总之,引渡主体从"请求国"到"请求方"的转变,弱化了国家主权的概念,强调了不同法域之间的合作。准引渡主体

---

[1] 参见彭峰:《引渡原则研究》,知识产权出版社2008年版,第6~11页。
[2] 薛淑兰:《引渡司法审查研究》,中国人民公安大学出版社2008年版,第4页。
[3] 成良文:《刑事司法协助》,法律出版社2003年版,第69页。
[4]《香港特别行政区基本法》第96条,《澳门特别行政区基本法》第94条。
[5]《香港特别行政区基本法》第95条;《逃犯条例》第4条、第5条、第6条。
[6]《香港特别行政区基本法》第18条第2款、第3款。

虽然不具有主权国家的性质，但其一般都具有相对独立的立法权、司法权，完全可以进行引渡合作。承认准引渡主体的存在，不仅更加贴合引渡合作的实践，也有利于引渡制度的进一步发展。

三、国际特别刑事法庭和国际刑事法院

虽然传统引渡的主体是主权国家，但是随着引渡主体的扩张，某些地区或国际机构也可能由于具有独立的刑事管辖权而成为引渡的主体。根据管辖权的来源不同，可以将国际特别刑事法庭、国际刑事法院所进行的引渡活动与地区"准引渡主体"所实施的引渡区分开来。除"准引渡主体"进行的国际合作外，向国际特别刑事法庭及国际刑事法院移交有关人员也可以被认为是现代引渡的一种新方式。国际特别刑事法庭和国际刑事法院可以在其管辖范围内向被请求方提出引渡请求。

国际特别刑事法庭和国际刑事法院引渡罪犯的正当性来自国际的刑事合作。由于其没有固定的地理辖区，国际特别刑事法庭和国际刑事法院在审判罪犯时必然会产生引渡罪犯的问题。"国际刑事法院的设立从一开始就与积极惩治最严重的国际罪行的人道主义理想密切联系在一起。然而，国际刑事法院要实现对国际罪行的有效管辖，就必须借助引渡形式。"[1]此时，国际刑事法院虽能提出引渡请求，但其依旧享有的是无法完全等同于主权国家的刑事管辖权。[2]"国际特别刑事法庭和国际刑事法院的刑事管辖权是以有关主权国家的刑事管辖权为基础的，是

---

[1] 刘晓农、章成、刘英生：《国际刑事法院请求引渡的依据及法律障碍》，载《江西社会科学》2011年第10期。

[2] 参见张智辉：《国际刑法通论》（第3版），中国政法大学出版社2009年版，第362页。

各主权国家通过公约的形式授予的。"[1]因此，国际特别刑事法庭和国际刑事法院的管辖权并非来自主权，而是国家之间通过合作以条约的形式授予的，其引渡请求也就天然存在着强制力不足的缺陷。为了将这两种引渡形式有所区别，有时国际公约还在语言上刻意进行了区分，将主权国家之间的刑事司法合作表述为引渡（extradition），而将与国际刑事法院之间合作称为移交（surrender）。

当今世界，国际社会所公认的具有刑事管辖权的国际组织主要有以下两类。

第一类为国际刑事法庭。第二次世界大战后，美国、英国、法国以及苏联四国于1945年8月8日签署了《关于控诉和惩处欧洲轴心国主要战犯的协定》及其附件《欧洲国际军事法庭宪章》（以下简称《宪章》）。《宪章》明确了欧洲国际军事法庭对轴心国主要战犯针对违反和平罪、战争罪和危害人类罪的管辖权。[2] 1946年1月19日，远东盟国最高统帅麦克阿瑟将军颁布了《远东国际军事法庭宪章》（以下简称《东京宪章》）。根据《东京宪章》的规定在东京成立了远东国际军事法庭，[3]且该法庭对犯有宪章规定罪行的远东地区战争罪犯具有管辖权。[4] 1993年和1994年，联合国安理会通过决议，决定建立前南斯拉夫国际刑事法庭和卢旺达国际刑事法庭，分别审理前南斯拉夫和卢旺达内战与冲突中对严重违反战争法和人道主义法负有责

---

[1] 刘亚军：《引渡新论——以国际法为视角》，吉林人民出版社2004年版，第9页。

[2] See Charter of the International Military Tribunal 1945, article 6.

[3] See International Military Tribunal for the Far East Charter 1946, article 1.

[4] See International Military Tribunal for the Far East Charter 1946, article 5.

任的个人。[1]

第二类为国际刑事法院。1998年7月17日,联合国决议建立常设的国际刑事法院,并通过了《国际刑事法院罗马规约》(以下简称《罗马规约》)。《罗马规约》对国际合作、司法协助及相关程序进行了详细的规定。[2]国际刑事法院的引渡需求主要集中在对犯有国际犯罪的个人的审判中,根据《罗马规约》的规定,国际刑事法院对灭绝种族罪、危害人类罪、战争罪和侵略罪行使管辖权。[3]由国际刑事法院管辖国际犯罪具有一定的合理性,本国法院有时对个人实施的国际犯罪不能作出公正的审判,其效力难以得到其他国家的认可,因此需要通过国际法院对犯有国际犯罪的个人进行审判,这也符合刑事诉讼的基本原理。当时,通过《罗马规约》为国际刑事法院创建的一般管辖权也受到了一些国家的怀疑。[4]

国际社会为了保障《罗马规约》的落实,还作了以下两方面的规定:一是以国际公约的形式确定各国之间基本的合作规则。比如"缔约国应依照本规约的规定,在本法院调查和起诉本法院管辖权内的犯罪方面同本法院充分合作",[5]而且强调国际刑事法院有权要求缔约国予以合作。[6]以上条款均从义务的角度强制要求缔约国遵守。二是从缔约国国内法的角度来保障落实。比如根据《罗马规约》的规定,缔约国应保证其本国国

---

[1] See United Nations Security Council, Resolution 827 (1993), article 2; United Nations Security Council. Resolution 955 (1994), article 2.
[2] 参见《国际刑事法院罗马规约》第68条至第102条。
[3] 参见《国际刑事法院罗马规约》第5条。
[4] 参见朱利江:《东亚三国与国际刑事法院关系比较研究》,中国政法大学出版社2016年版,第228~229页。
[5] 《国际刑事法院罗马规约》第86条。
[6] 参见《国际刑事法院罗马规约》第87条第1款第1项。

内法对执行规约中规定的各种合作设置相应的程序。[1]这些具体的规定都在尽可能提升《罗马规约》的实效。

四、引渡主体扩张给引渡法带来的变化

引渡主体的扩张，也给传统引渡法的发展带来了一定的变化。

第一，引渡概念的变化。传统观点认为，"根据国际法，引渡的主体是主权国家，即引渡的请求国和被请求国"。[2]这种观点随着引渡实践的丰富被逐步改变。比如，有学者主张将引渡定义为："一方应另一方的请求，将当时在其管辖范围内而被该请求方指控犯有某种罪行或已被判刑的人移交给该请求方以便起诉或执行刑罚的活动。"[3]此观点在扩张了引渡主体概念的同时也扩张了引渡的适用范围，更加符合引渡的实践。

第二，引渡规则的变化。当国际特别刑事法庭和国际刑事法院主体进入引渡领域，传统引渡法的适用就面临着一些变化。比如，根据《罗马规约》的规定，"兹设立国际刑事法院（"本法院"）。本法院为常设机构，有权就本规约所提到的、受到国际关注的最严重犯罪对个人行使其管辖权，并对国家刑事管辖权起补充作用。本法院的管辖权和运作由本规约的条款加以规定"。[4]国际刑事法院并不具有传统主权意义上的司法管辖权，虽然客观上有国际合作的需求，但是如果按照传统引渡法来实施，其受到的限制较多。因此对于国际刑事法院这样的特殊主体而言，其引渡合作就不能完全按照主权国家之间的引渡规则

---

[1] 参见《国际刑事法院罗马规约》第88条、第89条第1款。

[2] 刘大群：《论引渡的主体》，载《法学研究》1990年第1期。

[3] 高铭暄、赵秉志主编：《刑法论丛》（第2卷），法律出版社1999年版，第438页。

[4] 《国际刑事法院罗马规约》第1条。

来处理,《罗马规约》采用了概念上更加广泛的词语"移交"（surrender）进行表述,[1]用以防止某些国家法律明文规定的"本国公民不引渡"等引渡规则的限制。

第三，引渡制度的目的变化。从以上变化可以看出，引渡作为国际刑事司法合作中最重要的领域，尽管将其法律化是各国刑事司法合作的追求，但是受限于引渡天生的政治属性，满足国际合作多样性的需求依旧是推动引渡制度发展的根本性因素。引渡主体的变化非常深刻地揭示了这一点。在不同的语境中，引渡具有不同的含义，除了成文法规定的含义外，将其扩大到何种范围完全取决于国际刑事司法合作的实际需要。

第三节 引渡的依据

近代以来，引渡活动经历了从政治行为到法治活动的转变，其顺利进行需要法律上的依据。这些依据主要包括各国国内立法、双边引渡条约、国际刑事司法协助公约以及各缔约国共同批准加入的含有引渡条款内容的国际公约等。当然，关于引渡义务的学理争论也奠定了引渡的法理基础，成为不得不探讨的问题。

一、理论依据

伴随着可引渡的犯罪从政治犯罪过渡到普通犯罪，引渡的基础理论得以不断完善。世界范围内针对引渡是否为国家义务产生了广泛的争论，这直接影响到关于引渡依据的基础原理。

（一）引渡国家义务说

在引渡的发展史上，有不少学者以自然法为基础，主张刑

---

[1] 参见《国际刑事法院罗马规约》第102条第1款。

法的普遍适用性，继而认为引渡为国家义务。比如格劳秀斯从国家领土的视角出发，认为一国在不允许另外一国进入其领土的情况下，只能在自行对罪犯进行处罚与将其交由受害国惩处之间进行选择。[1]这种理论看似给予了国家选择的自由，其实是在实质意义上规定了国家具有打击犯罪的义务。以引渡为国家义务的学说对引渡制度的发展产生了深刻的影响。

引渡国家义务说首先有利于对发生在各国的犯罪的打击。按照引渡义务说的观点，犯罪是全世界的公害，世界各国均有义务惩治犯罪，因此无论犯罪发生于何处，引渡均为一个国家为打击犯罪而必须履行的义务。国家义务说在国际刑法中更有解释力。国际刑法的正当性来自实际存在的犯罪对普遍法益的侵害，其面向整个国际社会，而非特定国家或单一个人。[2]向国际刑事法院移交犯罪嫌疑人更是直接体现了单一国家的义务。

从国家义务说的观点自然可以推论出普遍管辖权的结论。既然犯罪是对全人类利益的侵犯，国家有义务共同惩治犯罪，就必然要赋予国家普遍的管辖权，因而有关普遍管辖权的规定随之也被纳入诸多国际公约中。虽然普遍管辖权的规定可以用来防止出现国际罪行不受惩罚的现象，但是其也存在不少负面影响。[3]但无论如何，即使经常面临着各国基于主权原则的各种挑战，引渡国家义务说的主张还是有助于国际刑事司法合作的开展，也依旧在国际条约中发挥着重要作用。

---

[1] 参见［荷］格劳秀斯：《战争与和平法》，［美］A.C. 坎贝尔英译、何勤华等译，上海人民出版社2005年版，第318页。

[2] 参见［德］赫尔穆特·查致格：《国际刑法与欧洲刑法》，王士帆译，北京大学出版社2017年版，第287~288页。

[3] See M. Cherif Bassiouni, "Universal Jurisdiction for International Crimes: Historical Perspectives and Contemporary Practice", *Virginia Journal of International Law*, 42 (2001), 81.

（二）引渡非国家义务说

从实践来看，虽然根据格劳秀斯的主张，每一个国家对于曾在国外犯罪而现在该国领土内的犯罪人都有处罚或交给有管辖权的国家追诉的义务，但国际习惯法中并没有形成这样的规则。在引渡实践中，不仅发生在不同国家的犯罪由于政治互信的问题难以成功引渡，即使是对于更为符合国家义务说的国际犯罪的引渡，也是只有在国际公约的推动下才能达成，且往往受到各种阻拦。相反，各国总是在缺乏条约的情形下，基于属地最高的原则给予外国人庇护。[1]

因此，国际法上虽可以对外国人予以驱逐，但关于引渡的依据主要是国家之间履行双方达成的条约义务。[2]换言之，引渡并不是国家的义务，在缺乏引渡条约的情形下，是否愿意引渡罪犯以及与引渡相关事项的决定权都属于每个国家的自由裁量范围。这一观点也为大多数普通法系国家最后采取"条约前置主义"制度打下了基础。

二、国内法依据

为规范引渡的适用，各国一般以国内法的形式对引渡进行专门立法。除此之外，具体个案在缺乏引渡专门立法的情况下，还可以基于政府决定或者互惠原则达成引渡。

（一）国内引渡法

引渡专门立法是引渡行为法治化的必然体现，世界各国大多就引渡事项制定了特别法。引渡特别立法的优势极为明显，在引渡法中列举准许引渡和拒绝引渡的条件，同时规定引渡案

---

[1] 参见［英］詹宁斯、瓦茨修订：《奥本海国际法》，王铁崖等译，中国大百科全书出版社 1995 年版，第 339 页。

[2] 周鲠生：《国际法》，商务印书馆 2018 年版，第 320 页。

件的相关程序，使得引渡行为具备了明确的法律规范，不仅有利于提高国际刑事司法合作的可预期性和效率，也大大增强了被请求引渡人人权的保障。除直接作为引渡合作的实体及程序法律依据外，各国国内的引渡法还可以成为一国与他国缔结引渡条约的依据，有效提高该国对外缔结的引渡条约的体系性。此外，国际公约也强调与各缔约国国内引渡法的衔接，以保证公约能够落到实处。

总之，制定专门引渡法的益处是显而易见的。我国的国内引渡立法也顺应了这股历史潮流，"为了进一步明确有关部门在办理引渡案件时的职责，为国内的引渡工作提供法律依据，有利于我国同外国更好地开展刑事司法合作，打击犯罪，维护我国的国家利益"，[1]我国进行了专门立法，于2000年12月28日通过了《引渡法》，成为调整我国引渡的基本法律规范，也是我国与外国开展引渡国际合作的基本依据。

（二）政府决定

世界上仍然有一些国家没有选择在其国内立法体系中设立专门的引渡法。[2]如果一国成文宪法亦对引渡问题没有规定或者设有禁止性条款，则该国政府可以根据自己的决定批准引渡。这种行为在其特定的体制下具有合法性，即使没有引渡条约，"政府也有权引渡个人"。[3]当然，这种做法在很大程度上给予了政府过大的权力，降低了引渡行为的法治保障，因此在实施分权制衡的国家比如美国是难以接受的，其在"条约前置主义"的限定下，对政府的引渡行为进行了非常严格的控制。

---

[1]《关于〈中华人民共和国引渡法（草案）〉的说明》（2000年8月21日）。

[2] 资料显示，截至2015年，巴拿马没有专门的引渡法，但是有引渡双边条约。

[3] 参见［英］詹宁斯、瓦茨修订：《奥本海国际法》，王铁崖等译，中国大百科全书出版社1995年版，第341页。

作为变通方案，如果一国引渡法对政府的行为进行了授权，可以被认为对其赋予了合法性。比如《印度引渡法》第3条就规定中央政府可以颁布相关命令。[1]我国《引渡法》并没有直接授权政府可以就引渡某人作出单独的决定，而是将其置于司法审查程序之后，由国务院作出最后的决定。这种程序设计可以兼具法律保障性与政治目的性，是非常合理的做法。

(三) 互惠原则

就引渡而言，互惠原则是指在两国没有引渡条约的情况下，一国同意将某一特定人引渡给他国时，要求他国保证今后也将同意该国向其请求引渡罪犯。互惠原则一旦进入某国正式立法，就不再只是一种合作惯例，而成为具有法律强制力的规则。比如，我国《引渡法》对互惠原则作了明确规定："中华人民共和国和外国在平等互惠的基础上进行引渡合作。"[2]在具体的引渡程序中，也对互惠原则作了具体的规定，比如在引渡的提出中，"在没有引渡条约的情况下，请求国应当作出互惠的承诺"。[3]可见，互惠原则属于我国《引渡法》规定的内容，在没有国际公约和双边条约的情况下，我国可以基于互惠原则与其他国家展开国际刑事司法合作。

从各国的实践情况来看，互惠合作一般通过两种方式来实现：一种是互惠实践，即在实践中已经存在事实上的引渡合作或者先例；另一种是互惠承诺，即在没有互惠实践的情况下提供关于未来引渡合作的保证。以上两种方式均可作为有效的互

---

[1] The Extradition Act 1962, article 3 (1): "The Central Government may, by notified order, direct that the provisions of this Act, other than Chapter Ⅲ, shall apply, to such foreign State or part thereof as may be specified in the order."

[2] 《引渡法》第3条第1款。

[3] 《引渡法》第15条。

惠表示而成为国与国之间开展合作的基础。

当然,我国《引渡法》还有对互惠合作进行限制的规定:"引渡合作,不得损害中华人民共和国的主权、安全和社会公共利益。"[1]实际上,在任何国际刑事司法合作中,引渡都不是一个简单的法律问题,维护合作方的主权、安全和公共利益都是各国开展合作的前提条件,这一要求也是互惠合作的必然引申。然而,在坚持"条约前置主义"的国家中,条约才是其开展引渡合作的必要法律基础,如果严格遵照其国内法的相关规定,是无法基于互惠原则与其他国家开展引渡合作的。

三、国际法依据

(一) 国际公约

20世纪以来,针对国际犯罪的普遍性,世界各国签订了一系列含有引渡条款的国际公约,成为引渡国际刑事司法合作的重要内容。其中主要的公约包括《联合国反腐败公约》《联合国打击跨国有组织犯罪公约》《禁止酷刑和其他残忍、不人道或有辱人格的待遇或处罚公约》以及《关于制止非法劫持航空器的公约》。以上公约普遍含有引渡条款,其规制的犯罪主要系国际公害类犯罪,容易得到世界各国的承认,取得了很多的共识。公约普遍认为规制此类犯罪属于世界各国的义务,不能轻易以"政治犯罪不引渡"为由免除引渡义务。公约普遍强调了各国间的合作义务,对此类犯罪规定了"或引渡或起诉"原则以保证打击的有效性。

在国际刑事司法合作实践中,国际公约的规定还可以作为双边引渡条约的补充。国际公约经过解释后可以发挥双边条约

---

[1]《引渡法》第3条第2款。

的作用,这点对于采用"条约前置主义"的国家来说尤为重要。比如,《关于制止非法劫持航空器的公约》规定:"如一缔约国规定只有在订有引渡条约的条件下才可以引渡,而当该缔约国接到未与其订有引渡条约的另一缔约国的引渡请求时,可以自行决定认为本公约是对该罪行进行引渡的法律依据。引渡应遵照被请求国法律规定的其他条件。"[1]该条即可直接作为未缔结双边引渡条约国家之间实施引渡合作的基础。

国际公约的存在对于引渡实践具有重要的意义。比如在张某海劫机一案中,[2]张某海劫持中国国际航空公司航班飞机前往日本,虽然中国和日本之间并未订有双边引渡条约,但两国同为《关于制止非法劫持航空器的公约》缔约国,而张某海的行为无疑构成了《关于制止非法劫持航空器的公约》规定的非法劫持航空器类犯罪。因此,中日两国可以按照《关于制止非法劫持航空器的公约》的规定进行引渡合作。当然,这一条款并非绝对适用条件,其并不具有取代双边引渡条约的地位,尤其是对于严格实施"条约前置主义"的国家而言更是如此。

(二) 区域性引渡公约

区域性引渡公约也为缔约国设定了引渡义务,成为缔约国之间引渡犯罪人的法律依据。例如,《美洲国家间引渡公约》规定:"缔约国有义务根据本公约的规定,向提出引渡请求的其他缔约国移交被司法机关要求起诉、正在受审、已被定罪或已被

---

[1] Convention for the Suppression of Unlawful Seizure of Aircraft 1970, article 8(2).

[2] 参见梁淑英主编:《国际法学案例教程》,知识产权出版社2003年版,第98~100页。

判处剥夺自由刑罚的人员。"[1]世界上重要的区域性引渡公约主要包括1957年12月13日欧洲理事会11个成员国签订的《欧洲引渡公约》、1952年9月14日阿拉伯联盟国家签订的《阿拉伯联盟引渡协定》以及1994年8月6日西非国家经济共同体16个成员国签订的《西非国家经济共同体引渡公约》等。

对比而言，区域性引渡公约对于适用引渡条款强制力的约定明显要强于国际公约的规定。后者将选择权赋予了被请求引渡国，其可以选择在与请求国没有签订双边引渡条约的情况下适用公约的规定，也可以选择不予适用。但是区域性引渡公约则大都进行了硬性规定，各缔约国间具有相互引渡罪犯的义务。

(三) 双边引渡条约

以引渡双边条约为依据开展引渡合作源自国际惯例。[2] 1689年9月7日订立的《中俄尼布楚条约》开启了历史上对引渡问题订立条约的先河。在此之后，西方各国也逐渐将国际条约作为引渡的法律依据，很多国家认为只有在条约的基础上才能提出或批准引渡请求，条约成为各国开展引渡合作最普遍的依据。以双边条约的存在是否作为开展引渡合作的必要条件，可以将世界主要国家分为坚持"条约前置主义"的国家和"非条约前置主义"的国家，这两种立场在当代的国际刑事司法合作中也逐渐发生变化。

1. "条约前置主义"与"非条约前置主义"

"条约前置主义"是指根据一些国家的国内法要求，必须以与请求国存在双边引渡条约关系作为开展引渡合作的前提条件，无引渡条约则不能进行引渡合作。传统上，英美法系国家普遍坚

---

[1] Inter-American Convention on Extradition, article 1.
[2] 参见赵永琛：《国际刑法与司法协助》，法律出版社1994年版，第192页。

持这一原则。比如美国就是坚持"条约前置主义"的典型国家。根据《美国法典》的规定:"本编与移交外国犯罪人有关的各条款,仅在与该国政府签订的任何引渡条约存续期间有效。"[1]受普通法系国家立法的影响,许多国家坚持只向与其订有引渡条约的外国引渡罪犯。[2]

"条约前置主义"的形成,与英美国家法治主义的传统有着十分密切的关系。受法治主义的影响,政府的行为需要在法律的授权下才能进行,引渡行为也是如此。此外,权力分立与制衡传统也起到了重要作用,这些国家普遍认为条约的批准及立法均属于议会的权力,只有在议会有明确的立法或者约定的前提下,政府才有权力实施具体的引渡行为。

然而,"条约前置主义"无疑会给国际刑事司法合作带来一定的障碍。尤其是在两国间缺乏引渡条约而被请求国又属于坚持"条约前置主义"国家的情形下,难免会给请求国带来极大的不便。因此,变通处理"条约前置主义"就成为必然的趋势。在"条约前置主义"之后,逐渐形成了"非条约前置主义",除一些大陆法系国家之外,我国也采取了"非条约前置主义"的立场,主张基于互惠原则可以开展引渡合作。[3]袁某顺引渡案就是我国在无双边引渡条约的情况下,将犯罪人成功引渡回国的典型案例。[4]

2. "条约前置主义"的变通

虽然传统上"条约前置主义"有许多的优点,比如更能明

---

[1] 18 U. S. Code § 3181 (a).

[2] 参见马呈元:《国际刑法论》(增订版),中国政法大学出版社2013年版,第634页。

[3] 参见《引渡法》第3条、第15条。

[4] 参见《中国籍贪官已从日本引渡回国 高检披露引渡详情》,载 https://news.ifeng.com/c/7fYW1O4cbqf,访问日期:2024年7月4日。

确请求方与被请求方之间的权利义务关系，有利于保障被请求引渡人的权利。但是，随着国际引渡合作的增多，其所带来的弊端也逐渐凸显：一方面，"条约前置主义"下的合作要求明显提高了各国间引渡合作的门槛，严重地限制了引渡的合作范围，尤其是对实行"非条约前置主义"的国家而言显得尤为不公平。实施"条约前置主义"的国家在向其他实行较为宽松的互惠原则的国家提出引渡请求时可以适用他国的宽松标准，而他国却不能向"条约前置主义"国家提出对等要求，导致各国之间合作的实质不公。另一方面，"不仅实行'条约前置主义'的国家只能向数目有限的伙伴提供引渡合作，而且他们向国外提出的引渡请求也往往因不符合互惠原则而遭到拒绝"。[1]这大大降低了国际刑事司法合作的效率。

基于此，为了克服"条约前置主义"在引渡中存在的种种弊端，扩大引渡合作的范围，原先坚持这一立场的国家开始对"条约前置主义"进行不同程度的变通。这种转变主要通过以下四种方式实现。

第一，放弃"条约前置主义"的立场。这种做法否定了将双边条约作为引渡的唯一依据，通过增加多样的引渡依据来实质上替代"条约前置主义"。具体的实施模式又可以分为两种类型：一种是将请求国家法律增加为引渡依据，另一种是将政府决议或命令与双边条约并列为引渡依据。

以英国为代表的国家采取的是第一种模式。《英国 2003 年引渡法》彻底地放弃了其 1870 年《引渡法》中关于"条约前置主义"的规定，含有引渡条款的国际公约亦可作为引渡的依据。[2]除此之外，该法还规定，英国可以与向其提出引渡请求

---

[1] 黄风：《引渡问题研究》，中国政法大学出版社 2006 年版，第 2 页。
[2] Extradition Act 2003, article 193.

的国家就引渡个案开展特定性安排。[1]这种"特定性安排"的依据还可以是请求国的法律。[2]不仅如此,《英国 2003 年引渡法》还允许以获得批准的方式("in the approved way")提出引渡请求,一种是由国务大臣认为的具有在该区域具有提出引渡请求职能的机关提出,另一种则是由国务大臣所承认的外交或领事代表提出。[3]

  以印度为代表的国家则采取的是第二种模式。与第一种模式相比,该模式赋予了政府对个案的裁量权。根据《印度引渡法》的规定,在印度没有与其他国家缔结引渡条约的情形下,中央政府可以颁布命令,决定将其与外国缔结的任何公约视为引渡条约,并对该公约规定的罪行予以引渡。[4]按照此项规定,双边引渡条约不再是印度与他国间开展引渡合作的唯一依据,中央政府的命令亦可作为引渡的依据。除此之外,南非也将其

---

[1] Extradition Act 2003, article 194.

[2] Extradition Act 2003, article 95 (3): "There are speciality arrangements with a category 2 territory if (and only if) under the law of that territory or arrangements made between it and the United Kingdom a person who is extradited to the territory from the United Kingdom may be dealt with in the territory for an offence committed before his extradition only if— (a) the offence is one falling within subsection (4), or (b) he is first given an opportunity to leave the territory."

[3] Extradition Act 2003, article 70 (7): "A request for extradition to any other category 2 territory is made in the approved way if it is made— (a) by an authority of the territory which the Secretary of State believes has the function of making requests for extradition in that territory, or (b) by a person recognised by the Secretary of State as a diplomatic or consular representative of the territory."

[4] The Extradition Act 1962, article 3 (4): "Where there is no extradition treaty made by India with any foreign State, the Central Government may, by notified order, treat any Convention to which India and a foreign State are parties, as an extradition treaty made by India with that foreign State providing for extradition in respect of the offences specified in that Convention."

政府命令增加为引渡的依据。南非于1996年对其1962年的《引渡法》予以修改，授权总统根据具体情况与外国达成协议，在互惠的基础上，依据引渡法向该外国移交逃犯。[1]

第二，扩大国际公约的适用范围。"条约前置主义"将引渡依据仅限于请求国与被请求国之间的引渡条约，限制了引渡的适用范围，给国际合作带来诸多不便。为解决"条约前置主义"在实践中的局限，部分国家将作为引渡依据的"引渡条约"进行扩大解释，使其包含该国加入的多边国际公约。例如，1988年《澳大利亚引渡法》就将"条约"解释为包括公约在内。[2] 当然，此种做法也需要条约的确认，因此遭到一些国家的反对。作为折中的方案，实行互惠原则的国家在缔结某些特殊犯罪的国际公约时，尽可能将公约作为一种普适性的条约成为各国之间进行引渡的基础，其效力相当于各国之间分别签署了引渡条约。比如《联合国反腐败公约》《联合国打击跨国有组织犯罪公约》都规定，以订有条约为引渡条件的缔约国如果接到未与之订有引渡条约的另一缔约国的引渡请求时，可以将该公约视为所适用的犯罪予以引渡的法律依据。[3]

第三，个案协议。例如，1999年《加拿大引渡法》即允许

---

[1] Extradition Amendment Act 1996, article 2 (1): "The State President may, on such conditions as he may deem fit, but subject to the provisions of this Act, enter into an agreement with any foreign State providing for the surrender on a reciprocal basis of persons accused or convicted of the commission within the jurisdiction of the Republic or such State or any territory under the sovereignty or protection of such State, of offences specified in such agreement and may likewise agree to any amendment of such agreement."

[2] See Extradition Act 1988, "'treaty' includes a convention, protocol, agreement or arrangement".

[3] 参见《联合国反腐败公约》第44条第5款；《联合国打击跨国有组织犯罪公约》第16条第4款。

在征得司法部部长的同意下，外交部部长可以与有关外国就个案达成"特定协议"（specific agreements），以便执行该外国的引渡请求。[1]可以看出，随着国际刑事司法合作的深入，各国对引渡的形式标准要求也越来越低，更加注重灵活性，旨在为具体个案的操作留下空间。

第四，允许极个别情况下的例外。美国是恪守"条约前置主义"的国家，这种立场与其所奉行的分权与制衡模式具有密切联系。美国联邦最高法院曾在Valentine诉美国一案的判决中指出，引渡的权力来自国家，并非各州自己可以决定的，且在缺乏条约或立法规定的情况下，行政机关不享有将个人移交给外国政府的权力。[2]可以看出，美国对"条约前置主义"的坚持是深深嵌入其国体之中的。也正是因为如此，与世界各国普遍对国际条约进行扩大解释的立场不同，在引渡问题上，美国当局对"条约"作狭义理解，"特指经美国国会批准的双边引渡条约"[3]。

直至1996年，美国对"条约前置主义"的立场进行了微调。根据《美国法典》的规定，如果在外国受指控的犯罪属于针对海外美国国民的暴力犯罪，即使美国与该外国没有缔结任何关于引渡的协定或条约，美国也可以向该外国引渡犯罪嫌疑人，条件是总检察长书面证明该外国政府已经提交证据表明被指控罪行发生在美国、构成《美国法典》第十八章第16节所规定的暴力犯罪且该罪行不具有政治性质。[4]可见，这种特殊的

---

[1] See Extradition Act 1999, article 10 (1).

[2] See Valentine v. United States, 299 U.S. 5 (1936).

[3] 黄风：《我国主动引渡制度研究：经验、问题和对策》，载《法商研究》2006年第4期。

[4] See 18 U.S. Code, article 3181 (b).

安排旨在保护本国公民在他国的人身安全，将国家利益优先的立场体现得淋漓尽致。当然，立法依旧对这种引渡活动进行了一定的限制。

总体来看，越来越多的国家基于拓宽引渡合作的可能性而采取"非条约前置主义"的立场，这背后体现的主要为各国间的利益博弈。"各国在'条约前置主义'与'非条约前置主义'的抉择上都有一个利益权衡的过程。"[1]这种权衡所带来的立场变化均为国际刑事司法合作的常态，也将随着时代的发展进一步发生变化。

四、引渡依据冲突时的适用规则

综合前文所述，引渡的依据主要可分为国内法依据和国际法依据，在理想状态下，国际条约的内容需要各国国内法予以落实，在转化的过程中国内法会主动与国际法保持一致，二者之间不会产生冲突。但在实践中，当存在国内法依据与国际法依据出现矛盾，以及国内法与本国签署的双边条约之间出现抵牾时，应当优先适用哪一种规范则值得讨论。

（一）国际法适用规则

"在国际法上早就有'条约必须遵守'的古老原则。"[2]《维也纳条约法公约》规定："凡有效之条约对其各当事国有拘束力，必须由各该国善意履行。"[3]联合国大会于1970年通过的《关于各国依联合国宪章建立友好关系及合作之国际法原则之宣言》指出："每一国均有责任一秉诚意履行其依公认之国际

---

[1] 彭峰：《引渡原则研究》，知识产权出版社2008年版，第15页。

[2] 林欣：《国际法和国际私法理论若干新观点》，载《环球法律评论》2008年第6期。

[3] Vienna Convention on the Law of Treaties 1969, article 26.

法原则与规则所负之义务。"[1]因此,国际法优先适用是一条通行的国际规则。

国际法优先适用的规则也被落实到很多国家的国内法中。包括引渡领域在内,多数国家的国内法都明确规定,国际条约具有优先适用地位。比如《联邦德国1982年国际刑事司法协助法》规定:"包含在国际协定中的规范当变成可直接适用的国内法时,优于本法的规定。"[2]因此,当有关引渡的国际法规范与国内立法的相关规定发生冲突时,应当优先适用国际法规范的规定。

我国并没有在立法中直接规定国际法与国内法的优先顺位,但是从现有的法律规定中可以推断出一些基本规则。

首先,在特定领域存在国际法优先适用的惯例。比如目前已经被废止的《民法通则》就曾经明确规定:"中华人民共和国缔结或者参加的国际条约同中华人民共和国的民事法律有不同规定的,适用国际条约的规定,但中华人民共和国声明保留的条款除外。"[3]虽然这一规定并没有被《民法典》直接继承,但是原理及规则依旧可以在适用中保留。

其次,条约的效力低于我国《宪法》。虽然我国《宪法》并没有明确规定国际法的效力,但从主体上看,宪法由全国人民代表大会进行修改,而条约的批准和废止的权力在于全国人民代表大会常务委员会,可见宪法的效力应当高于条约。这点在《对外关系法》中也有明确的规定:"国家缔结或者参加的条

---

[1]《关于各国依联合国宪章建立友好关系及合作之国际法原则之宣言》"各国应一秉诚意履行其以宪章所负义务之原则"第2款。

[2] Act on International Mutual Assistance in Criminal Matters 1982, article 1(3).

[3]《民法通则》第142条第2款。

约和协定不得同宪法相抵触。"[1]因此，如果国际法中的条文与我国宪法相抵触，则是无效的。

最后，在我国讨论条约的适用应当进行综合考量。原则上讲应当在《对外关系法》所规定的"国家采取适当措施实施和适用条约和协定"的指导下进行。[2]在方法上可以综合采用间接适用、直接适用和混合适用三种方式。[3]

（二）国内法适用规则

关于我国《引渡法》与我国同其他各国签署的双边引渡条约之间出现抵牾时应该如何适用的问题，不仅需要从原理上进行归纳分析，还应当对我国《引渡法》的立法进程进行全面的梳理。

由于《立法法》并没有关于条约效力的规定，因此需要通过学理来进行推断。根据我国《宪法》的规定，全国人民代表大会常务委员会决定同外国缔结的条约和重要协定的批准和废除。[4]从制定主体的角度来推论，由于全国人大常委会只能制定和修改除应当由全国人民代表大会制定的法律以外的其他法律，以此可以大致推断出条约的效力低于我国宪法和基本法但高于行政法规。另外，根据我国《宪法》的规定："中华人民共和国主席代表中华人民共和国，进行国事活动，接受外国使节；根据全国人民代表大会常务委员会的决定，派遣和召回驻外全权代表，批准和废除同外国缔结的条约和重要协定。"[5]而《宪法》又规定，我国国务院负责同外国缔结条约和协定，[6]可以再

---

[1]《对外关系法》第30条第2款。

[2] 参见《对外关系法》第31条第1款。

[3] 参见何其生：《〈对外关系法〉中的国际条约规则评述——兼论国际条约在我国的适用方式》，载《中国法律评论》2024年第1期。

[4] 参见《宪法》第67条第15款。

[5]《宪法》第81条。

[6] 参见《宪法》第89条第9款。

次印证这一推论。我国《引渡法》由全国人大常委会通过,该部法律并不属于基本法律的范畴,因此《引渡法》在效力上应与条约处于同一等级,低于基本法律而高于行政法规。

从历史的角度来看,2000年8月21日,在第九届全国人大常委会第十七次会议上,关于《引渡法(草案)》的说明阐释了关于我国《引渡法》与引渡条约之间的关系,即"根据国际惯例和我国处理国际条约与国内法关系的原则,草案规定:'中华人民共和国和外国之间的引渡,依照本法进行。''引渡条约同本法有不同规定的,适用引渡条约的规定。'引渡法规定了引渡的条件和审查程序,引渡法通过后,我国在同外国谈判引渡条约时,应当遵循引渡法规定的原则,根据引渡法的规定考虑有关问题"。[1]2000年10月23日,在第九届全国人民代表大会常务委员会第十八次会议的审议报告中,态度却发生了变化:"法律委员会认为,引渡法通过后,我国在同外国签订引渡条约时,应当遵循引渡法规定的原则,但引渡方面的情况比较复杂,可能会出现有些问题在引渡法中未作规定,而在签订条约时需要规定的情况。考虑到引渡条约生效还要经过全国人大常委会的批准,如果引渡条约另有规定的,应当适用其规定。因此,法律委员会建议对第2条第2款规定进行修改,移至附则中,作为第52条,规定'中华人民共和国与外国缔结或者共同参加的引渡条约或者载有引渡条款的其他条约另有规定的,适用其规定,但中华人民共和国声明保留的条款除外'。"[2]及至同年12月28日在审议颁布的引渡法草案三次审议稿时,法律委员会

---

[1] 《关于〈中华人民共和国引渡法(草案)〉的说明》第5条。
[2] 乔晓阳:《全国人大法律委员会关于〈中华人民共和国引渡法(草案)〉审议结果的报告——2000年10月23日在第九届全国人民代表大会常务委员会第十八次会议上》,载《全国人民代表大会常务委员会公报》2001年第1期。

则建议将第 52 条整条删除。[1]

纵观我国《引渡法》的整个立法过程,全国人大在第一次审议中认为无论之前的引渡条约如何规定,在我国《引渡法》实施之后,引渡条约应当严格遵守我国《引渡法》的规则;第二次审议则体现出原则性和灵活性的结合,认为对于《引渡法》与引渡条约之间的关系应当根据实际情况作出相应的判断;而在第三次审议和颁布的法律中更倾向于《引渡法》具有原则性的统领地位,引渡条约的制定应当依照我国《引渡法》进行。从立法层面来看,《引渡法》的重要性在不断加强,应当以《引渡法》为准。但是,在司法实践中并不完全如此,以"本国公民不引渡"原则的适用为例,我国《引渡法》对此的表述为"应当拒绝"的情形之一,[2]而在《引渡法》实施之后,我国与外国签订的引渡条约中则将"应当拒绝"和"有权拒绝"掺杂使用,并未严格遵守我国《引渡法》的规定。

可见,我国在引渡实践中的立场实际上与《引渡法(草案)》二审稿第 52 条的规定更加符合。《引渡法》与引渡条约在适用中更加类似于普通法与特别法之间的关系,应当按照特别法优于一般法的规则来处理二者间可能发生的冲突。

---

[1] 参见《全国人大法律委员会关于引渡法(草案三次审议稿)和维护互联网安全的决定(草案二次审议稿)修改意见的书面报告——2000 年 12 月 28 日在第九届全国人民代表大会常务委员会第十九次会议上》,载《中华人民共和国全国人民代表大会常务委员会公报》2001 年第 1 期。

[2] 参见《引渡法》第 8 条第 1 项。

第三章

可引渡的犯罪

各国在长期的刑事司法合作实践中逐步形成了旨在规范引渡行为的普遍性原则。作为可引渡犯罪行为的"帝王条款",最具重要性的当属双重犯罪原则(double criminality)。此外,"或引渡或起诉"原则也因对国家的引渡义务进行了明确而直接的规定,亦成为引渡司法实践中必须遵守的基本原则之一。

第一节 双重犯罪原则

国际刑事司法合作中的双重犯罪原则,意为引渡请求所指的行为按照请求国和被请求国的法律均构成犯罪。"引渡的首要条件是符合双重犯罪原则,该原则是引渡制度的刚性原则,是开展引渡合作不可或缺的条件。"[1]从引渡事由上讲,被请求引渡人最初离开被请求国的理由在于寻找庇护,如果只是请求国的法律将其行为规定为犯罪而被请求国认为并非如此,被请求国自然可以给予庇护;如果请求国和被请求国均认为其行为构成犯罪,自然不应当给予庇护。这也符合引渡制度设立的初衷,以此达到保护犯罪人人权的目的。因此,双重犯罪原则有着深刻的国际法基础。

---

[1] 孙昌军、庄慧鑫:《论双重犯罪原则之实质类似说》,载《河北法学》2004年第3期。

对一国国内法而言，这当然也体现了刑法中罪刑法定原则的基本要求，如果被请求国不对请求国的法律进行审查，使得被请求人在请求国接受了本国并不认为构成犯罪的行为的处罚，无疑违背了罪刑法定原则。因此，我国《引渡法》对双重犯罪原则作出了明确规定："引渡请求所指的行为，依照中华人民共和国法律和请求国法律均构成犯罪"的，才能准予引渡。[1]在引渡法中，双重犯罪原则居于帝王条款的位置，成为对可引渡犯罪最基本的要求。

然而，双重犯罪具体意指何为，如何判断不法行为在不同的语境中是否构成犯罪，以及如何在实践中具体适用双重犯罪原则，始终是争议极大的问题。

一、双重犯罪原则的基本理论

国际刑法理论中一般存在广义和狭义的双重犯罪原则。广义的双重犯罪原则要求被请求引渡犯罪人所实施的行为在请求国和被请求国的国内法中均构成犯罪，或者在双方共同参加的国际刑法公约中均构成犯罪时，国家间才可引渡犯罪人。[2]但是在不同的法律语境中，犯罪具有不同的含义，比如美国的犯罪一般包括重罪（felony）、轻罪（misdemeanor）和微罪（petty misdemeanor），对轻罪的刑罚为不超过1年监禁刑，微罪的最高刑期为30天监禁刑，有的州还规定了违警罪，一般只能处以罚金、没收等制裁，不能处以监禁刑。在以美国为代表的英美法系国家中，刑法渗透到生活的各个方面，重罪以外的其他犯罪的严厉程度大致只相当于我国的行政处罚。不同法律背景下，

---

[1] 参见《引渡法》第7条第1款第1项。
[2] 参见陈灿平：《国际刑事司法协助专题整理》，中国人民公安大学出版社2007年版，第58~59页。

对"犯罪"理解的差异直接影响到双重犯罪原则的判断和适用，因而需要对广义的双重犯罪原则进行限缩。

而狭义的双重犯罪原则亦称双重可罚性（punishable）原则，与广义的双重犯罪原则不同，其要求被请求引渡人的犯罪行为依照请求国和被请求国的国内法均可进行处罚时，被请求引渡人才可准予引渡，换句话说，该犯罪在请求国和被请求国的国内法中均须具有可罚性。[1]有人认为双重可罚性原则与双重犯罪原则在理论上有所区别，前者是指适用刑罚的可能性，并不属于犯罪的构成要件，而是犯罪后出现的法律态势，现在各国适用的其实正是双重可罚性原则。[2]双重可罚性原则又可进一步分为抽象的双重可罚性原则与具体的双重可罚性原则。抽象的双重可罚性原则要求"被请求引渡的犯罪行为，只要在请求国和被请求国同时触犯抽象同一或类似的刑罚法规即可构成双重可罚性"。[3]而具体的双重可罚性是指"同一行为必须依照引渡双方的刑罚法规具有具体的可罚性时，才成立双重可罚性原则"。[4]也有学者将其归纳为对双重犯罪原则的抽象解释和具体解释，并认为呈现出一种由具体解释向抽象解释发展的趋势。[5]

从国际刑事司法合作的实践来看，不同国家具有不同的文化背景及法律制度，尊重各国法律制度的差异性是国际合作的前提和基础，要求双重犯罪原则下被请求引渡行为所涉嫌的罪

---

[1] 参见陈灿平编著：《国际刑事司法协助专题整理》，中国人民公安大学出版社2007年版，第59页。

[2] 参见梅傲：《论我国的反腐败国际合作——以引渡诸原则的新发展为视角》，载《理论月刊》2012年第7期。

[3] 赵秉志主编：《国际区际刑法问题探索》，法律出版社2003年版，第304页。

[4] 赵秉志主编：《国际区际刑法问题探索》，法律出版社2003年版，第304页。

[5] 参见林欣：《国际刑法中双重犯罪原则的新发展》，载《法学研究》1995年第2期。

名完全相同缺乏可能性和必要性，因此现实中各国普遍采用的是抽象的双重可罚性原则，兼采"实质类似"的标准，即只要某一行为按请求国和被请求国的法律均可作为犯罪加以处罚即符合双重犯罪标准，至于具体的犯罪分类和罪名则并不重要。[1]"对此，只要系争行为（无论是从什么观点）可被外国刑法之某一犯罪构成要件所涵摄，即为已足。"[2]

我国在理论上也基本采用此种判断标准。比如《中华人民共和国和澳大利亚引渡条约》第 2 条第 3 款规定："为本条目的，在决定一项犯罪是否是违反双方法律的犯罪时：（一）不应考虑双方法律是否将构成该犯罪的行为归入同一犯罪种类或者使用同一罪名；（二）应作为一个整体考虑被请求引渡人受到指控的行为，而不论双方法律对犯罪的构成要件的说明是否不同……"《中华人民共和国和泰王国引渡条约》第 2 条第 3 款也规定："就本条而言，在决定某一犯罪根据缔约双方法律是否均构成犯罪时，不应因缔约双方法律是否将构成该项犯罪的行为归入同一犯罪种类或使用同一罪名而产生影响。"将双重犯罪原则具体落实到抽象的双重可罚标准极大地推动了国际刑事司法合作的开展。然而，对该原则的适用过程中依旧会涉及一些特殊制度的影响，首先表现为其与我国对受刑法处罚行为的"二元"认定标准的协调问题。

二、双重犯罪原则与二元定罪模式

不同国家对"犯罪"的认识不同。首先形式上存在违法与犯罪的区别。联合国《引渡示范条约》使用"违法"（offence）

---

[1] 参见《引渡示范条约》第 2 条第 1 款。
[2] ［德］赫尔穆特·查致格：《国际刑法与欧洲刑法》，王士帆译，北京大学出版社 2017 年版，第 72 页。

一词界定可引渡行为，一般情况下，"违法"作为"犯罪"的上位概念，其所指的行为范围要比"犯罪"（crime）更为广泛。虽然对我国《引渡法》条文的翻译一般也采用"offence"来予以表达，[1]但是我国刑法的定罪体系所采用的是"二元"标准，既定性又定量，正如刑法分论中即存在着大量的数额犯。但是，国外的犯罪体系理论上一般采用一元定罪标准，只定性不定量。因此，在很多情况下，我国所指的"犯罪"（crime）本质上属于较重的违法行为，并不包含一般都被规定在行政处罚中的较轻的违法行为（offence）。这从传统刑法理论上也能找到印证，刑法理论上存在可罚的违法性和不可罚的违法性之区分，我国《刑法》也专门设立了"但是情节显著轻微危害不大的，不认为是犯罪"的"但书"条款。[2]对犯罪的不同认识，导致对双重犯罪原则适用的不同理解，进而影响到各国间引渡合作的顺利展开。

为了解决以上这种认定差异，联合国《引渡示范条约》以及我国《引渡法》在原则性规定双重犯罪原则的同时，均采用了附加刑罚量的限定性方法，[3]即在规定可引渡行为的同时规定了最低可能判处的刑罚量和最低剩余执行刑期的内容。这种

---

〔1〕 See Extradition Law of the People's Republic of China [CLI Code] CLI.1.32110 (EN).

〔2〕 参见《刑法》第13条。

〔3〕 参见《引渡示范条约》第2条第1款："为本《条约》目的，可予引渡之犯罪行为系指按照缔约国双方法律规定可予监禁或以其他方式剥夺其自由最长不少于[一/二]年、或应受到更为严厉惩罚的任何犯罪行为。有关引渡的请求若是为了对所通缉者执行对此类罪行作出监禁判决或其他剥夺自由的判决。仅在其未服刑期至少有[四/六]个月时方可准予引渡。"《引渡法》第7条第1款第2项："为了提起刑事诉讼而请求引渡的，根据中华人民共和国法律和请求国法律，对于引渡请求所指的犯罪均可判处一年以上有期徒刑或者其他更重的刑罚；为了执行刑罚而请求引渡的，在提出引渡请求时，被请求引渡人尚未服完的刑期至少为六个月。"

做法虽然在操作层面上一定程度地解决了现实障碍，但是实践中依旧存在两方面问题：其一，并不是每个国家的引渡法都是按照联合国《引渡示范条约》予以制定，引渡合作开展时不同国家面临的犯罪认定困境依旧存在；其二，此种方法在理论上并没有彻底解决对犯罪的不同认定标准所带来的双重犯罪原则适用的困惑。针对该问题的深入研究对于明确双重犯罪原则以及能否引渡一些不够"量"的犯罪具有一定的参考意义。具体而言，联合国《引渡示范条约》及我国《引渡法》规定的最低刑罚量，到底是论证可引渡犯罪本身的严重程度，还是仅仅从引渡成本等必要性来考虑。前者的核心观点是只有这种行为才是犯罪，进而才构成双重犯罪；后者则认为以上行为均为犯罪，都符合双重犯罪原则的认定标准，只是某国引渡法出于成本考虑的角度对这些犯罪行为实行引渡。

笔者认同后一种观点。上述两个文本的规定只是对双重犯罪原则在具体适用中的成本权宜，并非对双重犯罪原则的缩小和限定。理由主要有以下两点。

第一，从附带引渡制度来看。附带引渡制度指的是"当请求国引渡请求所列举的数项犯罪行为中只有一项或者数项犯罪行为符合可引渡犯罪的法定条件和标准，而其他次要犯罪行为未达到这些条件和标准时，被请求国在允许对主要犯罪实行引渡的同时，也允许对其他次要犯罪实行引渡。"[1]我国《引渡法》对该制度也有明确的规定："对于引渡请求中符合前款第一项规定的多种犯罪，只要其中一种犯罪符合前款第二项的规定，就可以对上述各种犯罪准予引渡。"[2]国外立法中也有对附带引渡的相

---

[1] 黄风：《国际刑事司法合作的规则与实践》，北京大学出版社2008年版，第26页。

[2] 《引渡法》第7条第2款。

关规定，比如1982年的《联邦德国国际刑事司法协助法》。[1]

我国《引渡法》对附带引渡的规定在逻辑上包含了两个层次的考虑：

其一，我国法律既规定可以附带引渡，则说明被请求引渡行为本身符合双重犯罪原则标准，如果该行为实质上有违该原则，则无论如何都是无法被引渡的；其二，法条之所以未对该行为可以单独引渡进行规定存在特殊原因，差异性主要集中在"刑罚量"上。结合引渡的程序时间，此种差异主要是程序持续时间过长所带来的对引渡必要性的考虑，而不是根本上违背双重犯罪原则。因此，法律规定的只是对必要性的认定，符合该法第7条第1款规定的犯罪行为本身符合可予以引渡的条件，只是需要附带于其他严重犯罪行为才有必要进行引渡。如此解释可理顺中外可引渡行为的体系，按照违法的严重程度将不法行为划分为违法—犯罪—可引渡犯罪。一般大陆法系国家从违法开始即可以引渡，对于未达到可引渡犯罪的最低量刑标准的犯罪以及被判处罚款的"行政违法行为"可以实行附带引渡，而我国规定的可引渡犯罪的前提是必须构成"犯罪"，且需要达到最低量刑标准，即单独从可引渡犯罪开始，犯罪则是附带引渡的标准，普通的行政违法行为是被排除在外的。

第二，从国际条约来看。虽然我国《引渡法》关于刑期的规定巧妙地回避了二元定罪体系所带来的问题，但是在国际公

---

[1] See Act on International Mutual Assistance in Criminal Matters, article 4: "Accessory extradition If extradition is permissible, then it is also permissible for a further offence where1. the conditions of section 3 (2) or (3) are not met for that offence or the conditions of section 2 or of section 3 (1) are not met for that offence on account of the further offence only being punishable by a sanction under the terms of section 1 (2)." 本版本为联邦德国司法部网站提供的英文版。

约中，并没有普遍将较长的刑期作为限制可引渡犯罪的条件。比如《联合国反腐败公约》对可引渡行为的认定并没有附加刑期限制。不仅如此，国际公约甚至为不符合可罚性原则但是构成犯罪的行为留下了引渡合作空间，例如《联合国反腐败公约》第44条第1款所规定的"当被请求引渡人在被请求缔约国领域内时，本条应当适用于根据本公约确立的犯罪，条件是引渡请求所依据的犯罪是按请求缔约国和被请求缔约国本国法律均应当受到处罚的犯罪"，该条款是对双重可罚性原则的体现，但该条第2款同时又规定"尽管有本条第一款的规定，但缔约国本国法律允许的，可以就本公约所涵盖但依照本国法律不予处罚的任何犯罪准予引渡"。从表面上看，第2款的规定是对双重可罚性原则的例外，但其本质依旧是在调和各国间对符合犯罪行为但由定罪"量"不同所导致的对违法（offence）和犯罪（crime）的不兼容问题。

综上所述，在引渡合作中规定可引渡行为的最低刑罚量并不是对双重犯罪原则的限制，而只是一种实务操作上的权宜之计。这也正是国内外均普遍未将附带引渡或者对不够"犯罪量"的行为进行引渡上升为一种义务的原因，即具体能否引渡的决定权依旧掌握在被请求国手中。

三、双重犯罪原则与犯罪构成体系

各国对犯罪不单从量的角度来看存在着不同认识，进而影响到双重犯罪原则的具体适用，且从犯罪构成理论定性的角度来看，各国对犯罪的认识亦存在不同，也会影响到国际刑事司法合作的顺利展开。我国《刑法》对"犯罪"这一概念的使用在不同语境中含义不同。有时可指犯有某种罪行，强调的是行为本身。例如，《刑法》总则中相对刑事责任年龄人对于需要承担刑事责任的几种行为类型的规定指向完整的犯罪构成，即我国《刑法》中具有社会危害性同时依照法律应受刑罚处罚的行为。问题在于我国《引渡法》所规定的犯罪强调的是行为本身还是一个完整的犯罪？换句话说，从三阶层的理论来看，符合双重犯罪原则的犯罪指的是构成要件意义上的犯罪，违法性意义上的犯罪，还是最终完整的符合三阶层要求的犯罪行为？举例而言，不同国家对刑事责任年龄的规定不同，符合请求国刑事责任年龄但不符合被请求国刑事责任年龄的行为人所实施的"犯罪"行为是否符合双重犯罪原则？

对于这一问题，不同国家由于对待引渡的立场不同而给出的答案不同。如果有国家强调国家庇护，侧重保护人权，则应当认为只有符合完整的犯罪构成才成立双重犯罪原则；如果有国家强调打击犯罪，自然要适当放宽标准，行为只要在不法层面构成犯罪即可。笔者认为，可引渡的犯罪必须完全符合一国所有的犯罪构成要件才满足双重犯罪原则，这是因为即使是国际的刑事司法合作，依旧要分清刑法的基本职能，刑法的首要目的是保障人权，其次才是打击犯罪，在国内如此，在国际合作中也应当如此。

然而，如果按照完整的犯罪构成来认定双重犯罪中的犯罪，则需要解决是否要完全符合两国的犯罪构成要件的问题，就必然会涉及构成要件要素是否需要完全重合。根据抽象的双重可罚性观点，只要抽象同一或类似即可。联合国《引渡示范条约》也有类似的规定，对被请求引渡行为的审查，"应对由请求国提出的行为或不行为作整体考虑，而不论根据缔约国法律规定该犯罪行为的组成部分是否有别"。[1]虽然从理论上讲，所谓的

---

[1] 参见《引渡示范条约》第2条第2款b项。

"行为的整体"应当指的是忽略某些犯罪的具体构成要件要素,从整体上看两国均认为能成立犯罪,至于何种因素属于可以忽略的因素,而何种因素又是无法忽略的,应该在实务上加以区分。比如中美两国关于版权犯罪的规定存在差异,在中国构成侵犯著作权罪必须要有"以营利为目的",但是在美国"以营利为目的"并不是一个必备要件,不以营利为目的大规模的复制已经达到了美国的犯罪标准却不符合我国的构成要件,该种情况是否属于此处所指的"整体"?是否可以整体认为其行为符合双重犯罪原则,主观的构成要件超过要素能否被忽略而不予评价?

笔者认为答案应当是否定的。在我国刑法体系中,如果某些犯罪的构成要件规定了目的要素,则目的之有无直接决定了其是否构成犯罪以及构成本罪与他罪的界限。尤其是对于影响罪与非罪的构成要件要素,由于其直接决定了犯罪的认定,成为判断是否符合双重犯罪原则的标准,根据罪刑法定原则的限制,此类要素属于绝对不能作为"整体"考虑而被忽略的,比如"以营利为目的"要素之于我国侵犯著作权罪,上游犯罪之于洗钱罪的规定。再比如我国受贿罪的对象是"财物",而《联合国反腐败公约》规定的是"不正当好处"(undue advantage)[1],当收受的对象是名声收益、创造的优势地位等时,不应当认为其符合"整体行为"标准而符合双重犯罪标准。如果一个构成要件要素只涉及此罪与彼罪的区分,被评价为"整体"尚可,虽然要件不同,罪名也不同,但是可以认定从整体上符合双重

---

[1] 参见《联合国反腐败公约》第16条第2款:"各缔约国均应当考虑采取必要的立法和其他措施,将下述故意实施的行为规定为犯罪:外国公职人员或者国际公共组织官员直接或间接为其本人或者其他人员或实体索取或者收受不正当好处以作为其在执行公务时作为或者不作为的条件。"

犯罪原则，比如传播淫秽物品罪与传播淫秽物品牟利罪。因此，要对构成要件要素进行区分，如果涉及的是罪与非罪的问题，则缺少此种因素就必须按照无罪来处理，以不符合双重犯罪原则否定对其进行引渡。

四、双重犯罪原则的审查标准

对被请求引渡行为的双重犯罪审查是一种形式上的审查，也可以说是一种虚拟审查，即假定引渡请求所针对的行为发生在被请求国刑事司法管辖范围内，在此基础上评价其是否属于该国法律规定的且应当受到刑事追究的行为。虚拟审查是各国普遍认可的一种审查形式。《英国2003年引渡法》明确规定："假如该行为发生在联合王国领域内，根据联合王国有关地区的法律，该行为构成犯罪。"[1]我国《引渡法》也规定："外国向中华人民共和国提出的引渡请求，有下列情形之一的，可以拒绝引渡：（一）中华人民共和国对于引渡请求所指控的犯罪具有刑事管辖权，并且对被请求引渡人正在进行刑事诉讼或者准备提起刑事诉讼的……"[2]如果要进行实质的审查，前提必须为我国对该引渡行为具有管辖权，可以直接在国内追诉，也就不存在虚拟审查的空间。因此，引渡请求中的犯罪审查仅指形式上的虚拟审查，这对于我们认定双重犯罪原则的审查标准具有决定性的意义。

有学者将引渡的审查标准细分为"可引渡性""可追诉性"

---

[1] See Extradition Act 2003, article 64 (3): "The conduct also constitutes an extradition offence in relation to the category 1 territory if these conditions are satisfied— (b) the conduct would constitute an offence under the law of the relevant part of the United Kingdom if it occurred in that part of the United Kingdom."

[2]《引渡法》第9条第1款第1项。

和"可罚性"三种。[1]其一,需要对"可引渡性"进行审查。该项标准涵盖被请求引渡人的身份、被请求引渡人所犯罪行是否符合双重犯罪的条件以及是否含有应当拒绝引渡的情形。其二,需要对"可追诉性"进行审查。即依照请求国和被请求国的法律审查被请求引渡人所犯罪行是否构成犯罪以及该行为是否已经达到可予以追诉的标准。其三,需要对"可罚性"进行审查。顾名思义,此项标准要求根据请求国和被请求国的法律对被请求引渡人所犯罪行是否能给予刑罚处罚进行审查。与以上三种标准相对应的则是对请求国提交的可引渡犯罪行为的证据审查标准,如果以我国刑事诉讼中的证明标准作为参照物,第一种审查标准是一种完全的形式审查,其假定被请求的犯罪是有证据证明成立的,不对证据进行审查,只是从形式上审查是否符合双重犯罪原则,有无排除引渡的事由,从证明标准来看,甚至低于我国的立案标准;第二种审查标准要求所审查的犯罪要达到可追诉的程度,对应标准为高于立案标准、低于我国的公诉标准;第三种标准的审查则大致相当于进行了一次实质审判,以确定犯罪是否成立。

在国际刑事司法合作中究竟应当适用哪一种标准较为合适?选择的关键依旧在于特定国家的整体法律制度及对于引渡功能的认识。如果被请求国强调公权力机关的权威性和对请求国的信任,侧重国际合作中引渡的效率,则一般会倾向于采用第一种标准,将实质审查尽可能地让与请求国。当然,此种合作模式的前提必然是被请求国对请求国法律制度的高度信任,被请求国往往是根据不同的请求国而选择不同的合作模式,"引渡合

---

[1] 参见薛淑兰:《引渡司法审查实务若干问题研究》,载《法律适用》2008年第Z1期。

作中的上述'双重标准'倾向越来越明显和流行"。[1]如果被请求国强调庇护被请求引渡人,更加倾向于人权保障,则必然倾向于提高认定犯罪的证明标准,以便本国更多地干预到犯罪的实质认定中。从实践中来看,一些刑事司法合作关系紧密的大陆法系国家大都采用前一标准,而英美法系国家更加倾向于后者,有学者分别将二者归纳为"足够嫌疑"标准和"充分证据"标准。[2]然而,大多数国家普遍拒绝采用第三种标准。从理论上讲,请求国对被请求引渡行为所进行的审查毕竟不是实质审查,其最终目的在于通过国际刑事司法合作使得有管辖权(或者更适合管辖的)的国家行使管辖权,而不是自行行使管辖权,因此不可能对引渡进行实质审查,也没必要用实质定罪的审判标准去要求虚拟审查。

我国《引渡法》并没有明确规定引渡的审查标准,只能从相关条款中进行推测。该法第12条规定:"请求国请求引渡,应当在出具请求书的同时,提供以下材料:(一)为了提起刑事诉讼而请求引渡的,应当附有逮捕证或者其他具有同等效力的文件的副本;为了执行刑罚而请求引渡的,应当附有发生法律效力的判决书或者裁定书的副本,对于已经执行部分刑罚的,还应当附有已经执行刑期的证明;(二)必要的犯罪证据或者证据材料。请求国掌握被请求引渡人照片、指纹以及其他可供确认被请求引渡人的材料的,应当提供。"从整体解释的角度来看,该条第1款的规定本质上将引渡的审查认为是一种形式审查,然而第2款所规定的"必要"的犯罪证据或者证据材料却表明其标准应当高于简单的形式审查。此处的关键问题在于"必要"

---

[1] 黄风:《国际引渡合作规则的新发展》,载《比较法研究》2006年第3期。
[2] 参见薛淑兰:《引渡司法审查实务若干问题研究》,载《法律适用》2008年第C1期。

的标准究竟是多高?

以上问题虽很难从学理上直接给出一个答案,但是可以参考司法实务中的经验予以总结归纳。在朴柱铎引渡案中,[1]浙江省高级人民法院根据法律对引渡的条件所先进行的审查属于完全的形式审查。然而法院明显不止于此。在事实问题上,法院认为:"经查,请求国提出引渡请求时已经提供了证明朴柱铎涉嫌犯罪的必要的证据。"而对于金额及起因等问题"本院依法不予审查和认定。"我国《刑事诉讼法》规定的提起公诉的条件为"犯罪事实已经查清,证据确实、充分",[2]依此推断引渡审查的标准应该是高于形式审查但低于我国的公诉标准。在法兰西共和国申请引渡马尔丹·米歇尔（Martin Michel）案中,其委托代理人在最高人民法院复核期间,提出认定被请求引渡人犯强奸罪的证据不足,但是法院认为"法兰西共和国为请求引渡马尔丹·米歇尔提供了《引渡法》规定应当提供的证据材料"。[3]虽然法院对委托代理人提出的该项请求没有予以正面回复,但从中可以推测出法院认为的犯罪事实证据审查标准明显低于定罪标准,并没有对其进行实质审查。

综合上述内容,应当认为我国对于双重犯罪的审查标准高于形式审查标准、低于定罪标准,大致介于立案标准与公诉标准之间。但是在文本中使用了"必要"的标准,使其成为一个动态的、具体的标准。因此,在具体的司法实践中,可以在上述大框架内,参考国际通行做法,根据具体的案件和具体的国

---

〔1〕 参见齐奇、孙公幸、陈增宝:《引渡案件的司法审查》,载《人民司法》2010年第18期。

〔2〕 参见《刑事诉讼法》第176条。

〔3〕 参见《法兰西共和国申请引渡马尔丹·米歇尔案》,载《中华人民共和国最高人民法院公报》2004年第9期。

家适用不同的审查标准。

五、双重犯罪原则的具体应用

（一）国家违法授权行为是否符合双重犯罪原则

双重犯罪原则本义是指被请求引渡行为在双方国家内都被认为是犯罪，但是否存在超过国内法秩序本身的审查规范值得进一步探讨。比如，某执法人员甲在被请求国境内执行死刑，死刑犯乙逃离刑场并跨越了边界进入了请求国，甲在向上级请示后得到了依旧执行死刑的命令，于是用远距离狙击枪射杀了已经处于请求国境内的乙。本案中，甲是否可以以符合双重犯罪原则为由进而以故意杀人罪被引渡到请求国呢？对于请求国而言，在其境内杀人自然属于犯罪行为（现代刑法普遍认可结果发生地的管辖原则，因此甲是否越过边境并不重要），关键问题在于甲得到授权的行为是否在其所属国必然属于合法行为，进而成为阻却双重犯罪成立的重要理由。

从被请求国的角度来看，既然双重犯罪原则审查的是在双方国内法中均构成犯罪，这意味着只要有授权，自然就不可能违背其本国法，这也是双重犯罪原则规定依据国内法的根本原因。但是从请求国来看，即使是本国法也不能违法授权，公然违背国际法的基本准则，违法授权自然是无效的，授权人与执行人都应当构成犯罪。两种观点的根本区别在于前者认为国内法框架内的授权天然合法，在国内法范围内否定国内法授权的合法性本身就是一个悖论，后者本质上认为被请求国国内法的授权本身属于违法，其根本无权授权执行侵犯他国利益的行为。

笔者较为认同后一种观点。首先，即使从一国国内法而言，违法授权也无法阻却违法性。虽然法令行为可以成为违法性阻却事由，但是"通说认为，由于命令的内容是违法的，所以，不能认为执行违法命令的行为是违法性阻却事由"。[1]其次,对于具体执行命令的行为人而言,在全球化时代的背景下,执法人员都具有国际法基本的知识储备,其对违法性具有一定的认识。再次,不存在违反期待可能性的情形。在授权明显违法的情况下,行为人存在"把枪口抬高一厘米"的选择空间,并不是完全只能实行违法行为。最后,从国际刑事司法合作的立场来看,在国内法基础之上还有国际法和各种国际公约的管辖,对于犯罪的认定不能仅仅以国内法为依据,如果完全排除国际法的适用,则存在纵容国家违法行为的嫌疑,也不利于国际合作的顺利开展。从趋势上看,"近年来,有可比较的刑事司法价值体系的国家对双重定罪要求有了越来越多的限制"。[2]因此,国家违法授权的行为是一种无效授权,实施该行为的人构成犯罪,满足双重犯罪原则,属于可引渡的范畴。

(二) 双重犯罪原则与类推

由于请求国与被请求国的刑事法律制度相差较大,如何对待对方的定罪体系,尤其是在刑法没有明文规定时,适用推定制度是否违背双重犯罪的原则需要进一步研究。笔者以张某海劫机案为例,张某海因检察院对其涉嫌贪污罪的审查不满,劫机外逃至日本,经过一系列程序,张某海被引渡回国,后北京市人民检察院于1990年6月30日以劫机罪对其提起公诉。北京市中级人民法院于7月18日对本案公开审理后,认定被告人劫持民用航空器,危害了公共安全,比照1979年《刑法》第107条,对其罪行类推定为劫持飞机罪,宣布判处有期徒刑8年,剥夺政治权利2年。其对该判决不上诉。此案移交北京市高级

---

[1] 张明楷:《外国刑法纲要》(第2版),清华大学出版社2007年版,第178页。
[2] 赖晨野、蒋秀兰:《没收国际合作中的双重犯罪原则》,载《武汉大学学报(哲学社会科学版)》2014年第3期。

人民法院审核后依法上报最高人民法院，最高人民法院核准了北京市中级人民法院对张某海劫机案的判决"。[1]

在张某海被引渡回国的年代，我国1997年《刑法》尚未生效，适用的依旧是1979年《刑法》。按照我国1979年《刑法》第107条的规定，"破坏火车、汽车、电车、船只、飞机，足以使火车、汽车、电车、船只、飞机发生倾覆、毁坏危险，尚未造成严重后果的，处三年以上十年以下有期徒刑"。很明显，该条款只规定了破坏航空器罪，没有规定劫持航空器罪，如果按照现在的标准来看，罪刑法定原则下禁止类推解释，而破坏和劫持毕竟属于两个不同的概念，张某海的行为自然不能构成破坏航空器罪。又因法无明文规定不为罪，张某海的行为自然也不符合双重犯罪原则，无法对其进行引渡。然而，我国1979年《刑法》明文规定了类推制度。根据该法第79条的规定，"本法分则没有明文规定的犯罪，可以比照本法分则最相类似的条文定罪判刑，但是应当报请最高人民法院核准"。从法律制度上讲，当时的《刑法》在总则中规定了类推原则，即按照当时的法律类推张某海的行为构成劫持飞机罪有法可依。这引申出另一个值得研究的问题，即此种法律上没有明文规定具体的罪名而是在程序中规定了类推适用原则的刑法规定是否违背了双重犯罪原则？类推制度在我国已经成为历史，但是在今后的刑事司法合作中，假如我国与没有规定具体罪名却主张可以适用类推制度的国家进行合作时，类推适用罪名的方式是否违背双重犯罪的原则值得进一步思考。

从当时的刑事法律制度本身来讲：首先，既然法律明确规定了类推制度，就应该尊重国内的现行法律制度，不能轻易以

---

[1] 参见梁淑英主编：《国际法教学案例》，中国政法大学出版社1999年版，第129~131页。

本国的法律制度来否定他国的刑事定罪制度；其次，类推适用的最大顾虑是对该原则的滥用所导致的对人权的侵犯，然而我国当时的类推制度明确规定了程序限制，即必须报请最高人民法院核准，因此从实际情况来看并不会造成滥用。即使对分则没有明文规定的行为适用类推制度也不会造成对双重犯罪原则的违背。然而，随着现代刑事法律制度的发展，当时的情形已不再适用于我国现代开展的刑事司法合作。刑法最基本的功能为保障功能，即刑法是公民自由的最后一道保障，而这套保障程序最有力的武器自然就是罪刑法定原则。因此从严格的罪刑法定原则立场来看，仅仅是一国最高司法机关的核准程序明显承受不了如此重担，依旧存在着国家刑罚权被滥用的可能性。而且类推制度使得对行为人的处罚处于一种不确定的状态之中，明显违背了法律天然对安定性的需求，而"刑法比其他法的领域更需要法的安定性"[1]。

因此，即使有类推制度存在，其犯罪的认定体系也根本上违背罪刑法定原则，既不符合犯罪的根本特征，也不符合双重犯罪的审查标准。当然，当时的案件处理有其特殊的历史背景，在今后的刑事司法合作中，我们应当从罪刑法定原则的角度出发，对请求国的刑事司法体制及其认定犯罪的标准进行严格审查。

(三) 双重可罚性标准下的罪刑相适应问题

意大利最高法院曾经作过一个拒绝引渡的裁判。根据学者的解读，意大利法院对于我国组织、领导传销活动罪产生了误读，没有正确理解在我国《刑法》分则中的刑罚要受到总则约束的精神，分则所规定的"5年以上有期徒刑"要受到总则关

---

[1] [德] 古斯塔夫·拉德布鲁赫：《法律智慧警句集》，舒国滢译，中国法制出版社2016年版，第46页。

于刑罚总额的限定,即"15年以下有期徒刑"的限制,因此并不属于所谓的不受限制的刑罚。正是这次对中国法律的误读,导致了此次引渡的失败。[1]

笔者此处不再关注意大利法院的误读,而是借该案提出另一个值得思考的问题,即我们认为可引渡的犯罪应当符合双重犯罪原则,具有双重可罚性,这是否意味着请求国只要将其规定为犯罪就可以进行引渡,而无需再考虑刑罚的因素?[2]或者换句话说,如果两国都将某一种行为规定为犯罪,但是对这类犯罪的刑罚处罚过于悬殊,能否将此作为对抗引渡的理由?如果可以,需要达到何种程度?第一个问题实质上属于国际刑事司法合作中的权力分配问题,即在定罪符合双重犯罪原则的前提下,被请求国是否有权审查请求国的刑罚制度;而第二个问题最终将成为一个证明标准问题,即如果被请求国认为请求国的刑罚处罚并不合理,则需要达到何种程度才可以刑罚不合理为由对抗请求国的引渡请求。

对于第一个问题,笔者持肯定态度。罪刑法定原则作为刑法的帝王条款,其地位不可动摇。从罪刑法定的角度来看:"禁止不均衡的刑罚当然是罪刑法定原则的重要内容。"[3]现代罪刑法定原则要求不仅仅只是在司法量刑层面上做到罪刑相适应,其已经发展到可以影响立法层面,刑罚设立要符合比例原则也是罪刑法定原则的基本要求。因此,从罪刑法定原则的逻辑上讲,如果对一个行为的处罚过于荒谬,超过了适度的范围,则

---

[1] 参见黄风:《关于引渡案件中"双重犯罪"原则适用问题的认定——意大利最高法院第6769号判决述评》,载《法律适用(司法案例)》2017年第6期。

[2] 此处所指的刑罚因素并非前文所述的最低刑罚量层面的问题,而是指对可引渡行为拟处的刑罚本身的合理性。

[3] 张明楷:《罪刑法定与刑法解释》,北京大学出版社2009年版,第56页。

属于从根本上违背罪刑法定原则。如果违背了罪刑法定原则，也就意味着违背了犯罪的基本原则，当然也就违背了双重犯罪原则。因此，被请求国有权力审查请求国的刑罚制度，被请求国提出的被请求引渡行为所涉及的刑罚也应当接受双重犯罪原则的检验，双重犯罪原则的审查也适用于对刑罚合理性的审查。根据这一立场，国际刑事司法合作实践中就存在着这样的认识："根据上述判例，在引渡程序中，请求国刑罚制度与意大利刑罚制度之间的潜在差异是无关紧要的，除非这种不同的制度是完全不合理的，并且明显地与罪刑法定和罪刑对称这两项基本原则相冲突。"[1]

对于第二个问题，笔者认为只要在种类和结构上不存在过分差距，则应认为处于两国刑罚制度的合理差别范围之内。

首先，刑罚是一个与国情密切相关的制度，尤其是在行政犯越来越多的情况下，各国的经济文化及制度不同导致对同类型犯罪行为社会危害性的认识不同，刑罚必然也是千差万别的。甚至在同一国家内，随着经济、社会的变迁，对同一种行为的处罚也处于不断变化之中，因此对同种行为进行不同处罚属于客观存在的事实，这也是国际刑事司法合作所必须面对的基础前提之一。

其次，即使从古典刑法开始，罪与刑的对应就只是一种阶梯对应，"如果说对于无穷无尽、暗淡模糊的人类行为组合可以应用几何学的话，那么也很需要有一个相应的，由最强到最弱的刑罚阶梯"[2]，到了现代刑法，人工智能会助力"同案同

---

[1] 黄风：《关于引渡案件中"双重犯罪"原则适用问题的认定——意大利最高法院第6769号判决述评》，载《法律适用（司法案例）》2017年第6期。

[2] [意]切萨雷·贝卡里亚：《论犯罪与刑罚》，黄风译，北京大学出版社2008年版，第18页。

判"式的量刑公平,[1]但也不可能做到罪刑的精准对应。因此,罪与刑只要具备大致的阶梯对应即可,而这个阶梯在现代刑罚里首先表现为刑种。

最后,进一步讲,阶梯对应不应当仅仅从横向来比较,而应当放在某一个国家的刑罚秩序中予以考量。"对于明智的立法者来说,只要标出这一尺度的基本点,不打乱其次序,不使最高一级的犯罪受到最低一级的刑罚,就足够了。"[2]从这个角度来看,只要被请求的行为在两国的刑罚体系中均处于合理的位置即可,没有必要具体到量的对标。举例而言,同一种被请求引渡的行为,如果在一国的最高刑为罚金刑,而在另一国的最高刑为自由刑,则此种情形属于跨越了刑种,需要慎重考虑是否应当予以引渡。同样的道理适用于有期徒刑和无期徒刑之间的差别,直至最为敏感的跨越刑种的死刑。另一种情形则是如果被请求引渡的行为在一国处于最低的刑罚层级中而在另一国已经处于最高的刑罚层级,则也需要考虑是否应当从刑罚的角度拒绝引渡。

综上所述,基于对双重犯罪原则的实质解释,从罪刑法定原则来讲,一国对符合双重犯罪原则的行为有审查其刑罚合理性的权力。虽然被请求引渡行为在两国都被认为是犯罪,但如果被请求国认为对其刑罚从横向看跨越了刑种,从纵向看无法形成大致的体系位置对应,则可以刑罚实质上违背罪刑法定原则从而违背双重犯罪原则为由拒绝引渡。

---

〔1〕 参见张燕龙:《人工智能时代量刑的价值追求与挑战》,载《中国政法大学学报》2022年第2期。

〔2〕 [意]切萨雷·贝卡里亚:《论犯罪与刑罚》,黄风译,北京大学出版社2008年版,第18页。

第二节 "或引渡或起诉"原则

"或引渡或起诉"原则的理念来源于移交罪犯的实例。"这里的'交出'就意味着移交一个公民或者听任另一个国家的权力行使对其进行惩罚。"[1]因此,"或引渡或起诉"原则最早可以被归纳为"或引渡或惩罚"。但由于惩罚只代表了一种结果,并不能涵盖引渡审查的所有结论,且归罪的模式容易使司法审查流于形式。因此,"将或起诉或审判的义务置于引渡行为较惩罚或处罚的义务更为恰当",[2]"或引渡或起诉"逐渐代替了"或引渡或处罚"。

现代引渡制度意义的"或引渡或起诉"原则指的是"被请求国对请求国依法作出不予引渡的决定后,必须将不予引渡但符合其国内法规定的符合起诉条件的被请求引渡人移交本国主管机关就引渡请求所指的犯罪进行刑事追诉的一种制度"。[3]这一原则内生于国家义务说,打击犯罪是各国的义务,受害国享有对罪犯进行追诉或处罚的自然权利,罪犯所在地的一方不应当妨碍这一权利的正当行使。因此,被请求国应当将犯罪移交给请求国进行追诉,当请求国因为某种原因不能顺利引渡犯罪人时,作为替代的方案,被请求国应当将被请求的犯罪人在被其国内予以追诉。可见,"或引渡或起诉"原则带有浓厚的打击犯罪的色彩,

---

[1] [荷]格劳秀斯:《战争与和平法》,[美]A.C.坎贝尔英译、何勤华等译,上海人民出版社2005年版,第318页。

[2] [美]谢里夫·巴西奥尼:《国际刑法的渊源与内涵——理论体系》,王秀梅译,法律出版社2003年版,第2页。

[3] 薛淑兰:《引渡司法审查研究》,中国人民公安大学出版社2008年版,第225页。

其尽可能堵塞国家之间合作的漏洞，防止对犯罪的放纵。

一、"或引渡或起诉"原则的发展历史

从规范层面来讲，"或引渡或起诉"原则最早出现在1880年英国与瑞士缔结的双边引渡条约中。[1]根据该条约的规定，"如果联邦委员会因某人拥有瑞士国籍而无法将其引渡，而该人曾在英国犯下第二条所列的罪行或违法行为，且已逃往瑞士，则联邦委员会承诺根据其原籍州的法律对其提出指控并使其具有法律效力；英国政府承诺执行向联邦委员会提供与案件有关的所有文件、证词和证据，并经由瑞士法官指导和通过适当外交渠道转交的审查委员会"。[2]之后，大部分国际公约也逐渐开始将这一原则纳入，并对条约的缔约国产生约束力。

1929年4月20日于日内瓦缔结的《惩治伪造货币国际公约》（International Convention for the Suppression of Counterfeiting Currency）是第一个引入"或引渡或起诉"条款的多边国际刑事公约。由于很多国家都对本国公民进行庇护，实行"本国公民不引渡"原则，这逐渐成为阻止引渡进行的重要因素。因此，"或引渡或起诉"原则最初即针对性地规定了对"本国公民不引渡"情形的处理措施。根据《惩治伪造货币国际公约》的规定，在引渡本国公民原则不被认可的国家，本国公民即使在犯罪后获得国籍，其在国外犯下罪行后再返回本国领土时应受到与其在本国领土犯下该罪行相同的处罚。[3]此后签署的不少国际刑

---

[1] 薛淑兰：《引渡司法审查研究》，中国人民公安大学出版社2008年版，第225页。

[2] Treaty between Great Britain and Switzerland 1880, article Ⅰ.

[3] See International Convention for the Suppression of Counterfeiting Currency, article 8.

事公约也沿用了类似的表述。比如1936年生效的《惩治非法买卖麻醉品公约》（Convention for the Suppression of the Illicit Traffic in Dangerous Drugs）同样对不引渡本国公民的情形赋予了起诉的义务。[1]

1970年在海牙缔结的《关于制止非法劫持航空器的公约》强化了该原则的约束力，正式确立了现代意义上的"或引渡或起诉"原则。[2]《关于制止非法劫持航空器的公约》规定："当被指称的罪犯在缔约国领土内，而该国未按第八条的规定将此人引渡给本条第一款所指的任一国家时，该缔约国应同样采取必要措施，对这种罪行实施管辖权。"[3]这一规定强调了属地原则，克服了"本国公民不引渡"适用范围的限制，十分明确地表述了现代意义上"或引渡或起诉"原则的实质内容，更加符合当代国际刑事司法合作的现状。

受此影响，"或引渡或起诉"原则正式成为一项国际上的条约性义务。《关于制止危害民用航空安全的非法行为的公约》[4]（Convention for the Suppression of Unlawful Acts against the Safety of Civil Aviation）《禁止酷刑和其他残忍、不人道或有辱人格的待遇

---

[1] See Convention for the Suppression of the Illicit Traffic in Dangerous Drugs, article 7, "1. In countries where the principle of the extradition of nationals is not recognized, nationals who have returned to the territory of their own country, after the commission abroad of any of the offences referred to in Article 2, shall be prosecuted and punished in the same manner as if the offence had been committed in the said territory, even in a case where the offender has acquired his nationality after the commission of the offence. 2. This provision does not apply if, in a similar case, the extradition of a foreigner cannot be granted".

[2] 参见黄涧秋：《论国际刑法中的"或引渡或起诉"原则》，载《当代法学》2008年第1期。

[3] Convention for the Suppression of Unlawful Seizure of Aircraft, article 4 (2).

[4] 本公约于1971年9月23日订于蒙特利尔，1973年1月26日生效，并自1980年10月10日起对我国生效。

或处罚公约》以及《制止向恐怖主义提供资助的国际公约》〔1〕（International Convention for the Suppression of the Financing of Terrorism）等均对此进行了相应的规定。〔2〕"或引渡或起诉"原则在对待国际社会所一致谴责的严重罪行的其他多边条约中也已被采纳，〔3〕最终成为引渡法领域中的一项基本原则。

二、"或引渡或起诉"原则的适用条件

"或引渡或起诉"原则的适用需要满足以下几个前提条件。

第一，只有犯罪嫌疑人出现并被发现于某一国境内，该国家才负有根据国际条约承担"或引渡或起诉"的义务。从此种意义上来看，"或引渡或起诉"原则在一定程度上突破了刑事司法属地管辖的观念，实际上也为可引渡的犯罪规定了引渡的替代措施，为有关的被请求国规定了在拒绝引渡的情况下自行进行起诉的义务。因此，从效果上来看，这也属于诉讼移管（trans-

---

〔1〕 本公约于1999年12月9日通过，2002年4月10日生效，并于2006年5月19日起对我国生效。

〔2〕 参见《关于制止危害民用航空安全的非法行为的公约》第5条第2款规定："当被指称的罪犯在缔约国领土内，而该国未按第八条的规定将此人引渡给本条第一款所指的任一国家时，该缔约国应同样采取必要措施，对第一条第一款（甲）、（乙）和（丙）项所指的罪行，以及对第一条第二款所列与这些款项有关的罪行实施管辖权。"《禁止酷刑和其他残忍、不人道或有辱人格的待遇或处罚公约》第7条第1款："缔约国如在其管辖的领土内发现有被指控犯有第4条所述任何罪行的人，属于第5条提到的情况，倘不进行引渡，则应把该案件交由主管当局进行起诉。"《制止向恐怖主义提供资助的国际公约》第10条第1款："在第7条适用的情况下，犯罪嫌疑人在其境内的缔约国如不将该人引渡，则无论在任何情况下且无论罪行是否在其境内实施，均有义务不作无理拖延，将案件移送其主管当局，以按照该国法律规定的程序进行起诉。主管当局应以处理该国法律定为性质严重的任何其他罪行的相同方式作出决定。"

〔3〕 参见［英］詹宁斯、瓦茨修订：《奥本海国际法》，王铁崖等译，中国大百科全书出版社1995年版，第347页。

fer of proceedings）的形式之一，即一国基于有关的国际条约或互惠原则把本应由本国管辖的刑事案件转移给另一国审理并放弃自己的管辖权，后一国则主动地对此案件行使刑事管辖权。[1]

第二，被请求方只有选择适用"引渡"或"起诉"的权利，而无权选择是否适用"或引渡或起诉"原则。实践中，"或引渡或起诉"原则容易与"本国公民不引渡"原则发生冲突，如何处理二者之间的关系成为国际条约能否真正落实的关键。明确排除"本国公民不引渡"原则的适用是国际条约的一贯做法。比如《联合国反腐败公约》规定："如果被指控罪犯被发现在某一缔约国而该国仅以该人为本国国民为理由不就本条所适用的犯罪将其引渡，则该国有义务在寻求引渡的缔约国提出请求时将该案提交本国主管机关以便起诉，而不得有任何不应有的延误。这些机关应当以与根据本国法律针对性质严重的其他任何犯罪所采用的相同方式作出决定和进行诉讼程序。有关缔约国应当相互合作，特别是在程序和证据方面，以确保这类起诉的效率。"[2] 该原则也当然适用于判决的承认与执行领域，"如果为执行判决而提出的引渡请求由于被请求引渡人为被请求缔约国的国民而遭到拒绝，被请求缔约国应当在其本国法律允许并且符合该法律的要求的情况下，根据请求缔约国的请求，考虑执行根据请求缔约国本国法律判处的刑罚或者尚未服满的刑期"。[3]

第三，请求方和被请求方均须对所请求引渡案件享有刑事管辖权。管辖权是任何国家对个人进行刑事追诉的前提，如果

---

[1] 参见黄风：《中国引渡制度研究》，中国政法大学出版社1997年版，第48页。
[2] 《联合国反腐败公约》第44条第11款。
[3] 《联合国反腐败公约》第44条第13款。

一国对于被请求引渡的行为没有管辖权,就无法进行审判。如此,当一国根据其国内法对该犯罪没有管辖权,同时也不愿意引渡该犯罪嫌疑人,该如何处理?何种国际条约可视为赋予其管辖权?比如在灭绝种族罪中,并不是每一个国家的国内法都规定了普遍管辖权,享有管辖权的主体应为行为发生地国家或者国际刑事法院。

一般认为在此种情况下,只要国际公约规定了"或引渡或起诉"原则,即应当推定公约赋予了各缔约国普遍管辖权。比如根据《关于制止非法劫持航空器的公约》的规定:"在其境内发现被指称的罪犯的缔约国,如不将此人引渡,则不论罪行是否在其境内发生,应无例外地将此案件提交其主管当局以便起诉。当局应按照本国法律以对待任何严重性质的普通罪行案件的同样方式作出决定。"[1]同样的内容也出现在《制止恐怖主义爆炸的国际公约》[2]（International Convention for the Suppression of Terrorist Bombing）中:"如被指控的罪犯出现在某缔约国领土内,而该缔约国不将其引渡给根据第1款和第2款确定了管辖权的任何国家,该缔约国也应酌情采取必要措施,确定其对第2条所述罪行的管辖权。"[3]因此,针对以上特定的犯罪,即使被请求国国内法并没有规定普遍管辖权,但是可以将这些公约视为授予被请求国普遍管辖权的依据,从而为"或引渡或起诉"的适用扫清障碍。

第四,被请求引渡人犯有或者被指控犯有国际条约中确定的可引渡的犯罪。作为国际合作中的基石性原则,所有被请求

---

[1]《关于制止非法劫持航空器的公约》第7条。

[2] 本公约于2001年5月23日生效,我国于2001年11月13日交存加入书,并于2001年12月13日起对我国生效。

[3]《制止恐怖主义爆炸的国际公约》第6条第4款。

引渡的犯罪必须首要满足双重犯罪的要求。这意味着对于像政治犯罪、军事犯罪等不可引渡的犯罪，一般不能适用"或引渡或起诉"原则。为了防止出现因存在不可引渡的犯罪行为限缩"或引渡或起诉"原则适用范围的状况，国际公约一般都是在规定"或引渡或起诉"原则的时候明确排除了犯罪行为构成政治犯罪的情形。这就又涉及"或引渡或起诉"原则与"政治犯不引渡"原则在适用中存在的争议。

三、"或引渡或起诉"原则的适用争议

（一）"或引渡或起诉"原则与"政治犯罪不引渡"原则的关系

一般认为，对于不可引渡的犯罪不适用"或引渡或起诉"原则。但是此种做法会大大缩小"或引渡或起诉"原则的适用范围，导致对国际公害类犯罪的放纵。因此在实践中，"或引渡或起诉"原则在国际条约中出现时会对"政治犯罪不引渡"原则进行适当的变通，一些含有"或引渡或起诉"规定的国际条约在引渡合作问题上将某些特定犯罪进行"非政治化"处理，明确将其排除在"政治犯罪"范围之外，意味着缔约国不能以"政治犯罪不引渡"为理由拒绝对犯罪嫌疑人进行引渡或追诉。

这种做法明显有利于打击犯罪，但同时也会产生排除缔约国对某些犯罪人实行庇护权利的担忧。但是这一问题是可以克服的：其一，从原理上讲，基于条约优先原则，既然缔约国已经在条约中接受了这一安排，在实践中就应当受到条约的拘束，在二者冲突时应当优先遵守条约的规定。其二，从实践来看，国际社会并非将所有的犯罪都进行非政治犯罪化处理，只是对于严重的公害犯罪作了特殊规定，其范围是可控的，并非从根本上动摇了"政治犯罪不引渡"原则。

因此，在引渡问题上，"政治犯罪不引渡"原则与"或引渡或起诉"原则可以并存适用。被请求国有权依据国际条约和本国法律给予被请求引渡人以受庇护的权利，如果被请求国以引渡请求中所针对的犯罪属于政治犯罪而选择拒绝引渡时，对该人的庇护或者以政治犯罪拒绝引渡的理由并不影响依据"或引渡或起诉"原则将有关案件提交本国主管机关进行追诉。

（二）"或引渡"与"或起诉"的关系

"或引渡或起诉"原则适用中的另一个争议问题是，该原则中的"或引渡"和"或起诉"是否存在位阶关系，即该原则是否暗含了适用顺序。如果认为二者的适用存在先后顺序，则符合对"或引渡或起诉"原则的传统定义，即引渡义务为请求国的首要义务，在本国起诉的义务只有在被请求国拒绝引渡的情况下才会产生。可见，这种顺序关系其实是对被请求国提出了一定的义务要求，在没有正当事由的情况下，被请求国首先应当履行引渡义务。

但是，如果认为二者之间是选择关系，并不存在适用上的先后顺序，则又是另外一种制度安排。在这种解释下，一国享有选择"引渡"或"起诉"的权利，即被请求国可以在不对引渡进行审查的前提下直接选择起诉，这明显赋予了被请求国更大的选择权。从理论上讲，单纯将引渡和起诉均规定为打击犯罪的措施而不区分两者之间关系的被称为松散型条款，难以充分体现"或引渡或起诉"原则的含义和内在联系。[1]但是从国际公约的规定来看，似乎并不存在引渡与起诉的先后顺序，二者属于择一的并列关系。比如《关于制止非法劫持航空器的公约》

---

[1] 参见黄风：《"或引渡或起诉"法律问题研究》，载《中国法学》2013年第3期。

即要求缔约国应无一例外地将案件提交其主管当局以便起诉。[1]该条款并未表明引渡请求被拒绝是起诉的前提条件。"因此,公约中的'引渡'与'起诉'的义务应当是选择性的关系。"[2]

(三)"或引渡或起诉"原则与普遍管辖权

国际法上的普遍管辖权与国内法上的普遍管辖权有所不同。前者的设立是为了惩治危害全人类利益的犯罪行为,是国际条约让与的,而后者是一国基于司法主权原则设立的。当请求国提出的引渡请求被拒绝后,被请求国应以对引渡请求中所针对的犯罪享有普遍管辖权而对犯罪进行追诉,这是"或引渡或起诉"原则的基本要求。此时被请求国"或起诉"的管辖权来源,既可以是国际法规定的普遍管辖权,也可以是国内法规定的。从这个角度也可以讲,"或引渡或起诉"原则也是为了防止罪犯脱逃其应有的审判与处罚,这与普遍管辖具有制度目的的统一性。当然,"或引渡或起诉"原则包含了引渡和起诉两方面的内容,而普遍管辖权仅指缔约国含有起诉罪犯的义务。

从效力等级上讲,国内法中的普遍管辖权要优先于国际法中的普遍管辖权。《关于制止非法劫持航空器的公约》规定:"当被指称的罪犯在缔约国领土内,而该国未按第八条的规定将此人引渡给本条第一款所指的任何一个国家时,该缔约国应同

---

[1] See Convention for the Suppression of Unlawful Seizure of Aircraft, article 7: "The Contracting State in the territory of which the alleged offender is found shall, if it does not extradite him, be obliged, without exception whatsoever and whether or not the offence was committed in its territory, to submit the case to its competent authorities for the purpose of prosecution. Those authorities shall take their decision in the same manner as in the case of any ordinary offence of a serious nature under the law of that State."

[2] 黄涧秋:《论国际刑法中的"或引渡或起诉"原则》,载《当代法学》2008年第1期。

样采取必要措施,对这种罪行实施管辖权。"[1]根据此款规定,在被请求国拒绝引渡之后,普遍管辖权才开始生效。换言之,"引渡所代表的刑事管辖权比普遍管辖权优先适用"。[2]这在国际刑事法院中也是如此,"国际刑事法院所采用的并非一般意义上的普遍管辖权,而是强调管辖权的补充性,强调缔约国国内法院具有优先管辖权"。[3]因此,对同一个犯罪行为而言,当请求国国内法规定对其享有管辖权,而被请求国根据国际条约享有管辖权的时候,此时请求国的普遍管辖权优先于被请求国的,被请求国应当优先选择"引渡"。

此外,在适用普遍管辖时,还需注意被请求国国内法的规定。被引渡请求人发现地国是否可以普遍管辖原则进行起诉也要受到其参加或缔结的国际公约或条约及其国内法的制约。比如,我国《刑法》规定:"对于中华人民共和国缔结或者参加的国际条约所规定的罪行,中华人民共和国在所承担条约义务的范围内行使刑事管辖权的,适用本法。"[4]有些国家则会在其国内法中对援引普遍管辖的范围进行一定的限制,比如《俄罗斯联邦刑法典》不允许对于在外国犯罪的本国公民施行引渡,但要求对在俄罗斯联邦境内发现的非本国公民犯罪人承担"或引渡或起诉"的义务。[5]

---

[1] Convention for the Suppression of Unlawful Seizure of Aircraft, article 4 (2).

[2] 黄芳:《国际犯罪国内立法研究》,中国方正出版社2001年版,第132页。

[3] 苏敏华:《论〈国际刑事法院罗马规约〉管辖权补充性原则》,载《政治与法律》2011年第8期。

[4] 《刑法》第9条。

[5] See The Criminal Code of The Russian Federation, article 13. 本版本为世界贸易组织网站提供的英文版本。

四、我国的实践

我国积极融入国际刑事司法合作的实践，主动将"或引渡或起诉"原则内化到国内刑事法律及引渡制度之中。

首先，为履行国际公约项下的义务，我国建立了刑事普遍管辖权。早期，我国开展国际犯罪的刑事追诉活动缺乏相应的司法管辖基础，当时的《刑法》中并没有关于普遍管辖的相关规定。在1980年我国加入《关于制止非法劫持航空器的公约》《关于制止危害民用航空安全的非法行为的公约》之后，设立普遍管辖权成为必然趋势。1987年，第六届全国人民代表大会常务委员会第二十一次会议通过了《关于对中华人民共和国缔结或者参加的国际条约所规定的罪行行使刑事管辖权的决定》，规定"对于中华人民共和国缔结或者参加的国际条约所规定的罪行，中华人民共和国在所承担条约义务的范围内，行使刑事管辖权"。在此基础上，我国在1997年《刑法》中确立了普遍管辖原则，"对于中华人民共和国缔结或者参加的国际条约所规定的罪行，中华人民共和国在所承担条约义务的范围内行使刑事管辖权"。[1] 在之后的特别法律如《反恐怖主义法》中，还对该原则进行了细化规定。[2]

其次，我国对"或引渡或起诉"原则明确作出了规定。1992年，我国外交部、最高人民法院、最高人民检察院、公安部和司法部联合发布《关于办理引渡案件若干问题的规定》第

---

[1] 1997年《刑法》第9条。

[2] 参见《反恐怖主义法》第11条："对在中华人民共和国领域外对中华人民共和国国家、公民或者机构实施的恐怖活动犯罪，或者实施的中华人民共和国缔结、参加的国际条约所规定的恐怖活动犯罪，中华人民共和国行使刑事管辖权，依法追究刑事责任。"

10条第1款指出:"我国缔结或者参加的国际条约就特定犯罪规定缔约国有'或者引渡,或者起诉'义务的,如果我国对于被指控或者被判定有该项犯罪的人决定不予引渡,应当依照有关国际条约的规定,将该人移送有关司法机关追究其刑事责任。"虽然我国并没有在《引渡法》中直接规定"或引渡或起诉"原则,但是却有相对应的制度安排,"最高人民检察院经审查,认为对引渡请求所指的犯罪或者被请求引渡人的其他犯罪,应当由我国司法机关追诉,但尚未提起刑事诉讼的,应当自收到引渡请求书及其所附文件和材料之日起一个月内,将准备提起刑事诉讼的意见分别告知最高人民法院和外交部"。[1]根据该条规定,在确认我国对引渡请求中所指的犯罪或者被请求引渡人的其他犯罪具有刑事管辖权的情况下,最高人民检察院负责提出是否进行追诉的意见,该条对适用"或引渡或起诉"原则的程序进行了规定,也变相成为"或引渡或起诉"原则在我国《引渡法》中的依据。

再次,我国对于如何妥善处理"或引渡或起诉"原则与"本国公民不引渡"原则之间的冲突也作出了规定。根据《关于办理引渡案件若干问题的规定》第10条第2款:"我国拒绝向外国引渡具有中华人民共和国国籍的人,而该人的犯罪符合本规定第六条所列条件之一的,我国司法机关可以根据请求国的请求,依照我国法律规定的程序,对该人依法追究刑事责任;也可以按照对等原则,根据与该国商定的条件,执行该国司法机关对该人所判处的刑罚。"该规定通过"或引渡或起诉"原则及对他国刑事判决的承认与执行,消除了"本国公民不引渡"原则给国际刑事司法合作带来的障碍。

---

[1]《引渡法》第21条。

类似的处理方式也规定在我国与他国签订的双边引渡条约中。比如,《中华人民共和国和乌兹别克斯坦共和国引渡条约》第 4 条规定:"如果被请求方因被请求引渡人系其公民或根据本条约第三条第四项的理由而不同意引渡,该方应根据请求方的请求,将被请求引渡人转交其主管机关提起刑事诉讼。为此目的,请求方应向被请求方移交与该案有关的文件、证据和赃物。"我国的这种做法符合国际惯例,具有合理性。比如 1979 年在纽约签订的《反对劫持人质国际公约》第 8 条第 1 款规定:"领土内发现嫌疑犯的缔约国,如不将该人引渡,应毫无例外地而且不论罪行是否在其领土内发生,通过该国法律规定的程序,将案件送交该国主管机关,以便提起公诉。此等机关应按该国法律处理任何普通严重罪行案件的方式作出判决。"

最后,在我国与其他国家签署的双边引渡条约中,大多数都含有"或引渡或起诉"条款。这些条约主要采用以下几种表述方式:一是绝大部分条约在规定"本国公民不引渡"(绝对不起诉或可以不起诉)时均规定了"或引渡或起诉"原则。比较常见的是,如果要求本国公民不能予以引渡,则被请求方应当根据请求方的要求,将该案提交主管机关以便根据其本国法律提起刑事诉讼。为此目的,请求方应当向被请求方提供与该案有关的文件和证据。在此表述下,"或引渡或起诉"义务并非要求被请求方拒绝引渡本国公民后必须对被引渡人进行刑事诉讼,而是指被请求方承担的移交主管机关审查起诉的义务,具体是否起诉由主管机关根据本国法规定判断。在此种情况下,被请求国进行审查起诉的依据是本国法律。[1]少数表述并没有法律依据。二是个别条约并未设立对本国公民不引渡即应当

---

[1] 例如《中华人民共和国和莱索托王国引渡条约》《中华人民共和国和蒙古国引渡条约》《中华人民共和国和南非共和国引渡条约》等。

起诉的义务,而是规定"被请求方可以请求"将案件移交主管机关。[1]三是个别条约在规定"或引渡或起诉"原则时,增加了被请求方无管辖权的例外情形。[2]四是比较特殊的如《中华人民共和国和巴基斯坦伊斯兰共和国引渡条约》规定了国民绝对不引渡,未规定被请求国有起诉或移交主管机关以便起诉的义务。

总之,"或引渡或起诉"原则作为打击国际公害类犯罪的一项基本原则,在国际刑事司法合作中具有十分重要的地位。引渡与起诉的关系,在经历了对国家义务的刻板认识之后即赋予了各国更大的选择权。各国在适用"或引渡或起诉"原则时,应当与本国的刑事政策和开展国际刑事司法合作的需求紧密结合,在"或引渡"和"或起诉"之间选择最有利于维护本国利益同时最有助于解决实践问题的方式,而不单纯简单地将其理解为一项引渡法上必须遵守的国际义务。[3]我国为与国际接轨,已经在国内法中对落实该原则做出了相应的安排,今后应当继续坚持在我国《引渡法》中对该原则加以完善,并在双边引渡条约中进一步明确规定,从而更加充分地发挥其在国际刑事司法合作中的作用。

---

[1] 参见《中华人民共和国和菲律宾共和国引渡条约》第3条。
[2] 例如《中华人民共和国和柬埔寨王国引渡条约》第5条第3款:"尽管有本条第二款的规定,如果被请求方对该犯罪无管辖权,则其不应被要求将该案件提交其主管机关以便起诉。"与"或引渡或起诉"原则通常表述的区别在于,通常情况下,移交主管机关是必须的义务,而是否有管辖权交由主管机关判断。此处,是否有管辖权由引渡机关判断。
[3] 参见黄风:《"或引渡或起诉"法律问题研究》,载《中国法学》2013年第3期。

第三节　特定性原则

受"政治犯罪不引渡"原则的影响,国际上逐渐形成了引渡领域的又一基本性原则,即特定性原则(rule of speciality),又称罪行特定原则。如果请求国对以普通犯罪为由被引渡回国的犯罪人再以政治犯罪进行追诉,在侵犯被引渡人人权的同时也会对请求国的主权造成侵害。为了防止此种情形出现,并导致"政治犯罪不引渡"原则流于形式,有必要以特定性原则对请求国的权利进行限制。特定性原则赋予了请求国对被请求引渡人行使刑事追诉权和处罚权时应当遵守的义务,其正当性在于保证请求国对被请求引渡人的罪行完全基于所提出的引渡请求的范围,不仅可以防止诉讼程序的滥用,也在价值层面上体现了对被请求国一国主权和被请求引渡人人权的尊重。因此,特定性原则也最终成为引渡制度的又一基本原则,世界范围内几乎所有的引渡立法和双边引渡条约都含有对该原则的相关规定。

一、特定性原则的流变

从历史发展来看,特定性原则的出现深受"政治犯罪不引渡"原则的影响,甚至可以说,特定性原则是为保护政治犯而发展起来的。作为约束请求国的一项基本制度,"引渡的请求国只能针对引渡请求中载明的并且得到被请求国准予的特定犯罪对被引渡人实行追诉或执行刑罚,且不得擅自将该人再引渡给第三国"。[1]1833年《比利时引渡法》第6条率先对特定性原

---

[1]　彭峰:《引渡原则研究》,知识产权出版社2008年版,第77页。

则进行了明文规定。[1]但该法律规定的重点依旧在于对"政治犯罪不引渡"的强调,并没有对所有类型的犯罪都适用。这种做法又可以被称为缓和的特定主义原则。

此种较为温和的处理方式使得被请求国的司法主权存在被侵害的可能,于是各国开始进一步限制请求国在引渡后对被请求引渡人的惩治范围。1957年《欧洲引渡条约》规定被引渡者不应因其在被引渡前犯下的罪行而受到起诉、判决或拘留,以执行判决或拘留令,除非该罪行是其被引渡的原因,也不应因任何其他原因限制其人身自由。[2]该规定明确了特定性原则适用于所有的犯罪类型,使得该原则的适用彻底从政治犯罪这一单一犯罪类型扩展到所有的罪行之中,成为国际合作中的普遍原则。这种模式也被称为严格的特定主义原则。

可以看出,特定性原则的发展逐渐趋于严格。目前世界上大多数国家采用的特定性原则实际上均为严格的特定主义原则,这种趋势与引渡领域其他原则的变化几乎是相反的,主要原因在于被请求国很容易回避该原则以达到引渡的目的。实践中存在不少请求国想惩治逃亡的政治犯罪嫌疑人,但不以所涉嫌的政治犯罪提出引渡请求,企图通过其他犯罪来变相引渡的情形,

---

〔1〕 1833年《比利时引渡法》第6条规定:"在这些条约中须明确规定,外国人不得因引渡前的政治犯罪、与此种犯罪有关的其他行为以及本法未予规定的重罪或轻罪而受到追诉或惩罚;否则,任何形式的引渡或临时逮捕都将遭到拒绝。"中华人民共和国司法部司法协助局编译:《国际司法协助法规选》,中国政法大学出版社1992年版,第16页。

〔2〕 See European Convention on Extradition, article 14 (1), " A person who has been extradited shall not be proceeded against, sentenced or detained with a view to the carrying out of a sentence or detention order for any offence committed prior to his surrender other than that for which he was extradited, nor shall he be for any other reason restricted in his personal freedom, except in the flowing cases".

这使得缓和的特定主义原则连保护政治犯的基本目标都难以实现。后经过各国的不断努力，特定性原则的范围才得以逐步扩大，世界上大多数国家的国内引渡立法和引渡条约都包含了相关规定，该原则逐步发展为引渡领域的另一项基本原则，以防止请求国通过不断罗列罪名来限制与侵害被引渡人的人身自由权。[1]

我国亦采取了严格的特定主义原则立场。我国作为联合国《引渡示范条约》的缔约国，首先对条约中包含特定性原则的规定予以遵守。[2]其次，我国国内立法也对此进行了严格的限制。我国《引渡法》第14条第1项明确规定了"请求国不对被引渡人在引渡前实施的其他未准予引渡的犯罪追究刑事责任，也不将该人再引渡给第三国"。最后，我国与其他国家之间签订的双边引渡条约也包含了该原则的内容。比如在1995年与俄罗斯签订的引渡条约中规定："未经被请求的缔约一方同意，请求的缔约一方不得对已经移交的被引渡人在引渡前所犯的非准予引渡的罪行追究刑事责任或者执行刑罚。未经被请求的缔约一方同意，也不得将该人引渡给任何第三国。"[3]

二、特定性原则的内容

特定性原则的具体内容一般包括以下三部分：其一，请求

---

[1] 参见孙萌、荆超：《国际人权法对引渡原则的影响》，载《人权法学》2024年第1期。

[2] 参见《引渡示范条约》第14条第1款："根据本《条约》被引渡者，除下述犯罪行为外，不得因将其移交之前该人所犯的任何罪行，在请求国领土对他进行诉讼程序、判刑、扣押、再次引渡到第三国，或对他施加任何其他的人身自由限制：（a）准予引渡所依据的犯罪行为；（b）被请求国同意的任何其他罪行。如请求引渡所涉罪行本身根据本《条约》应予引渡，则应予同意。"

[3]《中华人民共和国和俄罗斯联邦引渡条约》第15条第1款。

国不得以被引渡人在引渡请求前实施的犯罪对被引渡人追究刑事责任;其二,请求国不得对被请求引渡人在引渡请求前实施的犯罪采取限制或剥夺被引渡人人身自由的任何强制措施;其三,请求国不得在引渡被引渡人后再将其引渡给任何第三国。从以上限制可以看出,特定性原则具有很强的对被请求引渡人的人权保障功能,甚至从某种程度上讲对请求国的司法主权进行了一定的干涉,这也在实践中导致不少请求国最终会选择放弃引渡请求。

特定性原则在具体的引渡实践中也存在例外情形。换言之,在某些情形下,请求国可以不受特定性原则的约束与限制。

第一,被请求引渡人同意。从原理上讲,特定性原则的本意在于对被请求引渡人的保护,被请求引渡人可以通过放弃其自身被保护的权利达到缓和甚至是消灭特定性原则适用的机会。但实践中很难认定这种同意权,在引渡条约中也几乎看不到类似的表述。

第二,被请求国同意。特定性原则被认为是对请求国司法主权的一定限制,但如果被请求国自愿放弃对引渡请求外的犯罪行使刑事管辖权,请求国即不必受到特定性原则的约束。比如我国在与泰国签订的双边引渡条约中即对该原则的例外事由进行了规定:"被请求方同意对引渡所涉及的犯罪以外的犯罪拘禁、审判或处罚该人或将其引渡给第三国……"[1]

第三,被请求引渡人在特定期限内没有离开请求国。如果被请求引渡人在特定期限内没有离开请求国,代表了被请求引渡人对请求国管辖权的认可,此时被请求国对被请求引渡人的管辖随着其对请求国管辖权的实际认可而消失,自然不再受到

---

[1] 《中华人民共和国和泰王国引渡条约》第13条第1款第3项。

特定性原则的限制。比如《中华人民共和国和纳米比亚共和国引渡条约》第17条第1款第2项规定,"该人在获得释放的三十天内有机会离开请求方却未离开,或者在离开请求方后又自愿返回。但是这一期限不应当包括由于其无法控制的原因未能离开请求方领土的时间",请求方将不受特定性原则的限制。此种情况也意味着被请求引渡人不再基于特定性原则受到请求国的保护,请求国有权对该人的其他犯罪进行追诉或将其引渡给第三国。

三、特定性原则的适用

关于特定性原则的具体适用,还存在以下一些问题需要澄清。

第一,特定性原则不适用于引渡后所实施的犯罪行为。如果被请求引渡人在引渡之后又产生了其他犯罪行为,即产生了新的犯罪事实,则请求国不受特定性原则的限制,可以直接对其进行追诉。这也是属地管辖原则的体现。

第二,对于新发现的犯罪事实,即在引渡前请求国和被请求国均未发现的犯罪事实该如何处理,引渡法及条约规定并不明确,实践中也有争议。有学者总结了三种解决路径,分别为"被请求国撤回引渡许可,要求请求国递交已引渡之人""请求国直接追诉被引渡人,并将追诉结果通知被请求国"以及"请求国提出补充引渡或做出对被引渡人有利的变更"。[1]以上三种路径将会因被请求国对特定性原则的实施程度不同而有所区别。如果采用严格的特定主义原则,请求国无疑应当就新发现的事实提出补充引渡的请求,贯彻"一犯罪事实一引渡"的特定性

---

[1] 参见高娃、罗军:《论特定性原则在诉讼引渡中的适用》,载《云南警官学院学报》2024年第1期。

原则标准，这无疑是最合理的处理方式。如果撤回引渡许可，不仅违背了程序不可逆的基本原理，也浪费了大量的司法资源，而且在严格的特定性原则兜底的情况下，也没有必要撤回作出的引渡决定。由请求国直接追诉被引渡人是不妥当的，侵犯了被请求国的司法主权。

第三，当原先被认定的犯罪性质发生了改变导致引渡请求不能获准引渡时，请求国此时可以对被请求引渡人进行追诉。比如《欧洲引渡公约》就规定："当诉讼过程中对指控罪行的描述发生改变时，被引渡人仅应就其新描述的罪行被起诉或判刑，前提是该罪行根据其构成要件属于允许引渡的罪行。"[1]在我国与其他国家签署的双边引渡条约中也能找到该例外规定。比如我国与突尼斯签订的双边引渡条约规定："如果请求方在刑事诉讼中对引渡请求所涉及的犯罪行为的定性发生变化，除非对该犯罪行为的新的定性仍属于允许引渡的范围，否则不得对该被引渡人进行追诉或审判。"[2]请求国如果在引渡后的追诉中改变了引渡的事实，无疑构成对特定性原则的违反，但只是"定性""描述"的改变，一般认为并不是对犯罪事实的改变，依旧是对原来事实的追诉，因此也可以认定为是在特定性原则的规制范围之内。当然，"新描述的罪行"在多大程度上偏离了之前被请求引渡的罪行，就成为判断是否违反特定性原则的核心内容，或许也正是对此有所担忧，所以增加了可引渡罪行的前提作为兜底。

---

[1] European Convention on Extradition, article 14（3）："When the description of the offence charged is altered in the course of proceedings, the extradited person shall only be proceeded against or sentenced in so far as the offence under its new description is shown by its constituent elements to be an offence which would allow extradition."

[2] 《中华人民共和国和突尼斯共和国引渡条约》第6条第3款。

第四，条约中一般对罪名和刑期的变化规定得非常明确，实践中也没有太大争议。比如《中华人民共和国和南非共和国引渡条约》第17条第3款规定："如果对被引渡人的指控随后发生变化，只有在符合下列条件时方可对该人进行追诉和判刑，即该人的罪名虽经更改但：（一）这一犯罪实质上是基于引渡请求及其辅助文件中所包含的相同事实；并且（二）这一犯罪可判处的最高刑与该人被引渡的犯罪可判处的最高刑相同或较之更轻。"罪名只是对犯罪的法律定性，针对同一犯罪事实适用罪名的争议是刑事司法过程中常见的问题，只要不变更事实的罪名，则变更并不违反特定性规则。当然，变更罪名所引起的有利于被告人刑期的变化也是允许的，符合刑事追诉的基本原则。

第四章

拒绝引渡的强制性事由

　　世界各国的国内立法和有关引渡的国际条约与国际公约中普遍对拒绝引渡的事由加以明确规定，区别在于拒绝的程度不同。有的规定为刚性拒绝，即绝对禁止引渡的情形，譬如对于政治犯罪的引渡，在条文中大多表述为"应当拒绝引渡"，也称拒绝引渡的强制性事由。有的规定则较为缓和，即相对禁止引渡的情形，譬如针对人道主义事项的引渡，在条文中大多表述为"可以拒绝引渡"，因而也被称为拒绝引渡的任择性事由。

　　当然，上述划分标准并不是绝对的，同一事由在有的国家属于绝对禁止的事由，但是在其他国家又属于相对禁止引渡的情况。比如对于"本国公民不引渡"原则，世界各国的立场并不相同，其在我国《引渡法》中属于绝对禁止的事项，但是在许多国家包括联合国《引渡示范条约》中属于相对禁止的事由。本书以世界上较为通行的规则为划分依据，将拒绝引渡的事由分为七种强制性事由和三种任择性事由，涉及各国引渡法对此认识不一致之处将在文中指出。

第一节　政治犯罪不引渡

　　"政治犯罪不引渡"是国际社会在引渡领域中的通行原则，又称政治犯不引渡原则或政治犯罪例外原则。联合国《引渡示范条约》就该原则进行了明确规定,即被请求国认为"作为请求引渡原因的犯罪行为属政治性罪行"时,不得准予引渡。[1]虽然尚未有任何国际公约或任何一个国家的国内立法可以为政治犯罪赋予准确的定义,但"政治犯罪不引渡"原则作为国际刑事司法合作中的一项基本原则已成为不争的事实。有学者将其于引渡合作中的地位类比为国际私法中的公共秩序保留原则,其保证了世界各国在顺利开展国际刑事司法合作的同时始终保留国家主权和政治上的独立地位。[2]

一、"政治犯罪不引渡"原则的历史发展

从历史上看,引渡最早的对象主要为政治犯。引渡制度是古代君主为了维系自己的统治将逃亡的叛逃者追回并进行惩戒的工具,因此,对于当时的普通罪犯一般不适用引渡。引渡制度从起源则涉及国与国之间的政治因素,而非一项单纯的司法制度。

"政治犯罪"的概念直到法国大革命时期才为人所知,法国资产阶级认为对反抗极权统治的人理应给予庇护,"政治犯罪不引渡"的意识继而得到发展。[3]1833 年《比利时引渡法》是世界上第一个明文禁止引渡外国政治罪犯的成文法,[4]该法第 6 条规定:"在这些条约中须明确规定,外国人不得因引渡前的政治犯罪、与此种犯罪有关的其他行为以及本法未予规定的重罪或轻罪而受到追诉或惩罚;否则,任何形式的引渡或临时逮捕

---

[1] 参见《引渡示范条约》第 3 条 (a) 项。
[2] 参见黄风:《中国引渡制度研究》,中国政法大学出版社 1997 年版,第 61 页。
[3] 参见陆晓光主编:《国际刑法概论》,中国政法大学出版社 1991 年版,第 134 页。
[4] 参见徐乃斌:《〈联合国反腐败公约〉中的引渡制度探析》,载《河北法学》2009 年第 4 期;马德才:《引渡制度溯源》,载《现代法学》1993 年第 5 期。

都将遭到拒绝。"[1]而后,"政治犯罪不引渡"这一原则被越来越多的欧洲国家接受,逐步成为国际社会上一项公认的引渡原则。

"政治犯罪不引渡"虽已成为引渡领域的通行原则,但其适用却并非易事。主要原因在于各国的政治意识形态不同,政治犯罪在世界上始终无法形成一个统一的概念,导致各国对政治犯罪的概念认定存在较大争议,"政治犯罪不引渡"原则的适用存在很大的自由裁量空间。由于"政治犯罪不引渡"原则相较引渡领域的其他原则所涉及的政治因素和其他非法律因素更加复杂,很容易最终导致引渡的失败。有些普通犯罪可能会因为被某些国家认定为政治犯罪而逃离处罚,其他的政治犯也可能因为某些国家不将其认定为政治犯而被批准引渡从而导致不公正的审判。从此种意义上看,有人甚至认为"政治犯罪不引渡原则已经沦为新的政治交易工具"。[2]

为了避免出现这种情况,除实体上对政治犯罪行为的界定之外,也出现了程序上对政治犯罪的排除。世界各国签订的多数引渡条约和国内立法开始将重点转移至分析请求国的请求是否具有政治性上,即在认定是否为政治犯罪时不再单纯地只讨论引渡请求中声称的犯罪行为是否具有政治性,而是关注请求国是否出于政治目的而提出引渡的请求。[3]比如我国《引渡法》第8条第4项规定,对于"被请求引渡人可能因其种族、宗教、国籍、性别、政治见解或者身份等方面的原因而被提起

---

[1] 中华人民共和国司法部司法协助局编译:《国际司法协助法规选》,中国政法大学出版社1992年版,第16页。

[2] 赵秉志、陈一榕:《试论政治犯罪不引渡原则》,载《现代法学》2001年第1期。

[3] 参见马德才:《政治犯不引渡原则析论》,载《兰州学刊》2007年第12期。

刑事诉讼或者执行刑罚,或者被请求引渡人在司法程序中可能由于上述原因受到不公正待遇",我国应当拒绝引渡。1957年《欧洲引渡公约》对此也有相似规定,"当被请求方确有理由认为以普通犯罪为由提出的引渡请求意图根据种族、宗教、国籍、政治见解等考虑追诉或者惩罚某人,或者该人的处境因上述任何原因而面临恶化的危险时",应当拒绝引渡。[1] 此种规定方式也可以被称为"政治犯罪不引渡"的补充条款。

"政治犯罪不引渡"原则在我国司法实践中的适用经历了一个渐进理解与接受的过程,[2] 在我国国内立法和对外签订的双边引渡条约中都有明确的规定。我国《引渡法》第8条第3项规定,外国"因政治犯罪而请求引渡的,或者中华人民共和国已经给予被请求引渡人受庇护权利的",应当拒绝引渡。早在1987年《中华人民共和国和波兰人民共和国关于民事和刑事司法协助的协定》中,就将政治犯罪列入拒绝进行刑事司法协助的理由,即"如果被请求的缔约一方认为该项请求涉及的犯罪具有政治性质或为军事犯罪",被请求的缔约方可以拒绝提供刑事司法协助。[3]

从我国与外国签订的双边引渡条约来看,我国主要通过以下几种方式对"政治犯罪不引渡"原则加以规定:

---

[1] See European Convention on Extradition, article 3 (2): "The same rule shall apply if the requested Party has substantial grounds for believing that a request for extradition for an ordinary criminal offence has been made for the purpose of prosecuting or punishing a person on account of his race, religion, nationality or political opinion, or that that person's position may be prejudiced for any of these reasons."

[2] 参见刘亚军:《引渡新论——以国际法为视角》,吉林人民出版社2004年版,第232~233页。

[3] 参见《中华人民共和国和波兰人民共和国关于民事和刑事司法协助的协定》第24条第1项。

第一，我国与外国缔结的绝大部分引渡条约均明确规定对于政治犯罪应当拒绝引渡，但在具体表述上则存在差异。有的条约明确规定了政治犯罪的例外情况，如恐怖主义犯罪除外，[1]双方均加入的国际公约认为不是政治犯罪的除外，[2]谋杀元首、政府首脑等除外；[3]有的则笼统地规定"被请求方认为，引渡请求所针对的犯罪是政治犯罪"的，应当拒绝引渡。[4]

---

[1] 参见《中华人民共和国和阿尔及利亚民主人民共和国引渡条约》第3条第1项规定："被请求方认为，引渡请求所针对的犯罪是政治犯罪，但恐怖主义犯罪和双方均为缔约国的国际公约不认为是政治犯罪的除外。"相似规定参见《中华人民共和国和阿富汗伊斯兰共和国引渡条约》第3条第1项、《中华人民共和国和波斯尼亚和黑塞哥维那引渡条约》第3条第1项、《中华人民共和国和西班牙王国引渡条约》第3条第1项、《中华人民共和国和意大利共和国引渡条约》第3条第1项。

[2] 参见《中华人民共和国和阿尔及利亚民主人民共和国引渡条约》第3条第1项规定："被请求方认为，引渡请求所针对的犯罪是政治犯罪，但恐怖主义犯罪和双方均为缔约国的国际公约不认为是政治犯罪的除外。"相似规定参见《中华人民共和国和阿富汗伊斯兰共和国引渡条约》第3条第1项、《中华人民共和国和埃塞俄比亚联邦民主共和国引渡条约》第3条第1款第1项、《中华人民共和国和波斯尼亚和黑塞哥维那引渡条约》第3条第1项、《中华人民共和国和西班牙王国引渡条约》第3条第1项、《中华人民共和国和意大利共和国引渡条约》第3条第1项。

[3] 参见《中华人民共和国和阿拉伯联合酋长国引渡条约》第3条第2款第1项规定："谋杀任一缔约国的国家元首、政府首脑或其家庭成员，或谋杀阿拉伯联合酋长国联邦最高委员会的成员或其家庭成员的行为"，不应视为政治犯罪；相似规定参见《中华人民共和国和泰王国引渡条约》第3条第1项、《中华人民共和国和柬埔寨王国引渡条约》第3条第1项。

[4] 参见《中华人民共和国和秘鲁共和国引渡条约》第3条第1项规定："被请求方认为，引渡请求所针对的犯罪是政治犯罪，或者被请求方已经给予被请求引渡人受庇护的权利。"相似规定参见《中华人民共和国和墨西哥合众国引渡条约》第3条第1项、《中华人民共和国和南非共和国引渡条约》第3条第1项、《中华人民共和国和葡萄牙共和国引渡条约》第3条第1款第1项。

第二，部分引渡条约没有规定"政治犯罪不引渡"原则。[1]此时，可以按照我国《引渡法》的规定予以补充。

第三，虽然有的引渡条约没有直接规定"政治犯不引渡"，但可以从其他条款中推得。比如《中华人民共和国和立陶宛共和国引渡条约》规定"被请求方法律不允许的引渡"是拒绝引渡的事由，[2]而根据《立陶宛刑法典》的规定，当该人因政治性质的罪行而被起诉时，可以不引渡立陶宛共和国公民或外国人。[3]从中可以得出"政治犯罪不引渡"的结论。

第四，有的条约则规定国际公约规定的任一犯罪，如果缔约两国均为该公约当事国并根据公约承担或起诉或引渡的义务。[4]

另外，我国《宪法》第32条第2款规定："中华人民共和国对于因为政治原因要求避难的外国人，可以给予受庇护的权利。"可以看出，我国立法对"政治犯罪不引渡"与庇护权进行了混合规定。实际上，不少国家对于庇护权的规定都是以政治

---

[1] 参见《中华人民共和国和白俄罗斯共和国引渡条约》第3条、《中华人民共和国和保加利亚共和国引渡条约》第3条、《中华人民共和国和俄罗斯联邦引渡条约》第3条、《中华人民共和国和哈萨克斯坦共和国引渡条约》第3条、《中华人民共和国和吉尔吉斯共和国引渡条约》第3条、《中华人民共和国和蒙古国引渡条约》第3条、《中华人民共和国和乌克兰引渡条约》第3条、《中华人民共和国和乌兹别克斯坦共和国引渡条约》第3条。

[2] 参见《中华人民共和国和立陶宛共和国引渡条约》第3条第7项。

[3] See Republic of Lithuania Criminal Code 2017, article 9（3）："It shall be allowed not to extradite a citizen of the Republic of Lithuania or an alien where…3) the person is being prosecuted for a crime of political nature."

[4] 参见《中华人民共和国和纳米比亚共和国引渡条约》第3条第1项规定："被请求方认为引渡请求所针对的犯罪是政治犯罪；为本条的目的，根据某一国际条约构成犯罪的行为，双方据此条约有义务引渡犯罪嫌疑人或者将该案提交适当机关起诉的，不构成政治犯罪。"相似规定参见《中华人民共和国与摩洛哥王国引渡条约》第3条第1款第2项第1点。

犯罪为主要对象,借庇护权条款同时规定或替代规定"政治犯罪不引渡"原则的情形也越来越多。[1]因此有必要进一步厘清二者之间的关系。

庇护也称政治庇护,因接受庇护的对象一般是受到政治迫害的人,其要求庇护国一方面给予受庇护的人庇护,另一方面不得将受庇护者引渡给其国籍国或第三国。对某外国人是否给予庇护属于一国国内管辖的问题。一国如果在收到被请求国的引渡请求之前先行对某人给予庇护,除非庇护国撤回庇护的决定,否则将应当直接拒绝引渡。而如果请求国收到引渡请求在先,再决定对该人实施庇护,也应当以政治犯罪等为由拒绝该引渡请求。对于以政治犯为由拒绝引渡或以已给予庇护为由而拒绝的选择,在实践中审查机关享有一定的自由裁量权,但应当以综合考虑请求国和被请求国的国家利益以及被请求引渡人的基本人权保障为主。目前,我国共有35个双边引渡条约含有对于被请求国已经提供庇护的不予引渡的规定。[2]

---

[1] 参见秦一禾:《犯罪人引渡诸原则研究》,中国人民公安大学出版社2007年版,第157页。

[2] 包括《中华人民共和国和阿富汗伊斯兰共和国引渡条约》《中华人民共和国与阿塞拜疆共和国引渡条约》《中华人民共和国和安哥拉共和国引渡条约》《中华人民共和国和白俄罗斯共和国引渡条约》《中华人民共和国和保加利亚共和国引渡条约》《中华人民共和国和波斯尼亚和黑塞哥维那引渡条约》《中华人民共和国和俄罗斯联邦引渡条约》《中华人民共和国和哈萨克斯坦共和国引渡条约》《中华人民共和国和吉尔吉斯斯坦共和国引渡条约》《中华人民共和国和老挝人民民主共和国引渡条约》《中华人民共和国和立陶宛共和国引渡条约》《中华人民共和国和蒙古国引渡条约》《中华人民共和国和秘鲁共和国引渡条约》《中华人民共和国和墨西哥合众国引渡条约》《中华人民共和国和葡萄牙共和国引渡条约》《中华人民共和国和乌克兰引渡条约》《中华人民共和国和乌兹别克斯坦共和国引渡条约》《中华人民共和国和伊朗伊斯兰共和国引渡条约》《中华人民共和国和意大利共和国引渡条约》《中华人民共和国和希腊共和国引渡条约》《中华人民共和国和塞浦路斯共和国引渡条约》《中

二、政治犯罪的教义学解读

准确界定"政治犯罪"是正确适用"政治犯罪不引渡"原则的基础，但目前国际社会对何为"政治犯罪"始终缺乏统一的概念。从现有文献来看，"犯罪具有政治性质""因为政治原因的犯罪""政治性质的犯罪"以及"政治犯罪或与之有关的犯罪"等都曾被用来表达政治犯罪的概念。[1]实践中，国家间签订的引渡条约或者一国国内立法对"政治犯罪"的定义和范围大多没有作出明确规定，属于各国自由掌控的范围，导致对"政治犯罪"的界定在各国实践中存在较大差异。又因"政治犯罪不引渡"原则相较引渡领域的其他原则涉及更多的非法律因素，使其成为引渡众多原则中最具争议性的问题。[2]

从汉语文义的角度来看，"政治犯罪"的概念较为模糊。一般认为，政治犯指的是"由于从事某种政治活动而被政府认为犯罪的人"。[3]对政治犯的解释离不开对政治的解释，而政治指的是"政府、政党、社会团体和个人在内政及国际关系方面的活

（接上页）华人民共和国和博茨瓦纳共和国引渡条约》《中华人民共和国和越南社会主义共和国引渡条约》《中华人民共和国和格林纳达引渡条约》《中华人民共和国和巴巴多斯引渡条约》《中华人民共和国和刚果共和国引渡条约》《中华人民共和国和厄瓜多尔共和国引渡条约》《中华人民共和国和土耳其共和国引渡条约》《中华人民共和国和肯尼亚共和国引渡条约》《中华人民共和国和塞内加尔共和国引渡条约》《中华人民共和国和毛里求斯共和国引渡条约》《中华人民共和国和巴拿马共和国引渡条约》《中华人民共和国和乌拉圭东岸共和国引渡条约》《中华人民共和国和亚美尼亚共和国引渡条约》《中华人民共和国和塔吉克斯坦共和国引渡条约》。

[1] 参见黄风：《中国引渡制度研究》，中国政法大学出版社1997年版，第62~68页。

[2] 参见彭峰：《引渡原则研究》，知识产权出版社2008年版，第101页。

[3] 中国社会科学院语言研究所词典编辑室编：《现代汉语词典》（第6版），商务印书馆2012年版，第1664页。

动",〔1〕可见一国的政治针对的无非内政和外交两方面。但是在内政的解释上，认为内政系指"国家内部的政治事务",〔2〕从而使得在"政治"的概念解释上陷入了循环论证的误区。同时，在现代法治国家，各国普遍实施无罪推定原则，是否有罪只能由司法机关来认定。对此处的政府采用广义解释尚可，但如果使用的是狭义上的概念，政府仅仅指国家的行政机关，则又陷入了自相矛盾之中。因此，在一般的语义解释中无法得出政治犯罪的结论。

从英文中的语义解释来看，"政治犯罪"（political offence）中"政治"一词的含义与一个国家的政府或公共事务及其与其他国家的关系有关，核心内容依旧是内政与外交。〔3〕进一步来看，"政府"一词更倾向于指对国家中群体的统治状态，〔4〕而其核心概念"统治"则是指对国家的合法控制状态。〔5〕可见，"政治"一词最基本的语义在于实现一种正式且合法的统治。将上述表述结合来看，"政治"主要系指与政府统治相关的活动，而此处的"政府"应采取广义解释，即包括所有为实现统治目的的国家机关。明确"政治"的概念对于理解"政治犯罪"进

---

〔1〕 中国社会科学院语言研究所词典编辑室编：《现代汉语词典》（第6版），商务印书馆2012年版，第1664页。

〔2〕 中国社会科学院语言研究所词典编辑室编：《现代汉语词典》（第6版），商务印书馆2012年版，第941页。

〔3〕 "political"意为"connected with the government or public affairs of a country and its relationship with other countries"。参见《朗文当代英语辞典》（英语版），外语教学与研究出版社1997年版，第1089页。

〔4〕 "government"意为"the group of people who govern a country or state"。参见《朗文当代英语辞典》（英语版），外语教学与研究出版社1997年版，第617页。

〔5〕 "govern"意为"to officially and legally control a country and make all the decisions about taxes, laws, public services etc"。参见《朗文当代英语辞典》（英语版），外语教学与研究出版社1997年版，第617页。

而合理界定引渡合作中"政治犯罪不引渡"原则具有非常重要的意义。

如果采用刑法学的视角，以犯罪客体或者法益作为区分标准，则可以"不利于国家统治行为的犯罪"来界定"政治犯罪"。虽然"不利于政府"主要指的就是不利于政府统治的行为，但不能泛泛地将所有不利于政府的行为必然等同于不利于政府统治的行为。"政府"这一概念的外延非常广泛，且往往与个人、社会联系在一起，难以区分。在"政治犯罪"的界定上，应该紧紧围绕与职能有关的核心概念"统治"展开，而不是拘泥于主体。以这个标准可以对我国《刑法》分则中的政治犯罪进行检视。首先，第一章危害国家安全罪。该类犯罪指的是"故意危害中华人民共和国的主权、领土完整与安全、颠覆国家政权、推翻社会主义制度的行为"。[1]主要包括分裂国家、颠覆国家政权的犯罪以及叛逃、间谍等犯罪，该类犯罪所针对的主体明显为国家安全，严重侵害一国正常的统治秩序，因此属于典型的政治犯罪。其次，类似于直接针对平民的恐怖主义犯罪则主要被规定在《刑法》分则第二章危害公共安全罪里面，以此区分了纯粹的政治犯罪和虽然带有政治意图但实质上危害一般人、公共安全的犯罪，需要在实践中予以区分。最后，其他章节的犯罪很难被认定为构成直接不利于国家统治的行为，因此难以构成纯粹的政治犯罪。

当然，出于国际交往中的政治需求，很多国家似乎有意不对"政治犯罪"的概念加以明确界定，使得"政治犯罪"的定义本身带有明显的"政治"色彩。一方面，各国基于自己的政治诉求欲为国内的解释留有空间，从而灵活地应对政治活动；

---

[1] 张明楷：《刑法学》（第6版），法律出版社2021年版，第869页。

但另一方面,基于开展国际合作的需要,尤其是近代大规模公害犯罪的出现,现实中又存在界定"政治犯罪"的实际需求,从而需要为各国提供一个共同的合作标准。因此,"政治犯罪"的概念和范围就在以上两种需要的共同作用下来回变动。

另外,各国对于实践中认定"政治犯罪"的机关应当是被请求国的司法机关还是行政机关存在争议。当前世界各国普遍采用行政、司法的双重审查机制,"通常的做法是,先由司法部门认定被请求引渡的犯罪是否构成政治犯罪,再交由有关行政主管部门进行裁量。如果司法部门认定该行为不构成政治犯罪,则应当拒绝引渡;如果司法部门认定该行为不构成政治犯罪,行政部门仍需要进行最终裁量"。[1]当司法机关与行政机关在对犯罪人的行为是否构成政治犯罪的问题上存在分歧时,"政治犯罪不引渡"原则的适用则会陷入困境。对比注重法律问题的司法机关,行政机关在面对引渡请求时需要考量的非法律因素比如国与国之间关系等政治因素较多,为了避免分歧的产生,有观点认为可以将此种审查和决策权直接交给主要依靠法律手段来解决引渡问题的司法机关。[2]

总而言之,关于"政治犯罪不引渡"的国际刑事司法合作实践使得"政治犯罪"成为引渡中特有的法律概念。对"政治犯罪"概念的界定既要基于一国国内法的规定,也要考虑国际条约中的普遍规定,对于这一重要事由应当首先从法律上来把握,避免过于政治化的考量而架空法律程序。当然,在现实中,"政治犯罪不引渡"原则是国际刑事司法合作中的"君

---

[1] 赵秉志、陈一榕:《试论政治犯罪不引渡原则》,载《现代法学》2001年第1期。

[2] 参见赵秉志、陈一榕:《试论政治犯罪不引渡原则》,载《现代法学》2001年第1期。

子协议",[1]考虑的是一国国家主权和政治自主性,因此在引渡实践中,各国需要权衡自身的政治利益而作出是否对政治犯罪予以引渡的决定,这种不可避免的政治考虑也直接影响到对"政治犯罪"的界定。除此之外,近代以来对政治犯罪不予引渡更多是出于保护被请求引渡人人权的目的,以"防止对持不同政见者进行政治迫害和不公正的审判"。[2]这使得对"政治犯罪"的认定还需要考虑更多的人权因素。基于这些变化,有学者指出"政治犯罪不引渡"原则已经超越引渡领域而上升为一项国家对外政策。[3]

三、政治犯罪的分类

一般认为,政治犯罪可以二分为纯粹政治犯罪(purely political offences)和相对政治犯罪(relative political offences)。学界也有将政治犯罪进行四分的学说,[4]但从功能上来讲,二分法相较四分法更为实用。

纯粹政治犯罪指的是纯粹并直接侵害政治秩序的犯罪,此种类型的政治犯罪是最典型的政治犯罪。[5]其以国家安全或国家利益为侵害客体,通常包括叛国罪、间谍罪以及窃取国家机密罪等。目前对于纯粹政治犯罪的判断主要存在主观说和客观说两种标准,分别从犯罪的目的和犯罪所侵害的法益来认定。

---

[1] 参见黄风、凌岩、王秀梅:《国际刑法学》,中国人民大学出版社2007年版,第221页。

[2] 孙昌军、庄慧鑫:《论双重犯罪原则之实质类似说》,载《河北法学》2004年第3期。

[3] 参见彭峰:《引渡原则研究》,知识产权出版社2008年版,第100页。

[4] 参见[韩]李万熙:《引渡与国际法》,马相哲译,法律出版社2002年版,第46~49页。

[5] 参见彭峰:《引渡原则研究》,知识产权出版社2008年版,第104页。

相较而言，客观标准是更能够被普遍接受的观点，但由于政治犯罪侵犯的客体为国家的统治利益，因此世界各国即使采取客观说，对纯粹政治犯罪的范围依旧存在不同的划分。但一般能被普遍接受的观点是，纯粹政治犯罪侵害的是国家利益，受害人是国家，通常不会直接导致个体权利的侵害，因此对于那些虽然具有政治目的，但是直接针对平民的犯罪就很难被认定为纯粹的政治犯罪。

相对政治犯罪则与纯粹政治犯罪相对，一般指的是涉及政治或者具有政治属性从而被认为是属于政治犯罪的普通犯罪。[1]可进一步分为复合政治犯罪和牵连政治犯罪，前者是指行为人出于政治目的或动机所实施的或者其犯罪情节或行为手段具有政治性质而形式上符合普通犯罪构成要件的政治犯罪；后者则是指从主客观方面均构成纯粹的普通犯罪，但与某种政治行为有"牵连"的犯罪。[2]当然，这里的牵连并非刑法中牵连犯的含义。此种划分对于在实践中区分不同的政治犯罪类型具有指导意义。

国际社会对纯粹政治犯罪不予引渡的争议一直较小。从可引渡性以及涉及的政治利益的程度上来讲，诸如叛国罪、间谍罪等纯粹的政治犯罪应当不被纳入可引渡的犯罪范围之中。而对于相对政治犯罪则存在较大争议，实践中的认定难度也较大。其中牵连的政治犯罪由于与政治犯罪只存在简单的牵连关系，如果一概认定为政治犯罪，明显涵盖的范围过于广泛，不利于国际刑事司法合作的开展，因此一般被排除在政治犯罪之外。比较难认定的是复合政治犯罪。在该类犯罪中，主观上的目的或者动机以及犯罪情节和手段所具有的政治属性是一个非常具

---

[1] 参见[日]森下忠：《国际刑法入门》，阮齐林译，中国人民公安大学出版社2004年版，第155页。

[2] 参见张玉珍：《"政治犯罪"概念探析》，载《齐鲁学刊》2000年第1期。

有弹性的概念。一方面，从扩大政府保护范围的角度来看，倾向于将复合政治犯罪纳入拒绝引渡的范畴之内；而另一方面从有利于国际刑事司法合作的角度来看，又应当限制复合政治犯罪的适用范围。这在劫机等犯罪中体现得尤为明显。

在张某海劫机案中，关键问题即为对政治犯罪的界定，是否认定张某海的劫机行为属于政治犯罪直接决定了该案能否成功引渡。张某海辩称其是因为政治原因亡命海外，[1]这种情形在学理上可以被归为复合政治犯罪，属于相对的政治犯罪。其与颠覆国家政权罪等纯粹的政治犯罪存在区别，认定其行为性质需要综合被请求国的法律及国际公约的规定。

在我国《刑法》中，劫持航空器罪本身属于危害公共安全的犯罪，并不属于危害国家安全的犯罪，即使认定为为了政治目的劫机，也属于复合的政治犯罪而非纯粹的政治犯罪。从我国刑法法益保护的角度来讲，可以对此种复合政治犯罪进行限缩解释，将其排除在引渡中的政治犯罪之外。许多国家法院在引渡实践中逐渐形成了对政治犯罪的判断标准，即罪犯声称的政治动机虽然可以被认定为其相关犯罪行为的主观意图，但并不足以使本质为普通犯罪的罪行上升为政治犯罪。[2]以危害旅客的生命安全和财产安全为方法劫持民用飞机的行为应当属于恐怖主义犯罪的范围，理应排除在政治犯罪之外。[3]虽然引渡具有很强的政治属性，在很大程度上取决于被请求国对相关规定的理解以及与本国利益之间的权衡，但打击恐怖主义是全球

---

[1] 参见黄风：《国际刑事司法合作的规则与实践》，北京大学出版社2008年版，第227页。

[2] 参见高健军：《国际恐怖主义与政治犯不引渡原则》，载《法学论坛》2000年第3期。

[3] 参见黄风：《引渡问题研究》，中国政法大学出版社2006年版，第14页。

的共同义务,如果大规模地否认劫机犯罪的引渡性,无疑是对恐怖主义的放纵,严重危害世界各国的利益。

因此,即使是在劫持民用航空器如此严重的犯罪行为之下,被请求引渡人也会竭力主张其行为存在某种政治目的或包含某种政治因素而逃避惩罚。为了有效打击公害类犯罪,应当尽可能地在犯罪认定过程中淡化政治因素,类似的劫机犯罪也应当被规定为原则上可以引渡的情形。从张某海劫机案的结果也可以看出国际社会对政治犯罪的泛化所进行的"非政治化"处理趋势。

四、政治犯罪的"非政治化"处理

为了避免犯罪分子利用"政治犯罪不引渡"原则逃避惩罚,也为了防止其他国家以庇护为由干涉其他国家的内政,国际社会对于"政治犯罪不引渡"原则的关注愈发集中在对该原则适用的限制上。各国普遍在实践中通过国内法或以缔结引渡条约的方式对政治犯罪进行"非政治化"处理,即对于某些犯罪明确规定不适用"政治犯罪不引渡"原则。从整体来看,国际社会对政治犯罪的"非政治化"处理主要有以下几种方式。

(一)明确排除不属于政治犯的类型

1. 直接申明某种行为不能作为政治犯罪来对待

首先,对暗杀或企图暗杀政府首脑或其家庭成员的犯罪不属于政治犯罪。我国在与不少国家签订的双边引渡条约中都对此进行了明确规定。[1]

其次,为了有效打击国际恐怖主义,国际社会普遍将恐怖主义犯罪排除在政治犯罪之外。恐怖主义是严重危害国际社会

---

[1] 参见《中华人民共和国和泰王国引渡条约》第3条第1款、《中华人民共和国和柬埔寨王国引渡条约》第3条第1款、《中华人民共和国和巴基斯坦伊斯兰共和国引渡条约》第3条第1款。

整体利益的犯罪，世界范围内也通过了不少规定恐怖主义犯罪不适用"政治犯罪不引渡"原则的国际公约。例如 1963 年在东京签订的《关于在航空器内的犯罪和犯有某些其他行为的公约》(Convention on Offences and Certain Other Acts Committed on Board Aircraft)、1970 年在海牙签署的《关于制止非法劫持航空器公约》、1971 年在蒙特利尔签署的《关于制止危害民用航空安全的非法行为的公约》、1973 年《关于防止和惩处侵害应受国际保护人员包括外交代表的罪行的公约》、1977 年《惩治恐怖主义的欧洲公约》(Council of Europe Convention on the Prevention of Terrorism)、1979 年《反对劫持人质国际公约》、1997 年《制止恐怖主义爆炸的国际公约》、1999 年《制止向恐怖主义提供资助的国际公约》以及 2000 年《联合国打击跨国有组织犯罪公约》等。除以上国际公约之外，我国在与其他国家签订的引渡条约中也通常将恐怖主义犯罪明确排除在"政治犯罪不引渡"原则的适用范围之外。[1]

最后，各国也普遍将灭绝种族罪排除在政治犯罪之外。灭绝种族罪对公民的危害性极大，虽然一般也带有浓重的政治意味和民族因素，但国际社会仍普遍将其排除在政治犯罪之外。《防止及惩治灭绝种族罪公约》明确禁止在引渡问题上将公约所列举的各种危害种族的行为视为政治性犯罪，[2] 包括灭绝种族、

---

[1] 参见《中华人民共和国和阿尔及利亚民主人民共和国引渡条约》第 3 条第 1 款、《中华人民共和国和阿富汗伊斯兰共和国引渡条约》第 3 条第 1 款、《中华人民共和国和波斯尼亚和黑塞哥维那引渡条约》第 3 条第 1 款、《中华人民共和国和西班牙王国引渡条约》第 3 条第 1 款、《中华人民共和国和意大利共和国引渡条约》第 3 条第 1 款。

[2] 参见《防止及惩治灭绝种族罪公约》第 7 条："灭绝种族罪及第三条所列其他行为不得视为政治罪行，俾便引渡。缔约国承诺遇有此类案件时，各依照其本国法律及现行条约，予以引渡。"

预谋灭绝种族、直接公然煽动灭绝种族、意图灭绝种族以及共谋灭绝种族。[1]此外,《禁止并惩治种族隔离罪行国际公约》也规定禁止将该公约规定的种族隔离的罪行视为政治犯罪。[2]

2. 直接规定所有的行为均为可引渡之罪

为了严厉打击某种类型的犯罪,有的国际公约直接将与其有关的一切行为规定为可引渡的罪行。根据《禁止酷刑和其他残忍、不人道或有辱人格的待遇或处罚公约》的规定,一切酷刑行为或有施行酷刑之意图以及任何人合谋或参与酷刑的行为均应视为属于各缔约国间现有的任何引渡条约所列的可引渡的

---

[1] 参见《防止及惩治灭绝种族罪公约》第3条。

[2] 参见《禁止并惩治种族隔离罪行国际公约》第11条:"1. 就引渡而言,本公约第二条所列举的行为不应视为政治罪。2. 本公约缔约国承诺遇此等情形时,依照本国法律和现行条约,准予引渡。"该公约第2条:"为本公约的目的,所谓'种族隔离的罪行',应包括与南部非洲境内所推行的种族分离和种族歧视的类似政策和办法,是指为建立和维持一个种族团体对任何其他种族团体的主宰地位,并且有计划地压迫他们,而作出的下列不人道行为:(a)用下列方式剥夺一个或一个以上种族团体的一个或一个以上成员的生命和人身自由的权利:(一)杀害一个或一个以上种族团体的成员;(二)使一个或一个以上种族团体的成员受到身体上或心理上的严重伤害,侵犯他们的自由或尊严,或者严厉拷打他们或使他们受残酷、不人道或屈辱的待遇或刑罚;(三)任意逮捕和非法监禁一个或一个以上种族团体的成员;(b)对一个或一个以上种族团体故意加以旨在使其全部或局部灭绝的生活条件;(c)任何立法措施及其他措施,旨在阻止一个或一个以上的种族团体参与该国政治、社会、经济和文化生活者,以及故意造成条件,以阻止一个或一个以上这种团体的充分发展,特别是剥夺一个或一个以上种族团体的成员的基本人权和自由,包括工作的权利、组织已获承认的工会的权利、受教育的权利、离开和返回自己国家的权利、享有国籍的权利、自由迁移和居住的权利、自由主张和表达的权利以及自由和平集会和结社的权利;(d)任何措施,包括立法措施,旨在用下列方法按照种族界线分化人民者:为一个或一个以上种族团体的成员建立单独的保留区或居住区,禁止不同种族团体的成员互相通婚,没收属于一个或一个以上种族团体或其成员的地产;(e)剥削一个或一个以上种族团体的成员的劳力,特别是强迫劳动;(f)迫害反对种族隔离的组织或个人,剥夺其基本权利和自由。"

罪行，且各缔约国有义务将此种罪行作为可引渡罪行列入将来各国之间缔结的所有引渡条约。[1]此外，《关于制止非法劫持航空器的公约》也有类似规定。[2]

与此不同的是，有的公约规定只有在缔约国将本公约作为引渡依据时才不得将公约内所规定的犯罪视为政治犯罪。例如2003年《联合国反腐败公约》规定："本条适用的各项犯罪均应当视为缔约国之间现行任何引渡条约中可以引渡的犯罪。缔约国承诺将这种犯罪作为可以引渡的犯罪列入它们之间将缔结的每一项引渡条约。在以本条约作为引渡依据时，如果缔约国本国法律允许，根据本公约确立的任何犯罪均不应当视为政治犯罪。"[3]

我国在与其他国家签订的双边引渡条约中遵从了国际社会的普遍做法，大都规定公约所规定的国际犯罪不构成政治犯罪。例如我国与巴西签订的引渡条约规定，"双方均为缔约国的国际公约不视为政治犯罪的罪行在任何情况下均不被认为是政治犯罪"。[4]

3. 穷尽性地规定不能构成任何政治犯罪

为了更加彻底地落实对政治犯罪的限制，一些公约还通过穷尽式列举的方式规定不构成政治犯罪的情形。1996年《欧盟

---

[1] 参见《禁止酷刑和其他残忍、不人道或有辱人格的待遇或处罚公约》第8条第1款："第4条所指各种罪行应视为属于各缔约国间现有的任何引渡条约所列的可引渡罪行。各缔约国有义务将此种罪行作为可引渡罪行列入将来互相之间缔结的所有引渡条约。"该公约第4条第1款规定："每一缔约国应保证，凡一切酷刑行为均应定为触犯刑法罪。该项规定也应适用于有施行酷刑之意图以及任何人合谋或参与酷刑之行为。"

[2] 参见《关于制止非法劫持航空器的公约》第8条第1款："前述罪行应看作是包括在缔约各国间现有引渡条约中的一种可引渡的罪行。缔约各国承允将此种罪行作为一种可引渡的罪行列入它们之间将要缔结的每一项引渡条约中。"

[3] 《联合国反腐败公约》第44条第4款。

[4] 《中华人民共和国和巴西联邦共和国引渡条约》第3条第2款。

成员国间引渡公约》规定："为适用本公约之目的，被请求成员国不得视任何犯罪为政治犯罪、与政治犯罪有关的犯罪或基于政治动机的犯罪。"[1]《制止恐怖主义爆炸的国际公约》明确列举了不得视为政治罪行、同政治罪行有关的罪行或由政治动机引起的罪行的犯罪。[2] 此种规定为最严格意义上的排除模式，将复合的政治犯、牵连的政治犯等都排除在外，由此也可以看出国际法上对政治犯罪的认定标准趋于严格。

（二）腐败犯罪的"非政治化"

近些年来，随着全球经济的迅猛发展，腐败犯罪已经不再是局限于某一国的国内法律问题，而是发展为世界范围内牵涉较广的犯罪行为。除公职人员的腐败外，商业组织的腐败也日趋猖獗，而且随着跨国公司的增多，腐败犯罪已经呈现出全球化的趋势。对于贪污贿赂等腐败犯罪在适用引渡时，是否应当将其排除在"政治犯罪不引渡"原则的适用范围之外，一直存在争议。许多腐败犯罪人员以"政治犯罪不引渡"原则为由寻求其他国家的庇护，也为国际追逃工作带来诸多挑战。

实践中，部分国家常以腐败犯罪分子涉及政治犯罪为由拒绝我国向其提出的引渡请求。我国旗帜鲜明地支持将腐败犯罪排除在政治犯罪之外，对腐败犯罪的公职人员不适用"政治犯罪不引渡"原则，这并非我国特有的主张，而是国际社会的通

---

[1] Convention on Extradition between Member States, article 5 (1): "For the purposes of applying this Convention, no offence may be regarded by the requested Member State as a political offence, as an offence connected with a political offence or an offence inspired by political motives."

[2] 参见《制止恐怖主义爆炸事件的国际公约》第11条："为了引渡或相互法律协助的目的，第2条所列的任何罪行不得视为政治罪行、同政治罪行有关的罪行或由政治动机引起的罪行。因此，就此种罪行提出的引渡或相互法律协助的要求，不可只以其涉及政治罪行、同政治罪行有关的罪行或由政治动机引起的罪行为由而加以拒绝。"

行惯例。比如1996年签订的《美洲国家间反腐败公约》是世界上第一个以打击公务人员和政治领导人员贪污腐败行为为主要对象的国际公约。根据该公约的规定，如果因某一腐败行为而取得或者由此产生的财物被打算用于政治目的，或者声称某一腐败行为是出于政治原因或者目的而实施的，上述事实本身不足以使得有关行为成为政治犯罪或与政治犯罪有关的普通犯罪。[1]以上规定将腐败犯罪排除在政治犯罪范围之外，使得腐败犯罪分子无法再借"政治犯罪不引渡"原则为由逃避处罚。

除此之外，为了防止腐败犯罪人员利用政治因素为自己的罪行开脱，《联合国反腐败公约》亦含有腐败犯罪不应视之为政治犯罪的相关规定。[2]可见，将腐败犯罪"非政治化"的处理方式已经成为国际社会的另一种通行做法，我国并非个例。腐败犯罪的"非政治化"处理为我国的海外追逃追赃工作扫平了障碍。

第二节　军事犯罪不引渡

军事犯罪不引渡也是国际上在引渡领域中的一项通行做法，联合国《引渡示范条约》也将其列为不可引渡之罪。[3]军事犯

---

[1] See Inter-American Convention Against Corruption, article XVII, " For the purposes of articles XIII, XIV, XV and XVI of this Convention, the fact that the property obtained or derived from an act of corruption was intended for political purposes, or that it is alleged that an act of corruption was committed for political motives or purposes, shall not suffice in and of itself to qualify the act as a political offense or as a common offense related to a political offense."

[2] 参见《联合国反腐败公约》第44条第4款："本条适用的各项犯罪均应当视为缔约国之间现行任何引渡条约中的可以引渡的犯罪。缔约国承诺将这种犯罪作为可以引渡的犯罪列入它们之间将缔结的每一项引渡条约。在以本公约作为引渡依据时，如果缔约国本国法律允许，根据本公约确立的任何犯罪均不应当视为政治犯罪。"

[3] 参见《引渡示范条约》第3条（c）项："作为请求引渡原因的犯罪行为系军法范围内的罪行，而并非普通刑法范围内的罪行"，不得准予引渡。

罪不同于传统意义上的普通犯罪,其侵犯的一般是一国的军事利益或国防利益,常常带有鲜明的政治性。国际社会普遍基于军事犯罪违反国家规定的军事义务、侵犯国家的军事利益和国防利益为由将军事犯罪与普通犯罪加以严格区分,明确将其排除在国际刑事司法合作范围之外,因此一般不构成引渡的对象。

一、关于军事犯罪的理论争议

大多数国际公约和条约接受军事犯罪不引渡原则的主要原因在于军事犯罪违背双重犯罪原则,导致国与国之间缺乏合作的正当性。引渡合作的法理基础在于打击在世界范围内普遍构成犯罪且侵犯各国利益的行为,而军事利益明显与某个国家的利益紧密联系在一起,不具有普遍的危害性,因此缺少共同打击的基础。同时,针对军事犯罪进行引渡合作也缺乏现实的可能性。由于军事犯罪的特殊性,对军事犯罪的追诉也经常适用特殊的刑事程序,各国追诉军事犯罪的程序差异明显,降低了实践中军事犯罪引渡合作的可能性。

与"政治犯罪不引渡"原则的适用困境类似,军事犯罪不引渡原则的核心是如何认定军事犯罪的概念。学界对这一概念的界定大体可以分为以下几种观点。

第一,"大军事犯罪概念说"。该观点认为军事犯罪的范畴包括军人违反职责罪、军人实施的危害国防利益罪以及普通公民实施的危害国防利益罪。关于"军人实施的"概念,还包括军人实施的军人违反职责罪与危害国防利益罪以外的其他犯罪。[1]

第二,"危害国防利益罪和军人违反职责罪说"。该说对第

---

[1] 参见夏勇:《中国军事法学基础理论研究》,中国财政经济出版社2005年版,第180~181页。

一种学说进行了一定的限缩，将军人实施的普通犯罪排除在军事犯罪之外，目前持该种观点的著述较多。

第三，"军职罪说"。此种观点认为军事犯罪就是军人违反职责犯罪。[1]

第四，"广义狭义说"。此种学说实际上综合了上述学说二和学说三，认为狭义的军事犯罪仅指军人违反职责罪，广义的军事犯罪还包括危害国防利益罪。[2]

第五，"单纯军事犯罪说"。该观点认为单纯军事犯罪是指"军事人员违反军事义务，危害国家军事利益，应受刑罚处罚的行为"。[3]此处的"纯属军事犯罪"指的是"不含有任何普通犯罪要素的犯罪行为"。[4]

从以上分类可以看出，关于军事犯罪的概念主要围绕着犯罪主体的身份和犯罪所侵害的法益展开。关于军人基于职责所犯之罪争议不大，一般都认为构成军事犯罪即纯粹的军事犯罪。争议主要集中在非军人侵害国防利益以及军人犯其他罪应如何处理，这就需要从我国刑法的立法史中找寻答案。

二、我国对军事犯罪概念的界定

在现行《刑法》颁布之前，我国在1981年以《惩治军人违反职责罪暂行条例》（已失效）（以下简称《暂行条例》）规制

---

[1] 参见程长明、金桦楚：《试论军职罪的修改及其特点》，载《法学杂志》1997年第6期。

[2] 参见钱寿根、王继主编：《军事刑法学》，国防大学出版社2007年版，第105页。

[3] 柳华颖：《单纯军事犯罪概念之提倡》，载《西安政治学院学报》2008年第3期。

[4] 黄风：《国际刑事司法合作的规则与实践》，北京大学出版社2008年版，第56页。

军人犯罪，此时普通刑法与军事刑法分立，可以较为容易地判断军事犯罪的概念。1993年我国与泰国签订的双边引渡条约规定，"引渡请求所涉及的犯罪只是请求方军事法规中所规定的犯罪，而根据该方普通刑法不构成犯罪"的，不应根据本条约予以引渡。[1]此项规定对军事犯罪的概念和范围进行了较为明确的界定。在当时的历史背景下，《刑法》和《暂行条例》并存。按照《暂行条例》第2条的规定："中国人民解放军的现役军人，违反军人职责，危害国家军事利益，依照法律应当受刑罚处罚的行为，是军人违反职责罪……"因此，《中华人民共和国和泰王国引渡条约》中的定义具有特指性，军人违反了《暂行条例》的规定自然构成军事犯罪，此时认定军事犯罪则存在军人身份和违反《暂行条例》两个标准。可见，《暂行条例》采用的是纯军事犯罪的学说，军人的身份是构成军事犯罪的必要条件。

而现行《刑法》在1997年编纂时合并了普通刑法与军事刑法，普通犯罪和军事犯罪都被列入了我国《刑法》之中，这也导致1997年之前有关军事犯罪的概念自然无法沿用，但是其定义方式仍然具有可借鉴的意义。我国《刑法》分则除了第十章军人违反职责罪之外，还单独设立了第七章危害国防利益罪，这就使得军事犯罪的概念有了扩张的空间，即应当从犯罪主体的身份和侵犯的利益两个角度来认定军事犯罪。

根据上述标准，广义的军事犯罪被划分为两大部分：一部分是危害国防利益罪，另一部分是军人违反职责罪。后者在我国《刑法》中规定得非常明确，军人违反职责的行为肯定构成军事犯罪。[2]除此之外，还有四类行为也需要进一步分析：一

---

[1] 《中华人民共和国和泰王国引渡条约》第3条第3项。

[2] 参见《刑法》第420条："军人违反职责，危害国家军事利益，依照法律应当受刑罚处罚的行为，是军人违反职责罪。"

是非军人违反第七章规定构成犯罪的（非军人违反普通刑法的，不构成军事犯罪），比如煽动军人逃离部队罪，雇用逃离部队军人罪等，此种行为违反了军事义务，可能构成军事犯罪；二是非军人违反军事法规，实际上并不存在此种情形；三是军人违反普通刑法，不构成军事犯罪；四是军人违反我国《刑法》第七章规定的犯罪，应该构成军事犯罪。

除此之外，我国《刑法》在军事利益上还做出了战时和平时的划分，这体现在《刑法》第七章危害国防利益罪和第十章军人违反职责罪中。如果出现非军人违反了我国《刑法》第七章中平时军事义务的行为，比如接送不合格兵员、冒充军人招摇撞骗，或非军人违反了第七章中的战时军事义务，比如战时故意提供虚假敌情罪时，应该如何处理？从刑法解释的谦抑性角度来讲，非军人违反平时军事义务的行为不构成军事犯罪，而非军人违反战时军事义务的行为应当构成军事犯罪。如果行为主体是军人，由于第七章犯罪是军事义务之罪，则不论是战时还是非战时都应该构成军事犯罪。这是带有我国刑法特色的划分方式。

综上所述，按照法益、身份、战时/非战时三个标准，可以对我国刑法上的军事犯罪进行准确的划分，具体详见下表：

我国《刑法》中的军事犯罪

	普通犯罪	危害国防利益罪	危害国防利益罪	军人违反职责罪	军人违反职责罪
		平时	战时	平时	战时
军人	不构成	构成	构成	构成	构成
非军人	不构成	倾向于不构成	倾向于构成	不存在	不存在

三、军事犯罪不引渡在条约中的处理方式

我国《引渡法》明确将军事犯罪作为应当拒绝引渡的事由,[1]但是并没有明确规定军事犯罪的概念。我国签订的引渡条约中大多数对军事犯罪不引渡原则进行了更为细致的安排,采取了不同的表述方式,包括"纯属军事犯罪"[2]"仅构成军事罪"[3]或"所涉及的犯罪只是请求方军事法规中所规定的犯罪,而根据该方刑法不构成犯罪"[4]等类似表述。其中,部分条约对判断军事犯罪依据的国别法进行了规定,包括请求方法律,[5]或者被请求方法律,[6]部分条约未规定判断军事犯罪的国别法。[7]然而,仍有一些条约没有规定军事犯罪不引渡原则,此时可以按照我国《引渡法》的规定来处理。

实践中也可能出现被请求引渡人既犯有纯粹的军事犯罪又犯有其他普通犯罪,即军事犯罪和普通犯罪并存的情形。对此

---

[1] 参见《引渡法》第 8 条第 5 项:"根据中华人民共和国或者请求国法律,引渡请求所指的犯罪纯属军事犯罪的。"

[2] 参见《中华人民共和国和土耳其共和国引渡条约》第 3 条第 3 项、《中华人民共和国和蒙古国引渡条约》第 3 条第 4 项。

[3] 参见《中华人民共和国和秘鲁共和国引渡条约》第 3 条第 3 项、《中华人民共和国和南非共和国引渡条约》第 3 条第 4 项、《中华人民共和国和法兰西共和国引渡条约》第 3 条第 5 项。

[4] 参见《中华人民共和国和泰王国引渡条约》第 3 条第 3 项。

[5] 参见《中华人民共和国和秘鲁共和国引渡条约》第 3 条第 3 项、《中华人民共和国和泰王国引渡条约》第 3 条第 3 项。

[6] 参见《中华人民共和国和突尼斯共和国引渡条约》第 3 条第 1 款第 4 项、《中华人民共和国和西班牙王国引渡条约》第 3 条第 3 项、《中华人民共和国和意大利共和国引渡条约》第 3 条第 3 项、《中华人民共和国和印度尼西亚共和国引渡条约》第 3 条第 3 项。

[7] 参见《中华人民共和国和伊朗伊斯兰共和国引渡条约》。

应当按照特定性原则区别对待,如果被请求引渡人的行为依据请求国或者被请求国的军事法律都构成犯罪且均应予以处罚,但依据普通法律不构成刑事犯罪或不应予以处罚的,应当不予引渡;军人既违反军事法律又违反普通犯罪的,对于属于纯粹军事犯罪的部分,应当拒绝请求国提出的引渡请求,而对于其他普通犯罪行为,只要符合可引渡罪行的条件就可以对其进行引渡。如果军人只是单纯地违反普通法律而非军事法律,则不得将其视为军事犯,可对其准予引渡。

第三节 禁止不正当追诉目的

禁止基于"不正当追诉目的"的引渡又称防止迫害条款,在有些国家的国内法中也被称为"非分考虑"(extraneous considerations)条款。[1]该条款属于人权保护的范畴,适用范围较广。联合国《引渡示范条约》对这一内容进行了明示,将"被请求国有充分理由确信,提出引渡请求是为了某人的种族、宗教、国籍、族裔本源、政治见解、性别或身份等原因而欲对其进行起诉或惩处,或确信该人的地位会因其中任一原因而受到损害"作为拒绝引渡之强制性理由之一。[2]

---

[1] See UK Extradition Act 2003, article 81:"Extraneous considerations A person's extradition to a category 2 territory is barred by reason of extraneous considerations if (and only if) it appears that— (a) the request for his extradition (though purporting to be made on account of the extradition offence) is in fact made for the purpose of prosecuting or punishing him on account of his race, religion, nationality, gender, sexual orientation or political opinions, or (b) if extradited he might be prejudiced at his trial or punished, detained or restricted in his personal liberty by reason of his race, religion, nationality, gender, sexual orientation or political opinions."

[2] 参见《引渡示范条约》第3条(b)项。

一、"不正当追诉目的"的事由

我国《引渡法》对禁止不正当追诉目的原则也有规定,即"被请求引渡人可能因其种族、宗教、国籍、性别、政治见解或者身份等方面的原因而被提起刑事诉讼或者执行刑罚,或者被请求引渡人在司法程序中可能由于上述原因受到不公正待遇的",我国应当拒绝引渡。[1]在我国与外国签订的绝大多数引渡条约中均将"不正当追诉目的"规定为绝对不引渡事项,[2]但也仍有一部分条约对此没有规定。[3]

从发展趋势来看,"不正当追诉目的"的事由在不断被扩大。除联合国《引渡示范条约》规定的种族、宗教、国籍、政治等因素外,随着世界各国对人权保护的加强,可能导致不公正待遇的理由越来越多,肤色、语言、性取向、智力或者身体状况等也被部分国家列入"不正当追诉目的"之中。例如,1999年《加拿大引渡法》将"肤色""语言"以及"智力或者身体残疾状况"都列入可能导致不正当追诉的情形之中。[4]1999年的《新西兰引

---

[1] 参见《引渡法》第8条第4项。

[2] 参见《中华人民共和国和埃塞俄比亚联邦民主共和国引渡条约》第3条第1款第2项、《中华人民共和国和法兰西共和国引渡条约》第3条第2项、《中华人民共和国和泰王国引渡条约》第3条第2项等。

[3] 如《中华人民共和国和俄罗斯联邦引渡条约》《中华人民共和国和吉尔吉斯共和国引渡条约》《中华人民共和国和乌克兰引渡条约》《中华人民共和国和乌兹别克斯坦共和国引渡条约》等。

[4] See Extradition Act, article 44 (1): "The Minister shall refuse to make a surrender order if the Minister is satisfied that (a) the surrender would be unjust or oppressive having regard to all the relevant circumstances; or (b) the request for extradition is made for the purpose of prosecuting or punishing the person by reason of their race, religion, nationality, ethnic origin, language, colour, political opinion, sex, sexual orientation, age, mental or physical disability or status or that the person's position may be prejudiced for any of those reasons."

渡法》则规定当被请求引渡人因为精神疾病被拘留在精神病院时，应当禁止引渡。[1]除此之外，《英国2003年引渡法》还明确禁止因以被请求引渡人的性取向为由对其进行追诉或处罚。[2]

从我国《引渡法》的规定中可以看出，有两类不正当的事由可以构成不正当的追诉理由。一是从实体角度出发，若对被请求引渡人进行追诉和处罚是出于种族、宗教、国籍、性别、政治见解或者身份等方面的非分考虑，应当拒绝引渡。二是从程序角度出发，若因为以上非分考虑原因被请求引渡人在司法程序中可能受到不公正待遇的，也属于应当拒绝引渡的不正当事由。诉讼程序本身就具有保障人权的价值，如果诉讼程序受到这些非分因素的影响，诉讼的过程就是对被请求引渡人权利的侵犯。而且正当的诉讼程序是最终实体结果的保障，扭曲的程序很有可能会产生不公正的结果。因此，无论是从实体还是程序上来看，对于不正当目的的追诉均应当拒绝引渡。

二、不正当追诉目的的证明标准

作为拒绝引渡的事由，我国《引渡法》并没有要求以上不正当目的实际存在。换句话说，如果被请求引渡人存在可能因其种族、宗教、国籍、性别、政治见解或者身份等因素被非法

---

[1] See Extradition Act 1999, article 7: "A mandatory restriction on surrender exists if— (f) the person is detained in a hospital as a special patient within the meaning of that term in section 2 (1) of the Mental Health (Compulsory Assessment and Treatment) Act 1992."

[2] See Extradition Act 2003, article 13: "A person's extradition to a category 1 territory is barred by reason of extraneous considerations if (and only if) it appears that… (b) if extradited he might be prejudiced at his trial or punished, detained or restricted in his personal liberty by reason of his race, religion, nationality, gender, sexual orientation or political opinions."

迫害的可能性，即可以拒绝引渡。从对不正当追诉目的条款的证明来看，联合国《引渡示范条约》与我国《引渡法》不同，《引渡示范条约》采用的标准是"有充分理由相信"，[1]而我国《引渡法》规定的表述是"可能"。[2]"可能"是一个相对较低的证明标准，而"有充分理由相信"或"有实质理由认为"则明显高于我国《引渡法》所列的标准。

与《引渡法》的表述不同，我国在签订的绝大多数条约中都是用了"有充分理由相信"的表述。这些条约一般都是从实体和程序两个方面展开。比如，《中华人民共和国和蒙古国引渡条约》第3条第3项规定："被请求方有充分理由认为，请求方提出的引渡请求旨在对被请求引渡人因其种族、宗教、国籍、性别或政治见解而提起刑事诉讼或执行刑罚，或者被请求引渡人在诉讼程序中的地位将会因上述任何一项原因而受到损害。"只有在极个别情况下才使用了"可能"，比如《中华人民共和国和突尼斯共和国引渡条约》在程序部分规定"或该人在对其进行的刑事诉讼中的地位可能由于上述任何原因而受到损害"。[3]

从有利于国际刑事司法合作的角度来看，"不正当追诉目的"所包含的内容本身较为庞杂，弹性极大，如果此时再采用较低的证明标准，确实不利于引渡司法合作的开展。除此之外，由于以上两种证明标准均缺乏清晰的界定，主管机关在对此进行解释时具有较大的自由裁量权。以上因素都使得不当追诉目

---

[1] See Model Treaty on Extradition, article 3 (b): "If the requested State has substantial grounds for believing that the request for extradition has been made for the purpose of prosecuting or punishing a person on account of that person's race, religion, nationality, ethnic, origin, political opinions, sex or status, or that that person's position may be prejudiced for any of those reasons".

[2] 参见《引渡法》第8条第4项。

[3] 《中华人民共和国和突尼斯共和国引渡条约》第3条第1款第5项。

的不引渡原则在适用中存在较大的不确定性。

三、"不正当追诉目的"与"政治犯罪不引渡"的关系

实践中"不正当追诉目的"条款与"政治犯罪不引渡"原则之间存在交叉重合之处,"不正当追诉目的"本身就包含政治目的引渡。但这两个原则的区别也是明显的,二者属于独立的条款,制度目的也并不相同。"不正当追诉目的"条款针对的是请求国的追诉活动,目的是防止产生侵犯被请求引渡人基本人权的后果;而"政治犯罪不引渡"原则强调的主要是被请求引渡人的行为。"不正当追诉目的"所蕴含的人权保障原则具有较强的效力,这点从其与"政治犯罪不引渡"原则的关系中可见一斑。政治犯罪指的是犯罪行为本身具有政治属性,主要是从犯罪行为性质的角度来界定拒绝引渡的理由,而"不正当追诉目的"原则的适用范围则更为广阔,涵盖了实体和程序两个方面。

"政治犯罪不引渡"与"不正当追诉目的不引渡"的适用本不处于同一层面,然而在有些情况下,不正当追诉原则甚至比"政治犯罪不引渡"原则更具有刚性。"政治犯罪不引渡"虽然是引渡领域的一项通用原则,但是对于反人类罪、恐怖主义爆炸等行为,国际条约均明确规定对于以上犯罪不能作为政治犯罪来处理,实际上是突破了"政治犯罪不引渡"原则。但是同样面对恐怖主义爆炸的行为,如果存在不正当的追诉目的,根据《制止恐怖主义爆炸的国际公约》的规定依旧不能引渡。[1]从这

---

〔1〕 参见《制止恐怖主义爆炸的国际公约》第12条:"如被请求的缔约国有实质理由认为,请求为第2条所列罪行进行引渡或请求为此种罪行进行相互法律协助的目的是因某人的种族、宗教、国籍、族裔或政治观点而对该人进行起诉或惩罚,或认为顺从这一请求将使该人的情况因上述理由受到损害,则本公约的任何条款不应被解释为规定该国有引渡或提供相互法律协助的义务。"

个角度来讲，不正当追诉目的条款的刚性要大于"政治犯罪不引渡"原则。

第四节 酷刑或迫害不引渡

被请求引渡人可能在请求国遭受酷刑或者其他迫害则不能予以引渡，已经成为一条国际上的通用原则。引渡的目的是惩罚犯罪，使被请求引渡人承担相应的刑事责任，但将应受刑罚之外的酷刑施加于被请求引渡人，使其承担额外的"责任"显然是不可取的。联合国《引渡示范条约》也对其进行了明确的规定，即"被要求引渡者在请求国内曾受到或将会受到酷刑或其他残忍、不人道或有辱人格的待遇或处罚，或者没有得到或不会得到《公民权利和政治权利国际公约》第14条所载的刑事诉讼程序中的最低限度保障"时，被请求国应当拒绝引渡。[1]

一、酷刑不引渡原则的发展历史

尽管酷刑是现代国际社会公认的严重侵犯人权的罪行，但在历史上，酷刑曾长期被国家用来作为惩罚犯罪嫌疑人和罪犯的合法手段，是维护封建专制的工具。以阶级报复主义为中心的刑罚制度普遍采用酷刑。[2]随着人类文明的进步和人权保障意识的觉醒，世界各国开始逐步废除酷刑，酷刑也逐渐"失去了在国内法中的合法地位"[3]。受国际人权法的影响，许多国际公约都规定国家负有禁止酷刑的义务，比如《公民权利和政

---

〔1〕 参见《引渡示范条约》第3条（f）项。
〔2〕 参见周密：《中国刑法史纲》，北京大学出版社1998年版，第8页。
〔3〕 马呈元：《国际刑法论》（增订版），中国政法大学出版社2013年版，第403~404页。

治权利国际公约》[1]（International Covenant on Civil and Political Rights）和《欧洲人权公约》（European Convention on Human Rights）均规定任何人不得加以酷刑或施以残忍的、不人道的或侮辱性的待遇或刑罚。[2]除此之外，联合国大会于1948年通过的《世界人权宣言》（Universal Declaration of Human Rights）也对此进行了规定。[3]但是，以上公约和宣言均未将规定中的行为上升至犯罪层面。直到联合国大会1975年12月9日通过的《保护人人不受酷刑和其他残忍、不人道或有辱人格待遇或处罚宣言》（Declaration on the Protection of All Persons from Being Subjected to Torture and Other Cruel, Inhuman or Degrading Treatment or Punishment）才明确规定实施酷刑的行为构成犯罪，即"每一个国家应保证第一条所指的一切酷刑行为都是违反其刑法的行为。关于参与、共谋、怂恿或企图施行酷刑的一切行为，也一概以违犯刑法论"。[4]

禁止酷刑的做法也自然而然地体现在引渡法中，在引渡领域逐渐形成了包括酷刑不引渡、禁止歧视等在内的以保护被请求引渡人人权为基本价值导向的基本原则。[5]酷刑不引渡原则

---

[1] 本公约于1966年12月16日签订，1976年3月23日生效，我国于1998年10月5日签署该公约。

[2] 参见《公民权利和政治权利国际公约》第7条："任何人不得施以酷刑，或予以残忍、不人道或侮辱之处遇或惩罚。非经本人自愿同意，尤不得对任何人做医学或科学实验。"See European Convention on Human Rights, article 3: "No one shall be subjected to torture or to inhuman or degrading treatment or punishment."

[3] See Universal Declaration of Human Rights, article 5: "No one shall be subjected to torture or to cruel, inhuman or degrading treatment or punishment."

[4] 《保护人人不受酷刑和其他残忍、不人道或有辱人格待遇或处罚宣言》第7条。

[5] 参见孙萌、荆超：《国际人权法对引渡原则的影响》，载《人权法学》2024年第1期。

被纳入越来越多的国际公约、双边引渡条约和各国国内法中，最具代表性的公约则为《禁止酷刑和其他残忍、不人道或有辱人格的待遇或处罚公约》，该公约明确规定："如有充分理由相信任何人在另一国家将有遭受酷刑的危险时，任何缔约国不得将该人驱逐、推回或引渡至该国。"[1]除此之外，《引渡示范条约》也规定，"被要求引渡者在请求国内曾受到或将会受到酷刑或其他残忍、不人道或有辱人格的待遇或处罚，或者没有得到或不会得到《公民权利和政治权利国际公约》第14条所载的刑事诉讼程序中的最低限度保障"时，被请求国应当拒绝引渡。[2]酷刑不引渡原则逐渐成为在引渡方面国际合作中的一条通用原则。

引渡合作中的所有缔约国均可直接援引《禁止酷刑和其他残忍、不人道或有辱人格的待遇或处罚公约》的规定以拒绝请求国的引渡请求。如上所述，该公约第3条第1款强调被请求国有充分理由相信存在酷刑的危险是构成拒绝引渡的基础，第2款又对"有充分理由相信"给出了可考量的因素，即"为了确定是否有这种理由，主管当局应考虑到所有有关的因素，包括在可适用情况下，考虑到在有关国家内是否存在一贯严重、公然或大规模侵犯人权的情况"。两个条款的综合适用实际上体现出《禁止酷刑和其他残忍、不人道或有辱人格的待遇或处罚公约》对适用酷刑不引渡原则的谨慎态度。

虽然酷刑不引渡原则在全世界范围内被广为接受，但是在具体的实践操作中仍有许多问题需要进一步得到解决，其中首要的便是酷刑概念的界定问题。

---

[1] 《禁止酷刑和其他残忍、不人道或有辱人格的待遇或处罚公约》第3条第1款。

[2] 参见《引渡示范条约》第3条（f）款。

二、酷刑的认定

酷刑是一个颇为开放的概念。从目的上来讲，酷刑一般分为两种情形：一种是在定罪前或者定罪后，为了从证人或者被告处获取证据；另一种则是直接作为惩罚的一部分。[1]"酷刑"这一概念在国际公约中最早出现于1975年通过的《保护人人不受酷刑和其他残忍、不人道或有辱人格待遇或处罚宣言》，其详细阐述了酷刑的概念内涵，即"为本宣言目的，酷刑是指政府官员或在他怂恿之下，对一个人故意施加的任何使他在肉体上或精神上极度痛苦或苦难，以谋从他或第三者取得情报或招认，或对他做过的或涉嫌做过的事加以处罚，或对他或别的人施加恐吓的行为。按照囚犯待遇最低限度标准规则施行合法处罚而引起的、必然产生的或随之而来的痛苦或苦难不在此列"。[2]另外，"酷刑是过分严厉的、故意施加的、残忍、不人道或有辱人格的待遇或处罚"。[3]1984年的《禁止酷刑和其他残忍、不人道或有辱人格的待遇或处罚公约》对酷刑的定义作了进一步界定，即"就本公约而言，'酷刑'一词系指为了从某人或第三者取得情报或供状，为了他或第三者所作或被怀疑所作的行为对他加以处罚，或为了恐吓或威胁他或第三者，或为了基于任何一种歧视的任何理由，蓄意使他在肉体或精神上遭受剧烈疼痛或痛苦的任何行为，而这种疼痛或痛苦是在公职人员或以官方

---

[1] 参见〔美〕马克·P.唐纳利、丹尼尔·迪尔：《人类酷刑简史》，张恒杰译，中国友谊出版公司2018年版，第3页。
[2] 《保护人人不受酷刑和其他残忍、不人道或有辱人格待遇或处罚宣言》第1条第1款。
[3] 《保护人人不受酷刑和其他残忍、不人道或有辱人格待遇或处罚宣言》第1条第2款。

身份行使职权的其他人所造成或在其唆使、同意或默许下造成的。纯因法律制裁而引起或法律制裁所固有或随附的疼痛或痛苦则不包括在内"。[1]

结合以上国际公约的定义和国际刑事司法合作实践，关于酷刑的概念有以下几个方面需要注意。

第一，根据《禁止酷刑和其他残忍、不人道或有辱人格的待遇或处罚公约》，关于"酷刑"定义的规定"并不妨碍会有或可能会有适用范围更广泛的规定的任何文书或国家法律"。[2]因此，该定义可以被视为国际法上关于酷刑犯罪的最低国际标准，各国完全可以在该标准之上确定本国的标准。

第二，纯因法律制裁而引起或法律制裁所固有的或附带的疼痛或痛苦不包括在酷刑范围内。根据前述《保护人人不受酷刑和其他残忍、不人道或有辱人格待遇或处罚宣言》的规定，应按照囚犯待遇最低限度标准规则施行合法处罚。这就为许多国家的刑罚留下了解释的空间，也尊重了世界各国刑罚的多样性。

第三，虽然一般被统称为酷刑不引渡原则，但是在具体的内容上，酷刑与"其他残忍、不人道或者有辱人格的待遇或者处罚"之间存在一定的区别。相较于酷刑，"其他残忍、不人道或者有辱人格的待遇或者处罚"则是更为模糊的概念，一般认为其是一种强度更低的非法手段。1979年12月17日联合国大会通过的《执法人员行为守则》（Code of Conduct for Law Enforcement Officials）对此进行了解释，即"大会对'残忍、不人

---

〔1〕《禁止酷刑和其他残忍、不人道或有辱人格的待遇或处罚公约》第1条第1款。

〔2〕参见《禁止酷刑和其他残忍、不人道或有辱人格的待遇或处罚公约》第1条第2款。

道或有辱人格的待遇或处罚'一语还没有下定义,但应解释为尽可能最广泛地防止虐待,无论是肉体上的或是精神上的虐待"。[1]

第四,酷刑行为与酷刑罪之间存在差别。条约中的酷刑指的是一种行为而非一个罪名。具体而言,在认定被告人责任时,首先要确定该行为是实际存在的,其次再根据相关国家的法律或国际条约等规范确定酷刑行为的具体罪名。而酷刑罪作为一个具体罪名,在确定行为人实施了相关行为的基础上,可以直接以酷刑罪归罪,从而使其承担相应的刑事责任。换言之,酷刑罪包含了酷刑行为,但实施酷刑行为并不必然构成国际刑法意义上的酷刑罪。然而,《禁止酷刑和其他残忍、不人道或有辱人格的待遇或处罚公约》则要求"每一缔约国应保证,凡一切酷刑行为均应定为触犯刑法罪"[2],并且"每一缔约国应根据性质的严重程度,对上述罪行加以适当惩处"。[3]该公约对酷刑罪的定义被认为具有习惯国际法的地位。[4]有学者基于构成罪名的酷刑行为是否具有广泛性而将其区分为构成战争罪的酷刑行为、构成危害人类罪的酷刑行为以及除二者之外的其他酷刑犯罪行为,而不能统一以单一的酷刑罪进行认定。[5]

---

[1] 《执法人员行为守则》第5条(c)项。

[2] 《禁止酷刑和其他残忍、不人道或有辱人格的待遇或处罚公约》第4条第1款。

[3] 《禁止酷刑和其他残忍、不人道或有辱人格的待遇或处罚公约》第4条第2款。

[4] See Prosecutor v. Dragoljub Kunarac, Radomir Kovac and Zoran Vukovic Judgment, para 146.

[5] 参见王秀梅等:《国际刑事审判案例与学理分析》(第1卷),中国法制出版社2007年版,第216页。

三、死刑与酷刑的关系

死刑是否属于酷刑,一直以来都是争论的焦点。这不仅只是文字之争,而是直接涉及"死刑不引渡"原则的适用,因此是国际刑事司法合作中的重要话题。产生这种争论的主要原因在于各国对于酷刑的认定标准不同。概括而言,部分观点认为死刑属于酷刑的一种,也正因如此,世界各国普遍呼吁应当废除被认为是"极具残忍性"的死刑;另一种观点则认为死刑并不属于酷刑的范畴。在许多保留了死刑的国家中,死刑属于法律明文规定的刑罚之一,当然不会将死刑认定为酷刑。

我国《引渡法》只将"被请求引渡人在请求国曾经遭受或者可能遭受酷刑或者其他残忍、不人道或者有辱人格的待遇或者处罚的"规定为应当拒绝引渡的情形,[1]从该款规定中并不能论证出"死刑不引渡"原则。换言之,死刑是否应纳入"酷刑或者其他残忍、不人道或者有辱人格的待遇或者处罚"的范围之内,在我国《引渡法》中并不明确,在实践中也成为阻碍我国与部分废除死刑国家之间开展刑事司法合作的重要因素。无论是从国际公约还是国内法来看,死刑并不是酷刑,也不应当成为开展国际刑事司法合作的阻碍因素。

首先,从概念上来讲死刑不属于酷刑,二者不能等同视之。其一,二者的目的不同。死刑的目的是以剥夺生命的方式使犯罪人因其触犯法律的行为受到应有的法律制裁,而酷刑则是基于其他非法目的。其二,二者的实施主体不同。死刑是一国司法机关基于国内法对犯罪人判处的刑罚,应当由有权的机关予以执行,其主体是国家机关,而实施酷刑的主体则有可能是个

---

[1] 参见《引渡法》第8条第7项。

人或者机关、组织等。

其次,死刑与酷刑的地位并不相同。根据《禁止酷刑和其他残忍、不人道或有辱人格的待遇或处罚公约》的规定,"酷刑"应当是"为了基于任何一种歧视的任何理由,蓄意使他在肉体或精神上遭受剧烈疼痛或痛苦的任何行为",此种行为必定是法律所不予允许的,缺乏法律上的正当性。这也正是该公约明确将"纯因法律制裁而引起或法律制裁所固有或随附的疼痛或痛苦"排除在"酷刑"之外的原因。由此可见,此处所指的"酷刑"明显不同于在法律体系中具有合法依据的死刑,"专指基于非法目的在国家刑罚制度之外滥用的'私刑'"[1]。

最后,从国际刑事司法合作的实践来看,酷刑不引渡原则与"死刑不引渡"原则也并不相同。联合国《引渡示范条约》选择将"死刑不引渡"问题规定在了"拒绝引渡之任择理由",[2]而"酷刑或者其他残忍、不人道或有辱人格的待遇或者处罚"却规定在该条约关于"拒绝引渡之强制性理由"中,[3]这说明二者独立存在,并不能相互替代。另外,在国际刑事司法合作实践中,保留死刑的国家与废除死刑的国家之间也都存在成功引渡的事实。与联合国《引渡示范条约》及世界上一些国家

---

[1] 李翔:《国际刑法中国化问题研究》,法律出版社 2009 年版,第 222 页。
[2] 参见《引渡示范条约》第 4 条 (d) 项:"按请求国的法律作为请求引渡原因的罪行应判处死刑,除非该国作出被请求国认为是充分的保证,表示不会判处死刑,或即使判处死刑,也不会予以执行。" (f) 项:"……如被请求国据此拒绝引渡,则应在对方提出请求的情况下将此案交由其本国主管当局审理,以便就作为请求引渡原因的罪行对该人采取适当行动。"
[3] 参见《引渡示范条约》第 3 条 (f) 项:"被要求引渡者在请求国内曾受到或将会受到酷刑或其他残忍、不人道或有辱人格的待遇或处罚,或者没有得到或不会得到《公民权利和政治权利国际公约》第 14 条所载的刑事诉讼程序中的最低限度保障。"

明确规定的"死刑不引渡"原则不同,我国《引渡法》并没有明文规定"死刑不引渡"原则,我国主要通过酷刑不引渡原则来对其进行间接规定。我国《引渡法》中的"酷刑或者其他残忍、不人道或者有辱人格的待遇或者处罚"[1]应当包括两层含义:一是使人遭受肉体上剧烈疼痛的行为;二是使人遭受精神上痛苦折磨的行为。以上行为既可以是在刑讯过程中产生的,也可以发生在定罪后的处罚阶段。从此种意义上来看,如果执行死刑的方式过于残忍导致人遭受肉体上或精神上的折磨,也应当被认为是酷刑的一种,进而拒绝引渡。[2]另外值得注意的是,我国《刑法》第383条第4款关于贪污罪的处罚规定为"犯第一款罪,有第三项规定情形被判处死刑缓期执行的,人民法院根据犯罪情节等情况可以同时决定在其死刑缓期执行二年期满依法减为无期徒刑后,终身监禁,不得减刑、假释",随着这一条款的逐渐适用,涉及对职务犯罪不得减刑、假释的刑罚是否会被认为是一种酷刑也面临着国际刑事司法合作的检验。

综上,死刑并不属于法律规定的酷刑,也不能因为一国保留死刑就认为其与废除死刑的国家之间无法展开合作。但是,也应当从有关死刑与酷刑二者关系的长期争议中看出国际社会对死刑制度的担忧。死刑作为犯罪人对其行为所负刑事责任的一种刑罚方式,只有在罪行极其严重的时候才能予以适用。除此之外,也应当注意执行死刑方式的适当性,不能以极为残忍、一般社会公众所不能接受的方式来执行死刑,将法定刑异化为酷刑。

---

[1] 参见《引渡法》第8条第7项。
[2] 参见黄风:《引渡问题研究》,中国政法大学出版社2006年版,第70~71页。

四、我国对酷刑不引渡原则的实践

我国《引渡法》中对酷刑不引渡原则的规定是对于我国于1988年加入的《禁止酷刑和其他残忍、不人道或有辱人格的待遇或处罚公约》的重申，体现了我国对被请求引渡人基本人权的尊重和保护。该条规定不仅涵盖了被请求引渡人将来可能遭受酷刑的情形，同时也包括其曾经遭受酷刑的情形，体现了我国对被请求引渡人免受酷刑风险的全方位保护。如果被请求引渡人曾经在请求国遭受过酷刑，其在该国再次遭受酷刑的可能性极大，因此不论此次被引渡是否会遭受酷刑风险，也应当拒绝将其引渡，这在我国与其他国家缔结的双边引渡条约中也有体现。[1]

酷刑不引渡原则除针对实体法中的刑罚外，刑事诉讼程序当然是重要的考察对象，此时我国国内法的规定可以作为重要参考。我国《刑事诉讼法》原则性规定，"严禁刑讯逼供和以威胁、引诱、欺骗以及其他非法方法"的表述，[2]司法解释则进一步将其明确为包括"（一）采用殴打、违法使用戒具等暴力方法或者变相肉刑的恶劣手段，使被告人遭受难以忍受的痛苦而违背意愿作出的供述；（二）采用以暴力或者严重损害本人及其近亲属合法权益等相威胁的方法，使被告人遭受难以忍受的痛苦而违背意愿作出的供述；（三）采用非法拘禁等非法限制人身自由的方法收集的被告人供述"。[3]

---

[1] 参见《中华人民共和国和澳大利亚引渡条约》第3条第7项："被请求方有充分理由认为被请求引渡人在请求方曾经遭受或者可能将会遭受酷刑或者其他残忍、不人道或者有辱人格的待遇或者处罚的。"

[2] 参见《中华人民共和国刑事诉讼法》第52条。

[3] 参见最高人民法院《关于适用〈中华人民共和国刑事诉讼法〉的解释》第123条。

我国与外国缔结的双边引渡条约，主要通过以下两种方式规定了酷刑不引渡原则：一种是直接将其规定为应当拒绝引渡的事项，即"被请求引渡人在请求方曾经遭受或者可能遭受酷刑或者其他残忍、不人道或者有辱人格的待遇或者处罚"时，应当拒绝引渡。[1]另一种是通过规定不得违反国内法原则等将其间接规定为应当拒绝引渡的事项。对于此种类型的具体表述又不尽相同，例如《中华人民共和国和安哥拉共和国引渡条约》规定为"被请求引渡人可能被判处的刑罚与被请求方的宪法原则相抵触"的，应当拒绝引渡，[2]而安哥拉共和国在其宪法中含有酷刑不引渡条款。[3]同样，《中华人民共和国和巴西联邦共和国引渡条约》则规定为"请求方对被请求引渡人可能判处的刑罚与被请求方法律的基本原则相抵触"的，应当拒绝引渡，[4]巴西联邦共和国在其宪法中也同样禁止任何人遭受酷刑、不人道或有辱人格的待遇。[5]除此之外，还有不少条约都含有相似

---

[1] 参见《中华人民共和国和阿富汗伊斯兰共和国引渡条约》第3条第6项、《中华人民共和国和埃塞俄比亚联邦民主共和国引渡条约》第3条第1款第6项、《中华人民共和国和波斯尼亚和黑塞哥维那引渡条约》第3条第6项。

[2] 参见《中华人民共和国和安哥拉共和国引渡条约》第3条第9项。

[3] See Constitution of the Republic of Angola 2010, article 70 (2): "The extradition of foreign citizens for political motives, for charges punishable by the death penalty or in cases where it is justifiably recognised that extradition may lead to the torture, inhumane or cruel treatment of the individual concerned or will result in irreversible damage to their physical integrity under the law of the state applying for extradition, shall not be permitted."

[4] 参见《中华人民共和国和巴西联邦共和国引渡条约》第3条第1款第9项。

[5] See Constitution of the Federative Republic of Brazil 2010, article 5: "All persons are equal before the law, without any distinction whatsoever, Brazilians and foreigners residing in the country being ensured of inviolability of the right to life, to liberty, to equality, to security and to property, on the following terms… (Ⅲ) -no one shall be summitted to torture or to inhuman or degrading treatment." at https://www.globalhealthrights.org/wp-content/uploads/2013/09/Brazil-constitution-English.pdf.

规定。[1]可见，酷刑不引渡原则在我国引渡实践中有着非常广泛的适用。

第五节　一事不再理原则

法理上的"一事不再理"是一个通用于各领域且普遍为世界各国所接受的原则，其在引渡法中也有广泛的应用。当被请求引渡人所犯的罪行同时触犯了请求国和被请求国的法律，而两国均对案件享有管辖权时，如果被请求国已经对该案进行过处理或者即将进行处理，则其根据"一事不再理"原则有权拒绝请求国发出的引渡请求。另外，"一事不再理"原则根据适用对象的不同可以分为针对已决犯的引渡和针对未决犯的引渡两种类型，相应地，对被请求国的引渡义务要求也不尽相同。

一、"一事不再理"原则在引渡法中的适用

作为法学理论上的基本原则，"一事不再理"主要有两个面向。一是从实体层面上来看，主要是指对于法院已经作出的裁判不能再次进行；二是在程序层面上，主要指对同一个案件不得提起两次诉讼。[2]该原则不仅适用于国内法律，也是国际刑事司法合作交往中的基本规范之一，不仅维护了司法审判的公正性和司法裁判的权威性，更重要的是对公民人权的保障。与

---

[1] 参见《中华人民共和国和墨西哥合众国引渡条约》第3条第7项："请求方可能判处的刑罚与被请求方法律的基本原则相冲突。为便利引渡被请求引渡人，被请求方可以在不违背其法律基本原则的条件下同意引渡。在此情况下，双方可以达成适当安排。"《中华人民共和国和葡萄牙共和国引渡条约》第3条第1款第8项："执行请求将损害被请求方的主权、安全、公共秩序或者其他重大公共利益，或者违背其法律的基本原则。"

[2] 参见宋英辉、李哲：《一事不再理原则研究》，载《中国法学》2004年第5期。

"一事不再理"原则相关的概念还有"一事不二罚"和"禁止双重风险"等。大陆法系的"一事不再理"原则在英美法系中通常被称为"禁止双重危险"(Rule against double jeopardy)原则。比如《英国2003年引渡法》即规定:"当且仅当某人曾因可引渡之罪而在英国法官行使管辖权的地区受到指控并且根据无罪或者有罪判决的法律规定有权获释的情况下,根据禁止双重危险规则,不得将该人引渡到第二类法域。"[1]

然而,有学者认为"一事不再理"原则和"禁止双重危险"原则并不能完全等同,二者在不少方面均存在差异。[2]具体而言,"一事不再理"原则的重点在于强调已经生效的判决不再受到追诉和审判,而英美法系中的"禁止双重危险"强调的则是被告人的同一行为不再受到重复起诉和审判;其次,相较于大陆法系,英美法系的"禁止双重危险"强调的是被告人的地位,对检控方的上诉进行了更为严格的限制;另外,"一事不再理"原则的例外在于再审程序,而"禁止双重危险"原则的例外在于对未决案件的重新起诉与审判。但是,也有学者认为两个原则"在保护被告人权利、维护裁判的既判力方面所具有的价值一致性"[3],使得区分二者已经没有必要。

根据"一事不再理"的基本原理并结合两大法系的制度取向,应当认为"一事不再理"原则在引渡制度中的应用也包含

---

〔1〕 Extradition Act 2003, article 80: "A person's extradition to a category 2 territory is barred by reason of the rule against double jeopardy if (and only if) it appears that he would be entitled to be discharged under any rule of law relating to previous acquittal or conviction if he were charged with the extradition offence in the part of the United Kingdom where the judge exercises his jurisdiction."

〔2〕 参见陈瑞华:《刑事诉讼中的重复追诉问题》,载《政法论坛》2002年第5期。

〔3〕 史立梅:《论国际刑事司法中的一事不再理原则》,载《刑法论丛》2011年第3卷,第459页。

实体和程序两个层面。《引渡示范条约》含有类似的划分并对此进行了不同的义务规定，对于"在被请求国已因作为请求引渡原因的罪行对被要求引渡者作出终审判决"的，应当拒绝引渡；[1]而对于"被请求国主管当局已决定不就作为请求引渡原因的罪行对该人提起诉讼，或已决定终止诉讼"以及"被请求国即将就作为请求引渡原因的罪行对被要求引渡者提起诉讼"时，可以拒绝引渡。[2]

我国《引渡法》也对"一事不再理"原则进行了明确规定，即当"中华人民共和国对于引渡请求所指的犯罪具有刑事管辖权，并且对被请求引渡人正在进行刑事诉讼或者准备提起刑事诉讼的"，可以拒绝引渡。[3]值得注意的是，与《引渡法》不同，我国《刑法》并没有严格否定一事二罚。根据我国《刑法》第10条的规定："凡在中华人民共和国领域外犯罪，依照本法应当负刑事责任的，虽然经过外国审判，仍然可以依照本法追究，但是在外国已经受过刑罚处罚的，可以免除或者减轻处罚。"因此，从理论上说，对于在国外被追究过刑事责任的人，我国依旧可以追究其刑事责任。

二、针对已决犯的"一事不再理"

如果被请求国已经对被请求引渡人作出了"终局判决"，则被请求国有权拒绝引渡请求。由于此种情形涉及实体上的最终裁决，因此要严格遵守"一事不再理"原则。同时由于"终局判决"不仅涉及实体法，如果被请求国已经在程序上对被请求引渡人作出了最终决定，即使没有对其进行定罪量刑，也应当

---

[1] 参见《引渡示范条约》第3条(d)项。
[2] 参见《引渡示范条约》第4条(b)(c)项。
[3] 参见《引渡法》第9条第1项。

认为对被请求引渡人进行过最终判决,按照"禁止双重危险"原则也应当拒绝引渡。我国《引渡法》第8条第2项规定,"在收到引渡请求时,中华人民共和国的司法机关对于引渡请求所指的犯罪已经作出生效判决,或者已经终止刑事诉讼程序的",应当拒绝引渡。因此,何为"终局判决"就成为此项制度适用中的核心问题。

首先,"终局判决"包括了追究刑事责任和不追究刑事责任两部分。对此不能简单理解为追究了刑事责任的就一概不再引渡,而没有追究刑事责任的就应当予以引渡。某些国家的国内立法对此有明确的规定,比如根据《英国2003年引渡法》第80条的规定,[1]所谓的"终局判决",应当从"双重危险"的角度来界定,而不是仅仅从结果来判断。

其次,"终局判决"不仅仅要从实体上予以把握,还应当从"禁止双重危险"的程序角度予以认定。"双重危险"不仅仅指刑罚上的两次不利结果,也包含了两次及以上的不利处境。"'第一重危险'通常是指整个刑事诉讼追诉的过程,直至一次有效的裁判作出",[2]因此,第一重危险以程序正当的有效裁判为终点;"第二重危险"即针对不存在程序滥用的有效裁判进行再次刑事诉讼。英美法系所主张的"禁止双重危险"侧重程序以及法律适用本身,只有在这两方面出现错误时才不适用该原则。作为一项国际准则,"一事不再理"原则须融合两大法系的

---

[1] Extradition Act 2003, article 80: "A person's extradition to a category 2 territory is barred by reason of the rule against double jeopardy if (and only if) it appears that he would be entitled to be discharged under any rule of law relating to previous acquittal or conviction if he were charged with the extradition offence in the part of the United Kingdom where the judge exercises his jurisdiction."

[2] 李玉华:《从念斌案看禁止双重危险原则在我国的确立》,载《法学杂志》2016年第1期。

有关标准,同时包含实体和程序的双层价值,才能将认定"双重危险"的标准作为引渡合作的基础之一。

最后,对于再审制度要根据具体国内法的规定来予以判断。对比前述两大法系关于"一事不再理"的不同侧重,英美法系国家中不存在再审的问题,而大陆法系国家对于再审是以该原则之例外的形式呈现出来。因此,在各国间缔结的引渡条约中对于如何具体适用这一原则就涉及各国国内法如何认定同一犯罪以及如何启动再审等,多数引渡条约未就此问题进行详细的规定,只能在引渡时由双方依据各自国内法的规定经过协商对适用何种标准达成一致。

我国针对已决犯的"一事不再理"原则的适用也应当从实体和程序两个方面来把握。

实体方面主要涉及责任的竞合问题,这集中体现在行政处罚责任与刑事责任是否构成"一事不再理"上。由于我国犯罪论体系采用的是定罪与定量相结合的标准,而国外主要采用定性的标准,这就使得对于"犯罪"的认定缺乏统一标准,尤其是犯罪与行政处罚的区分。具体而言,对某一行为先进行行政处罚而后又提起公诉的情形能否构成对"一事不再理"原则的违反?将其放置在不同法域空间中则会涉及能否对其进行引渡的问题。一般认为,民事责任与刑事责任可以共存,在此情形下不存在对某一行为能否再理的问题,比如完全可以针对一次侵害行为同时判处侵权赔偿责任和刑罚。但是对于行政责任和刑事责任能够共存则颇有争议。从性质上讲,二者属于不同的责任分类,虽然在司法实务中往往呈现出阶梯式的关系,但是二者之间并不存在责任竞合。

鉴于此,被判处行政处罚并不影响继续追究其刑事责任。如果承认行政处罚之后的刑事追责构成对"一事不再理"原则的违反,将使得我国《刑法》分则规定的某些犯罪无法适用,比如对于逃税和多次盗窃的行为进行了行政处罚后就不能提起刑事诉讼,明显与司法实践不符。而在实践操作中,比如证券类犯罪,对于证监会已经处罚过的行为依旧可以直接追究其刑事责任,只是在罚金的缴纳上应当折抵罚款。可见,在行政处罚与刑事责任的竞合问题上,我国对于实体上的"一事不再罚"落实得较为彻底,但是对于程序上的"双重危险"留有空间。这种做法是否能直接适用于引渡合作之中,还有待在将来的具体案件中检验。

程序方面主要涉及"终止刑事诉讼程序"的多样性问题。比如同样是在刑事案件撤销、不起诉程序中,因实体问题与因证据原因存在着较大区别,是否都属于程序的终止需要进一步予以区分。我国《刑事诉讼法》规定了由实体问题导致案件不起诉的情形,[1]当出现法定情形时,检察机关就应当作出不起诉的决定。而"对于二次补充侦查的案件,人民检察院仍然认为证据不足,不符合起诉条件的,应当作出不起诉的决定"。[2]对于法定不起诉的情形,自然可以认定为已经终止了刑事诉讼程序,但是对于证据不足不起诉的情形能否认定属于终止刑事诉讼程序?以及对于此种情形能否再提起诉讼或者批准引渡?我国国内法中不存在此种障碍。根据《人民检察院刑事诉讼规则》第388条的规定,"人民检察院发现不起诉决定确有错误,符合起诉条件的,应当撤销不起诉决定,提起公诉"。而对于法院已

---

[1] 参见《刑事诉讼法》第16条:"有下列情形之一的,不追究刑事责任,已经追究的,应当撤销案件,或者不起诉,或者终止审理,或者宣告无罪:(一)情节显著轻微、危害不大,不认为是犯罪的;(二)犯罪已过追诉时效期限的;(三)经特赦令免除刑罚的;(四)依照刑法告诉才处理的犯罪,没有告诉或者撤回告诉的;(五)犯罪嫌疑人、被告人死亡的;(六)其他法律规定免予追究刑事责任的。"

[2]《刑事诉讼法》第175条第4款。

经生效的无罪判决,根据我国《刑事诉讼法》第254条第4款的规定:"人民检察院抗诉的案件,接受抗诉的人民法院应当组成合议庭重新审理,对于原判决事实不清楚或者证据不足的,可以指令下级人民法院再审。"在"有错必纠"的思想指导下,对于以上两种情形均可以再次提起诉讼。但是根据"禁止双重危险"原则的精神,针对以上两种情形尤其是后者,应当不再符合引渡的条件。

三、针对未决犯的"一事不再理"

针对未决犯的"一事不再理"主要涉及管辖权的竞合问题,一般包含两种情形:第一种是被请求方对引渡请求所针对的犯罪事实拥有刑事管辖权且正准备就此提起诉讼;第二种则是被请求方对引渡请求所针对的犯罪事实拥有刑事管辖权,且被请求方正在对被请求引渡人就同一犯罪进行诉讼。

就第一种情形而言,部分国家规定对本国具有管辖权的案件不予引渡。比如希腊《刑事诉讼法典》即规定,"如果根据希腊法律对境外犯罪的起诉和处罚权属于希腊法院",应当禁止引渡。[1]我国和泰国签署的引渡条约也规定"根据被请求方法律,该方对引渡请求所涉及的犯罪具有管辖权,并应对被请求引渡人提起诉讼"的,则可以拒绝根据本条约予以引渡。[2]《中华人民共和国和俄罗斯联邦引渡条约》则对第二种情形加以规定,

---

[1] See Code of Penal Procedure, article 438: "Extradition is prohibited… (b) If the competence for prosecution and punishment of the crime committed abroad belongs to the Greek courts in accordance with the Greek laws." at https://sherloc.unodc.org/cld/uploads/res/document/grc/code_ of_ penal_ procedure_ excerpts_ html/Greece_ Code_ of_ Penal_ Procedure_ 1951_ Excerpts. pdf.

[2] 参见《中华人民共和国和泰王国引渡条约》第4条第1项。

即"被请求的缔约一方正在对被请求引渡人就同一犯罪行为进行刑事诉讼"的,可以拒绝引渡。[1]

我国《引渡法》将以上两种情形都规定为可以拒绝引渡的情形,[2]是比较合理的做法。当今社会随着公害类犯罪的增多,涉及管辖权竞合的情形也越来越广,如果一概对此不予引渡则明显缺乏一定的合理性。在双方都有管辖权的情况下,应当考虑惩罚犯罪的便利性,当然这种处理要建立在尊重被请求国司法主权的前提之上。因此,包括我国《引渡法》在内,针对涉及未决犯"一事不再理"原则的引渡请求,一般都规定为可以拒绝引渡的情形,而非应当拒绝的情形。

此外,引渡领域中的"一事不再理"原则还有其特殊用途。比如我国《引渡法》第40条第1款规定:"请求国自约定的移交之日起十五日内不接收被请求引渡人的,应当视为自动放弃引渡请求。公安机关应当立即释放被请求引渡人,外交部可以不再受理该国对同一犯罪再次提出的引渡该人的请求。"此即"一事不再理"原则在程序中予以适用的具体体现。此时由于被请求国已经就被请求引渡事项作出过决定且进行了实体审查,既然请求国决定不接收被请求引渡人,则针对这一特定犯罪的引渡的实体处理已经结束,请求国当然不能再次提出引渡的请求。

第六节 缺席审判不引渡

缺席审判是指被告人未出席法庭接受审判的情形。[3]该制

---

[1] 参见《中华人民共和国和俄罗斯联邦引渡条约》第4条第3项。

[2] 参见《中华人民共和国引渡法》第9条第1项。

[3] 参见刘根菊、李秀娟:《构建缺席审判外逃贪官制度探析》,载《人民检察》2005年第16期。

度在相当大的程度上剥夺了被告人的辩护权等基本诉讼权利，因此为包括我国在内的绝大多数国家所禁止或者予以严格限制适用，在国际刑事司法合作中更是受到了极大的约束。

一、缺席审判不引渡的基本规则

辩护权属于公民基本权利的一种，联合国《公民权利和政治权利国际公约》明确规定任何人在面临刑事指控时，平等享有最低限度的保障。[1]由于缺席审判违背公民基本权利的保障，因此在国际刑事司法合作中，对被请求引渡人缺席审判可以成为被请求国拒绝引渡的理由。联合国《引渡示范条约》即将"请求国的判决系缺席判决，被定罪的人未获有审判的充分通知，也没有机会安排辩护，没有机会或将不会有机会在其本人出庭的情况下使该案获得重审"规定为拒绝引渡的强制性理由之一。[2]

当然，虽然缺席审判可以构成拒绝引渡的刚性理由，但是程序上并非没有转圜的余地。比如从《引渡示范条约》的规定可以看出，如果被引渡人在请求国可以得到辩护权，保障其拥有重新审判的机会，引渡自然也可以随之进行。我国《引渡法》也规定了被请求国承诺在引渡后对被请求引渡人给予在其出庭的情况下进行重新审判机会的例外情形。[3]

二、缺席审判不引渡在国际刑事司法合作中的应用

虽然从保障人权的角度来讲，缺席审判应当是绝对拒绝引

---

[1] 参见《公民权利和政治权利国际公约》第14条。

[2] 参见《引渡示范条约》第3条（g）项。

[3] 参见《引渡法》第8条第8项："请求国根据缺席判决提出引渡请求的。但请求国承诺在引渡后对被请求引渡人给予在其出庭的情况下进行重新审判机会的除外。"

渡的理由，但是从各国打击犯罪的实践来看，随着跨国犯罪的增多以及逃犯全球逃匿的情形越来越普遍，一味地坚持该原则可能会对犯罪预防带来负面影响。因此，世界各国选择在坚持该原则的基础上适当进行某些机制性的安排，如承诺重新审判制度。例如，《美国和奥地利引渡条约》第9条规定："对于缺席审判有罪的人，可以拒绝引渡，除非请求国保证此人已经或将被给予充分的机会进行辩护，或者此人将在移交后获得充分的补救或额外的诉讼程序。"[1]这也是包括我国在内的世界大多数国家所普遍接受的制度安排。

除此之外，个别国家还选择进行较为特殊的规定。比如美国选择在法院决定引渡之后，由引渡请求国对被请求引渡人进行重新审判；而英国法院则是将缺席审判本身视为被请求引渡人的定罪证据并予以采纳，但行政部门需要就此对是否准予引渡作出决定。[2]前一种模式具有一定的合理性，此种制度实际上将缺席审判作出的判决等同于引渡请求中的证据加以处理，要求请求国保证引渡人在引渡回国后重新进行审判，据此作出引渡的决定，并不违反引渡法的基本原理。例如我国与保加利亚签订的双边引渡条约即约定："如果对被请求引渡的判决是在其缺席的情况下作出的，则有关的引渡请求应被视为旨在进行追诉的引渡请求。"[3]但对于后一种制度而言，虽然各国对引渡审查的程序规定不尽相同，但司法审查与行政审查的关系应当

---

[1] Extradition Treaty with Austria 1998: "Article 9 states that extradition may be refused for a person who has been found guilty in absentia, unless the Requesting State supplies assurances that the person has had or will be given an adequate opportunity to present a defense, or that there are adequate remedies or additional proceedings available to the person after surrender."

[2] 参见陈荣杰：《引渡之理论与实践》，三民书局1985年版，第139~140页。

[3] 参见《中华人民共和国和保加利亚共和国引渡条约》第2条第3款。

是使得任何一个程序不符合可引渡标准时即应否定引渡，每一程序都具有相对的独立性。因此，后一种制度安排实际上将司法程序中的独立判断功能虚置，缺乏合理性。

三、我国对缺席审判不引渡原则的实践

我国法律明确保障公民的辩护权。作为我国根本大法的《宪法》第130条明确规定"人民法院审理案件，除法律规定的特别情况外，一律公开进行。被告人有权获得辩护"。《刑事诉讼法》不仅对此也进行了原则性规定，[1]而且还设有专章来保障被告人的辩护权，[2]比如强制辩护等制度。[3]我国在与外国进行国际刑事司法合作时也应当落实我国《宪法》和《刑事诉讼法》中的基本原则和具体规定。

需要注意的是，我国《刑事诉讼法》特别程序部分设立了缺席审判制度。[4]"对于贪污贿赂犯罪案件，以及需要及时进行审判，经最高人民检察院核准的严重危害国家安全犯罪、恐怖活动犯罪案件，犯罪嫌疑人、被告人在境外，监察机关、公安机关移送起诉，人民检察院认为犯罪事实已经查清，证据确实、充

---

[1]《刑事诉讼法》第11条："人民法院审判案件，除本法另有规定的以外，一律公开进行。被告人有权获得辩护，人民法院有义务保证被告人获得辩护。"

[2] 参见《刑事诉讼法》第一编第四章。

[3] 参见《刑事诉讼法》第35条："犯罪嫌疑人、被告人因经济困难或者其他原因没有委托辩护人的，本人及其近亲属可以向法律援助机构提出申请。对符合法律援助条件的，法律援助机构应当指派律师为其提供辩护。犯罪嫌疑人、被告人是盲、聋、哑人，或者是尚未完全丧失辨认或者控制自己行为能力的精神病人，没有委托辩护人的，人民法院、人民检察院和公安机关应当通知法律援助机构指派律师为其提供辩护。犯罪嫌疑人、被告人可能被判处无期徒刑、死刑，没有委托辩护人的，人民法院、人民检察院和公安机关应当通知法律援助机构指派律师为其提供辩护。"

[4] 参见《刑事诉讼法》第五编第三章。

分,依法应当追究刑事责任的,可以向人民法院提起公诉。"[1]世界上有部分国家并没有建立缺席审判制度,因此我国对外逃人员设置缺席审判程序也引发了诸多争议,不少国家认为缺席审判作出的判决和裁定不能作为引渡的依据。

我国的缺席审判制度对于缺席审判不引渡原则有一定的冲击,但并不是对该原则完全意义上的否定,具体可以通过以下三个方面来予以限制。

第一,我国的缺席审判制度并非一项完全无辩护的制度。如前所述,对于符合缺席审判条件的刑事案件,我国《刑事诉讼法》同时规定了完备的辩护人制度。

第二,我国对缺席审判制度规定了完整的救济程序。《刑事诉讼法》规定了重新审理的异议权制度,即"在审理过程中,被告人自动投案或者被抓获的,人民法院应当重新审理。罪犯在判决、裁定发生法律效力后到案的,人民法院应当将罪犯交付执行刑罚。交付执行刑罚前,人民法院应当告知罪犯有权对判决、裁定提出异议。罪犯对判决、裁定提出异议的,人民法院应当重新审理。依照生效判决、裁定对罪犯的财产进行的处理确有错误的,应当予以返还、赔偿"。[2]该项制度的设置被认为"赋予外逃型缺席审判的罪犯要求法院重新审理的异议权,以满足引渡的需求,并弥补可能的公正性缺失"。[3]

第三,符合国际惯例。按照我国《引渡法》的规定,只要对方承诺给予重新审判机会就可以批准引渡,[4]这也是国际刑事司

---

[1]《刑事诉讼法》第291条第1款。
[2]《刑事诉讼法》第295条。
[3] 邵劭:《我国刑事缺席审判程序中的异议权》,载《中国法学》2021年第5期。
[4] 参见《引渡法》第8条第8项:"请求国根据缺席判决提出引渡请求的。但请求国承诺在引渡后对被请求引渡人给予在其出庭的情况下进行重新审判机会的除外。"

第四章　拒绝引渡的强制性事由

法合作中的惯例。同理对于我国作出的缺席判决也可以适用该规定。

除以上国内法的规定之外，缺席审判不引渡原则在我国与其他国家签署的双边引渡条约中也普遍存在，其适用主要体现为以下四种情形。

第一，部分条约虽将缺席判决规定为应当拒绝引渡的情形，但是在对于缺席判决不引渡的例外规定上存在差异。有的采用请求方保证"给予被引渡人在引渡后在其出庭的情况下重新审判机会的"等类似表述；[1]有的规定"被定罪的人事先已经得到充分通知，并且请求方保证被请求引渡人有机会在其出庭的情况下对案件进行重新审理或者上诉的除外"；[2]还有的使用"请求方承诺，被请求引渡人在引渡后有权利和机会对其定罪进行上诉，或者在其出庭的情况下进行重新审判"[3]。有的条约规定得更为详细，比如《中华人民共和国和柬埔寨王国引渡条约》第3条第6项规定"如果请求方的判决为缺席判决，被判定有罪的人没有得到有关审判的充分通知或未得到安排辩护的

---

[1] 参见《中华人民共和国和阿尔及利亚民主人民共和国引渡条约》第3条第8项、《中华人民共和国和阿富汗伊斯兰共和国引渡条约》第3条第7项、《中华人民共和国和阿拉伯联合酋长国引渡条约》第3条第1款第7项、《中华人民共和国和阿塞拜疆共和国引渡条约》第3条第8项、《中华人民共和国和安哥拉共和国引渡条约》第3条第8项、《中华人民共和国和波斯尼亚和黑塞哥维那引渡条约》第3条第7项、《中华人民共和国和法兰西共和国引渡条约》第3条第6项、《中华人民共和国和老挝人民民主共和国引渡条约》第3条第7项、《中华人民共和国和墨西哥合众国引渡条约》第3条第6项、《中华人民共和国和突尼斯共和国引渡条约》第3条第1款第6项、《中华人民共和国和西班牙王国引渡条约》第3条第7项、《中华人民共和国和伊朗伊斯兰共和国引渡条约》第6条第7项、《中华人民共和国和印度尼西亚共和国引渡条约》第3条第6项等。

[2] 《中华人民共和国和埃塞俄比亚联邦民主共和国引渡条约》第3条第1款第7项。

[3] 《中华人民共和国和葡萄牙共和国引渡条约》第3条第1款第7项。

机会,而且已没有机会或将没有机会使该案件在其出庭情况下得到重新审理",应当不予引渡。

第二,部分条约没有对缺席判决不引渡进行规定。[1]此时可以按照我国《引渡法》的一般规定来处理。

第三,部分条约虽未规定缺席判决不引渡,但可以通过适用国内法间接推出其属于应当拒绝引渡的情形,大多表述为"被请求方法律不允许的引渡"。[2]

第四,个别条约既未将此规定为应当拒绝引渡的情形,亦未规定为可以拒绝引渡的情形,但是可以通过适用国内法间接推出其属于可以拒绝引渡的情形。[3]

我国在司法实践中就根据缺席判决提出的引渡请求与其他国家有过成功合作的案例。韩国曾基于其缺席审判所作出的判决向我国申请引渡犯罪人大韩民国公民卞仁镐回国。被请求引渡人卞仁镐于1998年8月21日曾被大韩民国首尔中央地方法院以诈骗罪判处有期徒刑15年,后卞仁镐不服判决向韩国首尔高等法院提出上诉。二审期间,卞仁镐趁患病进行治疗之际逃至我国境内。之后,首尔高等法院在卞仁镐缺席的情况下,于1999年2月19日判决驳回上诉,维持原判。2006年1月26日,

---

[1] 例如《中华人民共和国和巴基斯坦伊斯兰共和国引渡条约》《中华人民共和国和巴西联邦共和国引渡条约》《中华人民共和国和白俄罗斯共和国引渡条约》《中华人民共和国和大韩民国引渡条约》《中华人民共和国和俄罗斯联邦引渡条约》《中华人民共和国和菲律宾共和国引渡条约》《中华人民共和国和哈萨克斯坦共和国引渡条约》《中华人民共和国和吉尔吉斯共和国引渡条约》《中华人民共和国和莱索托王国引渡条约》《中华人民共和国和蒙古国引渡条约》《中华人民共和国和纳米比亚共和国引渡条约》《中华人民共和国和南非共和国引渡条约》《中华人民共和国和泰王国引渡条约》《中华人民共和国和乌克兰引渡条约》《中华人民共和国和乌兹别克斯坦共和国引渡条约》等。

[2] 参见《中华人民共和国和保加利亚共和国引渡条约》第3条第7项、《中华人民共和国和立陶宛共和国引渡条约》第3条第7项等。

[3] 参见《中华人民共和国和罗马尼亚引渡条约》第4条第3项。

大韩民国向我国提出引渡卞仁镐回国服刑的请求。我国最高人民法院依照我国《引渡法》的规定，在大韩民国作出引渡后对被请求引渡人给予在其出庭的情况下进行重新审判的承诺后，于2006年8月23日指定辽宁省高级人民法院对大韩民国的引渡请求进行审查。辽宁省高级人民法院于2006年12月18日作出引渡裁定书，裁定大韩民国提出的引渡卞仁镐的请求符合我国《引渡法》和《中华人民共和国和大韩民国引渡条约》规定的准予引渡条件，并依法报请我国最高人民法院核准。最高人民法院依法组成合议庭对本案进行了复核，并最终核准辽宁省高级人民法院作出的准予引渡卞仁镐的裁定。[1]

本案中，大韩民国依据作出的缺席判决向我国提出引渡请求，根据我国《引渡法》第8条第8项的规定，大韩民国已承诺在引渡后对被请求引渡人卞仁镐给予在其出庭的情况下进行重新审判的机会，因此本案属于虽存在缺席判决，但因满足例外规定而最终成功予以引渡的情形。

第七节　犯罪已过追诉时效或被赦免不引渡

从刑法理论上来讲，一个行为不具有可罚性大致可以分为两种类型：一种是行为本身因为不符合犯罪构成而不具有可罚性。比如我国《刑法》第13条所规定的"但书"情形，[2]在

---

[1] 参见最高人民法院［2006］刑引字第2号引渡裁定书。
[2] 《刑法》第13条："一切危害国家主权、领土完整和安全，分裂国家、颠覆人民民主专政的政权和推翻社会主义制度，破坏社会秩序和经济秩序，侵犯国有财产或者劳动群众集体所有的财产，侵犯公民私人所有的财产，侵犯公民的人身权利、民主权利和其他权利，以及其他危害社会的行为，依照法律应当受刑罚处罚的，都是犯罪，但是情节显著轻微危害不大的，不认为是犯罪。"

我国传统对犯罪的理解中，具有可罚性是构成犯罪的必要条件。另一种情形是行为本身虽构成犯罪且具有可罚性，但因法定事由导致该可罚性丧失，因而不能再追究其刑事责任。显然，犯罪因为已过时效或者被赦免而不被处罚属于第二种情形。

在引渡合作中，虽然引渡请求所针对的犯罪符合双重犯罪的要求，但由于犯罪已过追诉时效或被赦免而丧失了可追诉性或可罚性，被请求国可以拒绝引渡。这样的理念也体现在联合国《引渡示范条约》中，即"根据缔约国任何一方的法律，被要求引渡者因时效已过或大赦等任何原因而可免予起诉和惩罚"的，则不得准予引渡。[1]我国《引渡法》也进行了类似的规定。[2]从该条款的规定可以看到，构成拒绝引渡的理由主要包含了两部分内容，即程序上的经过追诉时效以及实体上的经过大赦免除处罚的情形。由于这两种制度的原理并不相同，下文将分别予以阐述。

一、犯罪已过追诉时效

世界上大多数国家的立法中都含有追诉时效的规定，我国《刑法》也不例外。[3]追诉时效制度之所以为世界大多数国家所接受，在于其背后所体现的打击犯罪与保障人权统一的价值理念。前者主要依靠国家积极主动地行使公权力来得以实现，而后者则更多需要国家相对消极地行使公权力。此处的"相对消极"可以

---

[1] 参见《引渡示范条约》第3条（e）项。

[2] 参见《引渡法》第8条第6项。

[3] 参见《刑法》第87条："犯罪经过下列期限不再追诉：（一）法定最高刑为不满五年有期徒刑的，经过五年；（二）法定最高刑为五年以上不满十年有期徒刑的，经过十年；（三）法定最高刑为十年以上有期徒刑的，经过十五年；（四）法定最高刑为无期徒刑、死刑的，经过二十年。如果二十年以后认为必须追诉的，须报请最高人民检察院核准。"

第四章　拒绝引渡的强制性事由

从两方面来理解。其一，国家此时在公权力的行使上应当持消极态度并保持其谦抑性，通常应当以"保障法"的姿态在其他民事、行政手段不足以规制犯罪的时候才能使用，通过限制公权力的过度扩张以防止公民受到国家公权力的不当侵害。其二，如果国家懈怠于行使追诉权，使得犯罪嫌疑人已经建立了一种平和的生活状态，此种新建立的平和、可预期的生活状态也应当受到国家的保护。因此，追诉时效制度实则是对追诉机关行使刑事追诉权的限制，也是国家在刑事领域限制公权力的体现。

我国《刑事诉讼法》规定了五种不予追诉的情形，[1]这几种情形实际上亦存在质的差异。对于第1项"情节显著轻微、危害不大，不认为是犯罪的"情形，从犯罪构成的角度来讲，由于缺乏可罚的违法性，本就在实体上不构成犯罪，因此也谈不上追诉的问题。此处涉及犯罪认定二元论的问题，由于国外认定犯罪是一元的，因此只从行为的角度予以认定；然而我国认定犯罪是二元的，即不仅仅只看行为的性质，而且还要考虑行为的量的因素，[2]从根本上不符合双重犯罪原则。而第2~5项却是在实体上属于犯罪，只因追诉权的丧失所造成的不予起诉的情形，因此其与双重犯罪原则在事实上并不矛盾。而已过时效不予追诉或者被赦免不予追诉的情形与双重犯罪原则具有本质上的差异。

与刑事法律中的时效制度基本原理一致，引渡中的已过追诉时效是指根据请求国或被请求国的法律，引渡请求中的犯罪

---

[1]《刑事诉讼法》第16条："有下列情形之一的，不追究刑事责任，已经追究的，应当撤销案件，或者不起诉，或者终止审理，或者宣告无罪：（一）情节显著轻微、危害不大，不认为是犯罪的；（二）犯罪已过追诉时效期限的；（三）经特赦令免除刑罚的；（四）依照刑法告诉才处理的犯罪，没有告诉或者撤回告诉的；（五）犯罪嫌疑人、被告人死亡的；（六）其他法律规定免予追究刑事责任的。"

[2] 达不到一定数量要求的，一般都认定为是行政违法而被给予行政处罚。

行为的追诉或执行刑罚的时效已经届满，因而构成刑罚消灭的事由之一。[1]被引渡的犯罪行为虽构成犯罪，但是因其已经超过追诉时效不仅丧失可罚性，国家亦对该行为丧失追诉权，如此便违反了双重犯罪（可罚性）原则，因而当然地构成被请求国拒绝引渡的理由。引渡作为国际刑事司法合作的方式之一，其目的是保证行为人在逃避刑罚的情形下使其承担相应的刑事责任。然而，既然时效届满就不能再对行为人进行起诉或处罚，同理，对于时效届满的犯罪也应当拒绝引渡。

犯罪已过追诉时效在引渡领域中的应用主要涉及以下两个方面的基本问题。

第一，效力问题，即"犯罪已过追诉时效不引渡"应当是强制性拒绝引渡之条款还是选择性拒绝引渡之条款。首先，从原理上来看，已过追诉时效并非犯罪行为本身不构成犯罪，而仅是对国家的追诉权进行了限制，从犯罪的本质上讲符合双重犯罪原则。其次，国际社会对于某些犯罪并没有设置追诉期，因此"犯罪已过追诉时效不引渡"似乎应当是一个可选择性的条款。但是近代以来，双重犯罪原则实际上是朝着双重可罚原则发展的，这意味着即使行为构成犯罪，但是根据请求国或者被请求国的法律不予追诉的，并不符合双重可罚的原则，因此有违国际刑事司法合作的根本原则，应当属于强制性拒绝条款。《引渡示范条约》及我国《引渡法》也都是采用了强制性拒绝引渡条款的立场。[2]

---

[1] 参见陈雷：《反腐败国际合作理论与实务》，中国检察出版社2012年版，第125页。

[2] 参见《引渡示范条约》第3条（e）项："根据缔约国任何一方的法律，被要求引渡者因时效已过或大赦等任何原因而可免予起诉和惩罚。"我国《引渡法》第8条第6项："根据中华人民共和国或者请求国法律，在收到引渡请求时，由于犯罪已过追诉时效期限或者被请求引渡人已被赦免等原因，不应当追究被请求引渡人的刑事责任的。"

第二，依据问题，即判断犯罪已过追诉时效的依据究竟是以请求国法律为准，还是以被请求国法律为准。如果确定只能以某国国内法为依据，则在引渡合作上无疑将更有利于该国；如果以请求国或者被请求国之一的国内法为准，引渡的标准则较之更为宽松。我国《引渡法》采用的是后一种规定，即"根据中华人民共和国或者请求国法律"。[1]择一标准的使用符合双重犯罪的原理，是更为合理的选择。

从我国对外签署的双边引渡条约来看，我国对于时效的认定模式主要有三种类型。

第一种是根据缔约任何一方的法律来予以认定。例如《中华人民共和国和泰王国引渡条约》第3款第4项规定，"根据缔约任何一方法律，包括其关于时效的法律，对引渡所涉及的犯罪已不予追诉或执行刑罚"的，应当拒绝引渡。此种选择也与我国《引渡法》的立场保持了一致。除泰国之外，采用此种模式的还有我国与柬埔寨、巴西、老挝、阿拉伯联合酋长国、突尼斯以及罗马尼亚等国家签订的引渡条约。[2]

第二种是根据请求国的法律来予以认定。比如我国与秘鲁共和国、莱索托以及南非等国签订的引渡条约正是采用了此种模式。[3]然而，此种采用请求国法律作为判断时效的做法在实

---

[1] 参见《引渡法》第8条第6项。

[2] 参见《中华人民共和国和柬埔寨王国引渡条约》第3条第4项、《中华人民共和国和巴西联邦共和国引渡条约》第3条第1款第5项、《中华人民共和国和老挝人民民主共和国引渡条约》第3条第5项、《中华人民共和国和阿拉伯联合酋长国引渡条约》第3条第1款第5项、《中华人民共和国和突尼斯共和国引渡条约》第3条第1款第3项、《中华人民共和国和罗马尼亚引渡条约》第3条第5项。

[3] 参见《中华人民共和国和秘鲁共和国引渡条约》第3条第4项、《中华人民共和国和莱索托王国引渡条约》第3条第3项、《中华人民共和国和南非共和国引渡条约》第3条第3项。

践中不尽合理。如果根据请求国法律追诉时效已经届满,请求国即在国内法中已经丧失了对被请求引渡人的追诉权,虽然并没有明文禁止请求国不能提出引渡请求,但是请求国即使将行为人成功引渡回国也会造成无法予以成功追诉的局面。

第三种是根据被请求国的法律来予以认定,这也是实践中采用较多的模式。例如《中华人民共和国和俄罗斯联邦引渡条约》第3条第3项即规定,"在收到引渡请求时,根据被请求的缔约一方法律,由于时效或者其他法律理由不能提起刑事诉讼或者执行判决"的,应当不予引渡。采用该模式的还有我国与哈萨克斯坦、蒙古国、吉尔吉斯斯坦、乌克兰以及保加利亚等国家之间签订的引渡条约。[1]根据被请求国的法律来确定追诉时效,既尊重了被请求国的主权,也不违背双重犯罪原则,是更为合理的规定。

此外,我国尚未建立完备的行刑时效制度。行刑时效指的是已判决的刑罚如果在经过一段时间后未得到执行即告消灭。实践中由于缺席审判制度出台较晚、高羁押率等现实问题,行刑时效制度方面的实践积累较少,涉及引渡的案例更为稀少。因此,我国引渡制度语境中的时效主要指的是追诉时效,我国《引渡法》同样也只是规定了"犯罪已过追诉时效期限"。然而,世界上很多国家都存在着行刑时效制度,刑罚执行中已过追诉时效的引渡与犯罪已过追诉时效的引渡在制度原理上基本一致,可以参照后者适用。虽然我国《引渡法》并没有规定行刑时效,但实践中可以通过双边引渡条约来予以弥补。比如我

---

[1] 参见《中华人民共和国和哈萨克斯坦共和国引渡条约》第3条第5项、《中华人民共和国和蒙古国引渡条约》第3条第5项、《中华人民共和国和吉尔吉斯共和国引渡条约》第3条第3项、《中华人民共和国和乌克兰引渡条约》第3条第3项、《中华人民共和国和保加利亚共和国引渡条约》第3条第5项。

国与俄罗斯签订的引渡条约即规定,"在收到引渡请求时,由于被请求的缔约一方法律所规定的起诉或者处罚的时效已过,不可能对被请求引渡人进行刑事追诉或者执行刑事判决"的,应当拒绝引渡。[1]

实践中还有两类特殊的与时效制度相关的引渡安排。一类是针对特殊犯罪。联合国大会1968年通过的《战争罪及危害人类罪不适用法定时效公约》(Convention on the Non-applicability of Statutory Limitations to War Crimes and Crimes Against Humanity)即规定对于战争罪及危害人类罪均不适用时效的规定。[2]根据这一规定,自然也就排除了追诉时效制度的适用。另一类是对于告诉才处理的案件,由于自诉人对程序享有处分权,可以决定程序的提起,亦可以在程序终结之前就提出撤诉的请求,因此对于引渡程序而言,两国的合作就在一定程度上处于一种不安定的状态,极有可能造成司法资源的浪费。而且在我国,自诉案件一般为涉及家庭或隐私的较轻犯罪,缺乏关于引渡的必要性。因此,在一些双边条约中,一般规定对于"根据缔约一方的法律,属于受害人告诉才处理的刑事案件",应当拒绝引渡。[3]

二、犯罪已被赦免

赦免也是国际上较为通行的一项制度。国际上的赦免制度

---

[1] 参见《中华人民共和国和白俄罗斯共和国引渡条约》第3条第5项。

[2] See Convention on the Non-Applicability of Statutory Limitations to War Crimes and Crimes Against Humanity, Preamble, "Recognizing that it is necessary and timely to affirm in international law, through this Convention, the principle that there is no period of limitation for war crimes and crimes against humanity, and to secure its universal application".

[3] 参见《中华人民共和国和乌克兰引渡条约》第3条第5项。

内容广泛，包含了大赦、特赦、减刑、复权等。[1]从解释学的角度来讲，对赦免所处阶段的理解可以是全方位的，"它既可发生在对被请求引渡人进行刑事追诉期间，也可发生在对其定罪判刑之后"。[2]因此，赦免的对象既可以是被追诉的犯罪嫌疑人、被告人，也可以是已经被判处刑罚的犯罪分子。但是从现有制度的实施来看，赦免主要发生在被判刑之后。另外，从程序上来看，根据我国《宪法》的规定，我国由全国人民代表大会常务委员会决定特赦，[3]中华人民共和国主席根据全国人民代表大会的决定和全国人民代表大会常务委员会的决定，发布特赦令。[4]

与赦免制度相对应，国际上通行的"犯罪已被赦免不引渡"原则是指"根据缔约国任何一方的法律，被请求引渡者因特赦、大赦等原因而免予起诉和惩罚时，被请求国应当拒绝引渡的原则"。[5]我国《引渡法》也规定了对于被请求引渡人已被赦免而不应追究其刑事责任的情形，应当拒绝引渡。[6]但是从实践来看，此处的"赦免"在我国主要指的是特赦制度。[7]我国国内法规定的赦免制度较为单一，无论是《宪法》还是《刑事诉

---

[1] 参见刘仁文：《论我国赦免制度的完善》，载《法律科学（西北政法大学学报）》2014年第4期。

[2] 黄风：《〈中华人民共和国引渡法〉评注》，中国法制出版社2001年版，第61页。

[3] 参见《宪法》第67条第18项。

[4] 参见《宪法》第80条。

[5] 薛淑兰：《引渡司法审查研究》，中国人民公安大学出版社2008年版，第51页。

[6] 参见《引渡法》第8条第6项。

[7] 参见胡康生主编：《中华人民共和国引渡法释义》，法律出版社2001年版，第19页。

讼法》都只规定了"特赦"制度，[1]《刑法》在涉及累犯认定的时候使用了"赦免"一词，[2]但结合其他法律的规定，此处的赦免依旧指的是"特赦"，我国法律中缺乏普遍意义上的赦免制度。

我国与大多数国家签署的双边引渡条约都规定了"犯罪已被赦免不引渡"的条款，从中也可以看出我国《引渡法》对于"赦免"的具体理解。比如，《中华人民共和国和罗马尼亚引渡条约》第3条第5项规定，"根据缔约任何一方的法律，被请求引渡人获得了追究和审判豁免权，或根据包括时效或赦免的法律，获得了免予刑罚的豁免权"的，应当拒绝引渡。此处可以明显看出赦免发生的时间既可以是在被判刑之后，也可以是在审判阶段。另外，也有具体要求根据请求方的法律认定赦免才能拒绝引渡的规定。如《中华人民共和国和秘鲁共和国引渡条约》第3条第4项规定，"根据请求方的法律，由于时效已过或者赦免等原因，被请求引渡人已经被免予追诉或者免予执行刑罚"的，应当拒绝引渡。《中华人民共和国和法兰西共和国引渡条约》的规定则更加明晰，即对于"被请求方已经对被请求引渡人就引渡请求所针对的犯罪作出有罪或者无罪的终审判决、

---

[1] 根据《宪法》第67条第18项的规定，全国人民代表大会常务委员会决定特赦；另外，根据《刑事诉讼法》第16条第3项的规定，"经特赦令免除刑罚的"，不追究刑事责任，已经追究的，应当撤销案件，或者不起诉，或者终止审理，或者宣告无罪。

[2] 参见《刑法》第65条："被判处有期徒刑以上刑罚的犯罪分子，刑罚执行完毕或者赦免以后，在五年以内再犯应当判处有期徒刑以上刑罚之罪的，是累犯，应当从重处罚，但是过失犯罪和不满十八周岁的人犯罪的除外。前款规定的期限，对于被假释的犯罪分子，从假释期满之日起计算。"第66条："危害国家安全犯罪、恐怖活动犯罪、黑社会性质的组织犯罪的犯罪分子，在刑罚执行完毕或者赦免以后，在任何时候再犯上述任一类罪的，都以累犯论处。"

大赦或者赦免"的，应当拒绝引渡。[1]从目前来看，国内法中的赦免制度不仅种类偏少，适用范围也偏窄，需要进一步加以完善。

---

[1] 参见《中华人民共和国和法兰西共和国引渡条约》第3条第3项。

第五章

拒绝引渡的任择性事由

第一节 本国公民不引渡

"本国公民不引渡"原则（non-extradition of nationals），又称"本国国民不引渡"原则、"本国国民例外"原则、"自国民不引渡"原则等，是指"被请求国不准予引渡具有本国国籍的人，只准予引渡请求国的国民、第三国国民或无国籍人的原则"。[1]我国《引渡法》也对此有明确的规定。[2]该原则背后蕴含的法理主要包括两方面。一方面是国家有义务、有责任保护其所有公民。本国公民往往对外国的司法制度存在陌生感与不信任感，而且存在被不公正处罚的可能性，一国不能将其本国公民交由另一外国进行审判和处罚，或者使其在外国监狱中服刑。另一方面，如果将本国公民引渡给外国将会被认为是放弃司法管辖权的一种体现，是对一国国家主权的侵害。

从历史上看，古代就有不引渡本国公民的做法，而现代社会关于"本国公民不引渡"的实践起源于两国之间有关引渡关

---

[1] 薛淑兰：《引渡司法审查研究》，中国人民公安大学出版社2008年版，第49页。

[2] 参见《引渡法》第8条第1项："根据中华人民共和国法律，被请求引渡人具有中华人民共和国国籍的。"

系的政策。[1] 1834年,法国和比利时在双边条约中第一次正式确立了"本国公民不引渡"原则。[2] 后来逐步发展为被世界各国广为接受的原则,比如美国和法国在1909年1月6日签订的双边引渡条约即规定,缔约任何一方均无义务向对方交出本国公民或臣民。[3] 第二次世界大战后全世界掀起了人权保障的浪潮,一些国家以担心本国公民在外国受到审判时其人权可能得不到保障为理由,不愿将明知在外国犯有罪行的本国公民引渡给犯罪地国,导致"本国公民不引渡"原则出现了不断加强的趋势。

但随着跨国犯罪的增多,"本国公民不引渡"原则出现了松动的迹象。主要表现为以下三种形式:一是双边条约规定不得仅以本国公民作为拒绝引渡的理由。比如2005年意大利与加拿大签订的引渡条约规定,"被请求国不得仅以某人是本国公民为由拒绝引渡该人。"[4] 二是规定享有司法管辖权可作为拒绝引渡本国公民的理由。比如1990年瑞士与美国签订的引渡条约规定:"被请求国不得以被请求引渡人是其本国国民为由拒绝引渡,除非对于引渡请求所针对的犯罪享有对该人实行追诉的司

---

[1] See I. A. Shearer, *Extradition in International Law*, Manchester University Press, 1971, p. 94.

[2] See Ivan A. Shearer, "Non-Extradition of Nationals: A Review and a Proposal", *The Adelaide Law Review*, 2 (1966), 275.

[3] See Extradition Treaty Between France and the United States 1906, article V: "Neither of the contracting Parties shall be bound to deliver up its own citizens or subjects under the stipulations of this Convention."

[4] Treaty Between the Government of Canada and the Government of the Italian Republic Concerning Extradition 2005, Article V (1): "The Requested State may not refuse to extradite a person solely because that person is a national of the Requested State."

法管辖权。"[1]三是将"先引渡后移管"和"或者引渡或者执行请求国判决"作为"本国公民不引渡"的替代方案。被请求国可以先将本国公民引渡给请求国接受刑事追诉和审判,在定罪量刑之后,请求国再对被引渡人实行被判刑人移管。

总之,对于接受"本国公民不引渡"原则的国家来说,本国公民属于绝对禁止引渡的情形,在许多条约中也构成引渡阻却事由。然而,由于政治、经济发展背景以及法律制度的不同,世界上也有不少国家并不认同该原则。

一、对"本国公民不引渡"原则的不同立场

在国际社会中,"本国公民不引渡"原则并不是一个被普遍接受的引渡原则,不同的国家和地区有不同的规定。联合国《引渡示范条约》就将其作为一种可选项规定在其第4条"拒绝引渡之任择理由"中,而非第3条的"拒绝引渡之强制性理由"。[2]根据是否将"本国公民不引渡"原则作为强制性的拒绝引渡理由可以进一步将其分为"本国公民绝对不引渡"原则和"本国公民相对不引渡"原则。前者是指绝对禁止引渡本国公民,不存在任何的变通和例外情形。世界上如比利时、德国、法国、日本以及荷兰等国家均持有此种立场。[3]后者则是指在特定条件下,被请求国既可以将本国公民引渡给请求国,也可

---

[1] Treaty between the United States of America and Switzerland 1990, article 8 (1): "The requested State shall not decline to extradite because the person sought is a national of the Requested State unless it has jurisdiction to prosecute that person for the acts for which extradition is sought."

[2] 参见《引渡示范条约》第4条(a)项:"被要求引渡者为被请求国国民。如被请求国据此拒绝引渡,则应在对方提出请求的情况下将此案交由其本国主管当局审理,以便就作为请求引渡原因的罪行对该人采取适当行动。"

[3] 参见黄风:《中国引渡制度研究》,中国政法大学出版社1997年版,第96页。

以拒绝引渡。换言之,是否准予引渡完全由被请求国决定,主要存在于英美法系国家。大陆法系国家和英美法系国家对于该原则的立场存在较大差异。

(一) 反对立场

英美法系国家普遍不会将"本国公民不引渡"原则作为本国引渡制度的基本原则,即使是本国公民也可以引渡给其他国家。从管辖权的普遍原理来讲,英美法系国家基于犯罪属地性的司法理念普遍认为犯罪地国家享有刑事司法管辖上的优先地位,犯罪由犯罪行为地司法机关管辖可方便惩治犯罪,是对司法主权的尊重。另外,庭审中心主义的传统使得这些国家认为由于犯罪是违反了犯罪地国的法律,因而在犯罪地对犯罪人进行追诉有利于发现犯罪事实,符合证据法的一般原理和程序法的基本原则。以上理念反映在引渡制度上即产生"赞同引渡国民至犯罪行为地国接受审判和处罚"的态度,[1]因而对"本国公民不引渡"原则持反对立场。

英国是坚持反对立场的典型代表国家。英国早在其《1873年引渡法》中就认为"任何人"都可以成为引渡的对象,即包括本国公民。[2] 1879年,英国人维尔曾在奥地利将其妻子杀害后逃回英国,英国根据该法案中的规定应奥地利的要求将其予以引渡并最终被判处绞刑。[3] 1972年,英国在与美国签署的双边引渡条约

---

[1] 参见薛淑兰:《引渡司法审查研究》,中国人民公安大学出版社2008年版,第140页。

[2] See Extradition Act 1873, article 3: "…… Every person who is accused or convicted of having counselled, procured, commanded, aided, or abetted the commission of any extradition crime, or of being accessory before or after the fact to any extradition crime, shall be deemed for the purposes of the principal Act and this Act to be accused or convicted of having committed such crime, and shall be liable to be apprehended and surrendered accordingly."

[3] 参见彭峰:《引渡原则研究》,知识产权出版社2008年版,第128~129页。

中也承诺向对方引渡在其领土上发现的、被指控或被判定在对方管辖范围内犯罪的任何人，[1]这当然也包括被请求国本国公民。

美国与英国相似，也不支持"本国公民不引渡"原则的适用，即该原则不应该成为拒绝引渡的理由。但有所区别的是，美国没有完全排除该原则的适用，出现了所谓的酌情条款或自由裁量条款（discretionary clause），即虽然请求国与被请求国之间没有引渡本国公民的义务，但是被请求方也可以根据本国的自由裁量权对被请求引渡人作出准予引渡的决定。例如，1978年美国与墨西哥签署的双边引渡条约即规定："缔约双方均无移交其本国国民的义务，但被请求方行政机关在其法律未禁止的情况下，如果认为交出本国国民是适当的，有权自行决定交出本国国民。"[2]

（二）支持立场

大陆法系国家一般对"本国公民不引渡"原则的适用持支持立场，主要有以下三方面的原因。

第一，大陆法系国家的司法理念普遍认同一国对其本国公民具有属人管辖权。即使本国公民在国外实施犯罪行为，但基于属人管辖权，其对本国公民依旧具有相应的司法管辖权。既然被请求国依法对案件享有管辖权，则没有引渡本国公民的义务，否

---

[1] See Extradition Treaty between the Government of the Government of the United States of America and the Government of the United Kingdom of Great Britain and Northern Ireland 1972, article 1: "Each Contracting Party undertakes to extradite to the other, in the circumstances and subject to the conditions specified in this Treaty, any person found in its territory who has been accused or convicted of any offense within Article Ⅲ, committed within the jurisdiction of the other Party."

[2] United States of America and Mexico Extradition Treaty 1978, article 9 (1): "Neither Contracting Party shall be bound to deliver up its own nationals, but the executive authority of the requested Party shall, if not prevented by the laws of that Party, have the power to deliver them up if, in its discretion, it be deemed proper to do so."

则相当于自行放弃了司法管辖权，侵害了本国的司法主权。

第二，从保护的观点来看，基于国家和公民形成的信赖和归属关系，国家对本国公民负有相应的保护义务而不能将本国公民置于外国的刑事司法体系之下。由于各国法律制度的差异以及语言上的障碍，一国及其国民对外国的裁判体系普遍存在陌生与不信任感。在引渡事宜中，对于他国的法律制度以及司法公正不信任，并且在语言、宗教等诸多因素影响下会加深这种不信任。另外，当本国公民在国外接受审判和服刑时，语言上的障碍会削弱当事人为自己进行辩护的权利和效果，且服刑期间也存在受到不公正待遇的可能性。

第三，本国公民在外国受审和服刑不利于其改造和回归社会。相反，如果能在本国定罪量刑，则有利于保证其在接受刑罚后更好地适应社会。[1]刑罚最终的目的是改造罪犯以使其能够回归社会，在本国服刑更有利于实现这一目的。

综上所述，大陆法系法律制度的特点决定了其坚持适用"本国公民不引渡"原则的基本立场。但是在二战后，大陆法系国家坚定的态度开始有所缓和。比如，意大利在其宪法中规定："只有在国际公约明文规定的情况下，才可引渡本国国民。"[2]国际条约成为变通"本国公民不引渡"原则的重要依据。之后，随着欧盟各国之间越来越密切的国际合作，"本国公民不引渡"原则也被不断突破。[3]例如1957年《欧洲引渡公约》规定

---

[1] 参见马德才：《国际法中的引渡原则研究》，中国政法大学出版社2014年版，第77页。

[2] Constitution of the Italian Republic 1947, article 26 (1): "Extradition of a citizen may be granted only if it is expressly envisaged by international conventions." at https://www.senato.it/documenti/repository/istituzione/costituzione_inglese.pdf。

[3] 参见周露露：《欧盟引渡制度的新发展及对我国的启示》，载《法学》2003年第12期。

"缔约方有权拒绝引渡本国国民"，[1] 1996 年的《欧盟成员国间引渡公约》对其进行了修正，要求"不得以被请求引渡人为《欧洲引渡公约》第 6 条意义上的被请求引渡国国民为由拒绝引渡"。[2] 该款规定排除了"本国公民不引渡"原则的限制，对于消除欧盟成员国间的传统引渡障碍具有重要意义。

2004 年，欧洲《关于欧洲逮捕令及成员国间移交程序的框架决定》（Council Framework Decision of the European Arrest Warrant and the Surrender Procedures between Member States）（以下简称《框架决定》）对这一原则进行了更大的变革。《框架决定》允许司法当局在执行欧洲逮捕令时附带条件，如果为起诉目的而被欧洲逮捕令通缉的是成员国的国民或居民，对其的移交可附带条件，即在听取其陈述后将其送回执行成员国，以便执行在签发成员国对其作出的监禁判决或拘留令。[3] 当然，"如果欧洲逮捕令是为了执行监禁判决或拘留令而签发的，而被请求人

---

[1] European Convention on Extradition, article 6 (a): "A Contracting Party shall have the right to refuse extradition of its nationals."

[2] Convention drawn up on the basis of Article K. 3 of the Treaty on European Union, relating to extradition between the Member States of the European Union [1996] OJ C 313/12, article 7 (1): "Extradition may not be refused on the ground that the person claimed is a national of the requested Member State within the meaning of Article 6 of the European Convention on Extradition."

[3] See Council Framework Decision of 13 June 2002 on the European Arrest Warrant and The Surrender Procedures between Member States, article 5: "The execution of the European arrest warrant by the executing judicial authority may, by the law of the executing Member State, be subject to the following conditions... 3. where a person who is the subject of a European arrest warrant for the purposes of prosecution is a national or resident of the executing Member State, surrender may be subject to the condition that the person, after being heard, is returned to the executing Member State in order to serve there the custodial sentence or detention order passed against him in the issuing Member State."

正逗留在执行成员国,或者是执行成员国的国民或居民,并且该国承诺根据其国内法执行判决或拘留令",执行司法当局也可以拒绝执行欧洲逮捕令。[1]欧洲逮捕令制度事实上基本废除了"本国公民不引渡"原则在欧洲的适用。

(三) 我国的立场

我国在立法和条约中关于"本国公民不引渡"原则的规定采取了不同的规定方式。

根据我国《引渡法》第8条第1项的规定,"根据中华人民共和国法律,被请求引渡人具有中华人民共和国国籍的",应当拒绝外国向我国提出的引渡请求。本条中"应当"的使用使得该规定成为一个绝对性的禁止性规范,而无任何变通的可能。此种立法选择主要是为了更好地维护我国《刑法》中的属人管辖权以及保护我国公民的基本权利。[2]根据我国《刑法》的规定,只要我国公民所犯行为属于我国《刑法》所规定的犯罪,则不论其行为发生地均应由我国予以管辖。此外,由我国司法机关行使刑事管辖权也更有利于罪犯在我国改造,保障犯罪人的基本人权,体现了我国立法者将保护国家和公民利益放在首位的价值选择。

我国同其他国家签署的双边引渡条约则对"本国公民不引

---

[1] See Council Framework Decision of 13 June 2002 on the European Arrest Warrant and The Surrender Procedures between Member States, article 4: "The executing judicial authority may refuse to execute the European arrest warrant… 6. if the European arrest warrant has been issued for the purposes of execution of a custodial sentence or detention order, where the requested person is staying in, or is a national or a resident of the executing Member State and that State undertakes to execute the sentence or detention order in accordance with its domestic law."

[2] 参见胡康生主编:《中华人民共和国引渡法释义》,法律出版社2001年版,第15页。

渡"原则进行了较为灵活的规定。为了促进国际刑事司法合作的顺利开展,我国对该原则在引渡条约中采用了两种不同的表述,分别为"应当拒绝"和"有权拒绝"引渡本国国民。"应当拒绝"表明在引渡本国国民的问题上我国持有绝对的、无自由裁量余地的反对立场,即绝对禁止引渡。比如在我国与俄罗斯签订的双边引渡条约中,"被请求引渡人系被请求的缔约一方国民"即为被请求国应当拒绝引渡的情形。[1]"有权拒绝"则表示被请求国在具体适用过程中可以较为自由地决定对本国公民引渡与否,即相对禁止引渡。比如《中华人民共和国和泰王国引渡条约》第5条第1项规定,"缔约双方有权拒绝引渡其本国国民"。此种规定实际上为条约双方的引渡决定提供了更大的合作空间,使得双方在本国公民能否引渡的问题上可以进行个案分析。

总结我国签订的双边引渡条约,对"本国公民不引渡"原则的规定主要有以下三类情形:第一种,在条约中规定被请求方应当拒绝引渡本国公民。其中部分条约明确规定了公民身份的确定时间,包括在收到引渡请求时是被请求方国民,[2]引渡决定作出时是被请求方国民,[3]以及犯罪发生时是被请求方国民等。[4]另外,有部分条约还规定了公民身份确定依据的法律

---

[1] 参见《中华人民共和国和俄罗斯联邦引渡条约》第3条第1项。

[2] 参见《中华人民共和国和阿尔及利亚民主人民共和国引渡条约》第3条第4项、《中华人民共和国和安哥拉共和国引渡条约》第3条第4项、《中华人民共和国和葡萄牙共和国引渡条约》第3条第1款第4项、《中华人民共和国和西班牙王国引渡条约》第3条第4项。

[3] 参见《中华人民共和国和立陶宛共和国引渡条约》第3条第1项、《中华人民共和国和保加利亚共和国引渡条约》第3条第1项。

[4] 参见《中华人民共和国和法兰西共和国引渡条约》第4条第1款:"如果被请求引渡人具有被请求方国籍,应当拒绝引渡。该人的国籍依引渡请求所针对的犯罪发生时确定。"

为被请求国法律。[1]第二种,在条约中规定对于本国公民可以或有权拒绝引渡。[2]第三种,还有些条约既未明确规定对于本国公民应当拒绝引渡也未明确规定对其可以拒绝引渡。[3]

总之,作为引渡制度中的一项基本原则,"本国公民不引渡"的存在有其必要性和合理性。但随着国际刑事司法合作力度的不断加大,国际社会对"本国公民不引渡"原则的适用也呈现出相对缓和松动的现象,整体上呈现出从绝对禁止引渡立场向相对禁止引渡立场转变的趋势。我国在《引渡法》和条约中的不同规定也体现了这种变化趋势,条约的特殊规定为我国灵活适用"本国公民不引渡"原则创造了合理的空间。

二、本国公民身份的认定

实践中,由于各国对于如何认定公民身份存在不同的标准,使得本国公民身份的认定成为落实"本国公民不引渡"原则的关键性问题。一般情况下,对一国公民身份的认定需要同时满足概念和时间上的双重标准。

---

[1] 参见《中华人民共和国和巴基斯坦伊斯兰共和国引渡条约》第3条第2项、《中华人民共和国和巴西联邦共和国引渡条约》第3条第1款第4项。

[2] 参见《中华人民共和国和阿富汗伊斯兰共和国引渡条约》第5条第1款、《中华人民共和国和波斯尼亚和黑塞哥维那引渡条约》第5条第1款、《中华人民共和国和大韩民国引渡条约》第5条第1款、《中华人民共和国和菲律宾共和国引渡条约》第3条第1款、《中华人民共和国和柬埔寨王国引渡条约》第5条第1款、《中华人民共和国和莱索托王国引渡条约》第5条第1款、《中华人民共和国和墨西哥合众国引渡条约》第5条第1款、《中华人民共和国和纳米比亚共和国引渡条约》第5条第1款、《中华人民共和国和南非共和国引渡条约》第5条第1款、《中华人民共和国和泰王国引渡条约》第5条第1款、《中华人民共和国和意大利共和国引渡条约》第5条第1款、《中华人民共和国和印度尼西亚共和国引渡条约》第5条第1款。

[3] 比如《中华人民共和国和秘鲁共和国引渡条约》,但该条约第5条规定:"只有在不违反被请求国法律体系时,才能进行引渡。"

对公民身份的认定首先需要满足概念上的标准。"'国民'是指被某一国家视为自己的属民并且会受到该国特殊的法律保护和外交保护的人。"[1]但对"本国公民不引渡"原则中的"公民"的界定,国际法上一般不作统一规定,而是交由各国的主管机关根据实际情况进行明确。例如,对我国公民进行识别的依据应当是《国籍法》,即在判断被请求引渡人是否为我国公民时,应当判断其根据我国《国籍法》是否具有本国国籍。

对公民身份的认定还需要满足时间标准。我国《引渡法》对此没有作出明确的规定,但从与外国签署的双边引渡条约中可以看出我国在此问题上采取了较为灵活的立场。结合国际惯例及我国与其他国家签订的双边条约,关于"本国公民不引渡原则"适用我国国籍的认定主要有以下四种类型。

第一种,只要被请求引渡人在被引渡之罪的行为发生或完成时取得被请求国国籍的,就可以拒绝引渡。我国与法兰西共和国、印度尼西亚之间签订的引渡条约即采取此种立场。[2]

第二种,被请求引渡人只要在引渡请求提出时取得了被请求国国籍的,就可以拒绝引渡。我国在与比利时签订的引渡条约中采取了这一规定。[3]

第三种,被请求引渡人只要在被请求国收到引渡请求时取得了被请求国国籍的,就可以拒绝引渡。我国与阿塞拜疆、西班牙、阿尔及利亚、伊朗、安哥拉以及葡萄牙的引渡条约均以

---

[1] 彭峰:《引渡原则研究》,知识产权出版社2008年版,第140页。
[2] 参见《中华人民共和国和法兰西共和国引渡条约》第4条第1款:"如果被请求引渡人具有被请求方国籍,应当拒绝引渡。该人的国籍依引渡请求所针对的犯罪发生时确定。"《中华人民共和国和印度尼西亚共和国引渡条约》第5条第3款:"对被请求引渡人国籍的认定应当以引渡请求所针对的犯罪发生时的国籍为准。"
[3] 参见《中华人民共和国和比利时王国引渡条约》第5条第1款:"双方均有权拒绝引渡本国国民。国籍按照引渡请求提出时的国籍予以确定。"

此种时间标准进行规定。[1]

第四种,只要在被请求国就引渡请求作出决定之前,被请求人取得了被请求国国籍的,就可以拒绝引渡。例如1957年的《欧洲引渡公约》就持有该种标准。[2]我国与立陶宛、乌兹别克斯坦、保加利亚之间的双边引渡条约亦是如此。[3]

综合比较以上四种标准,第一种标准以被引渡之犯罪发生时为准,此时公民的身份是一个客观存在的事实,因此自由裁量的余地最小。第四种标准以引渡请求决定作出时为准,由于从被请求国收到引渡请求到其作出引渡决定期间往往还有很长一段时间,此时还存在被请求引渡人变换公民身份的可能性,因此赋予请求国的自由裁量权最大,此时意味是否引渡完全交由被请求国自行决定,并不利于国际刑事司法合作的开展。第二、三种标准在实际操作中可以归为一类,以被请求国收到引渡请求时来确定被请求引渡人的公民身份,是较为合理的做法。

三、"本国公民不引渡"原则的变通

随着犯罪全球化的趋势越来越明显,滥用"本国公民不引

---

[1] 参见《中华人民共和国和阿塞拜疆共和国引渡条约》第3条第4项:"在被请求方收到引渡请求时,被请求引渡人是被请求方国民"。相似规定参见《中华人民共和国和西班牙王国引渡条约》第3条第4项、《中华人民共和国和阿尔及利亚民主人民共和国引渡条约》第3条第4项、《中华人民共和国和伊朗伊斯兰共和国引渡条约》第6条第4项、《中华人民共和国和安哥拉共和国引渡条约》第3条第4项、《中华人民共和国和葡萄牙共和国引渡条约》第3条第1款第4项。

[2] See European Convention on Extradition, article 6 (1) (c): "Nationality shall be determined as at the time of the decision concerning extradition."

[3] 参见《中华人民共和国和立陶宛共和国引渡条约》在第3条第1项:"在就引渡作出决定时,被请求引渡人为被请求方国民。"相似规定参见《中华人民共和国和乌兹别克斯坦共和国引渡条约》第3条第1项、《中华人民共和国和保加利亚共和国引渡条约》第3条第1项。

渡"原则的现象也开始出现,在一定程度上阻碍了国际刑事司法合作的顺利进行,导致某些犯罪人借助该原则逃避应有的定罪与处罚。从趋势来看,两大法系国家不约而同地对"本国公民不引渡"原则做出了一些变通。其在各国国内法和引渡条约中亦不再持绝对化立场,越来越多的国家通过一些补充制度来变通适用该原则。

"先引渡后移管"正是国际社会对"本国公民不引渡"原则做出的一种变通方式。所谓"先引渡后移管",又称被判刑人的移送,是指应请求国的要求,被请求国可以先将其本国公民引渡给请求国进行定罪量刑,但请求国在此之后需将被引渡人移交回被请求国对所判处的刑罚按照被请求国的程序予以执行。[1]因其功能上的相似性,该制度常常被用来与"或引渡或起诉"原则相提并论,但二者之间存在一定的区别。

"或引渡或起诉"原则指的是当被请求国因被请求引渡人为本国公民而拒绝将其引渡时,应当将案件交由其本国的主管机关进行追诉。而"先引渡后移管"制度的出现则在一定程度上免除了"或引渡或起诉"原则赋予被请求国的追诉义务。例如,《联合国反腐败公约》第44条第12款规定:"如果缔约国本国法律规定,允许引渡或者移交其国民须以该人将被送还本国,按引渡或者移交请求所涉审判、诉讼中作出的判决服刑为条件,而且该缔约国和寻求引渡该人的缔约国也同意这一选择以及可能认为适宜的其他条件,则这种有条件引渡或者移交即足以解除该缔约国根据本条第十一款所承担的义务。"该条第11款规定:"如果被指控罪犯被发现在某一缔约国而该国仅以该人为本国国民为理由不就本条所适用的犯罪将其引渡,则该国有义务在寻求引渡的缔约国提出请求时将该案提交本国主管机关以便

---

〔1〕 参见马德才:《国际法中的引渡原则研究》,中国政法大学出版社2014年版,第83页。

起诉,而不得有任何不应有的延误。这些机关应当以与根据本国法律针对性质严重的其他任何犯罪所采用的相同方式作出决定和进行诉讼程序。有关缔约国应当相互合作,特别是在程序和证据方面,以确保这类起诉的效率。"该条第 12 款的规定实际上是"先引渡后移管"制度的体现,这一规定与第 11 款中"或引渡或起诉"原则属于择一关系,即如果被请求引渡的缔约国采用了"先引渡后移管",则不必再承担"或引渡或起诉"的义务。除此之外,《联合国打击跨国有组织犯罪公约》也有类似的规定。[1]由此可见,以上两个具有替代属性的制度为削弱"本国公民不引渡"原则创设了一定的空间,可借此减轻该原则对国际刑事司法合作带来的阻碍。

除此之外,"或引渡或执行请求国判决"也被认为是"本国公民不引渡"原则的另一种有效变通方式。《联合国反腐败公约》规定:"如果为执行判决而提出的引渡请求由于被请求引渡人为被请求缔约国的国民而遭到拒绝,被请求缔约国应当在其本国法律允许并且符合该法律的要求的情况下,根据请求缔约国的请求,考虑执行根据请求缔约国本国法律判处的刑罚或者尚未服满的刑期。"[2]《联合国打击跨国有组织犯罪公约》也有相似规定。[3]换言之,在请求引渡的缔约国为了执行刑事判决

---

[1] 参见《联合国打击跨国有组织犯罪公约》第 16 条第 11 款:"如果缔约国本国法律规定,允许引渡或移交其国家须以该人将被送还本国,就引渡或移交请求所涉审判、诉讼中作出的判决服刑为条件,且该缔约国和寻求引渡该人的缔约国也同意这一选择以及可能认为适宜的其他条件,则此种有条件引渡或移交即足以解除该缔约国根据本条第 10 款所承担的义务。"

[2] 《联合国反腐败公约》第 44 条第 13 款。

[3] 参见《联合国打击跨国有组织犯罪公约》第 16 条第 12 款:"如为执行判决而提出的引渡请求由于被请求引渡人为被请求缔约国的国民而遭到拒绝,被请求国应在其本国法律允许并且符合该法律的要求的情况下,根据请求国的请求,考虑执行按请求国本国法律作出的判刑或剩余刑期。"

而提出引渡请求时,被请求国以"本国公民不引渡"为由而拒绝引渡的,缔约国双方可以通过合法途径进行协商,由被请求引渡的缔约国执行相应的判决,即被请求国可在引渡和执行判决两者中择一承担相应的义务。此种变通方式更易为缔约的被请求国所接受,在维护缔约国国家主权的同时也兼顾了打击国际犯罪的目的。

以上两种变通方式并没有从本质上否定"本国公民不引渡"原则,完全可以并行。我国在与部分国家签订的双边引渡条约中,也对"本国公民不引渡"原则做出了一定的变通规定。比如《中华人民共和国和泰王国引渡条约》第5条第1款规定的"缔约双方有权拒绝引渡本国国民"即一个授权性条款而非禁止性条款,在具体的实践中可以进行变通。类似的规定也见于我国与柬埔寨和比利时签订的引渡条约。[1]这种做法与我国《引渡法》并不冲突,《引渡法》大量使用了"依照本法与条约处理"的表述,表明二者具有同等的地位,并行不悖。而且从《引渡法》的规定,比如第4条对于联络机关、第49条对于过境引渡等可以看出,我国实际上也采用了条约作为特别规定优先于《引渡法》适用的立场。[2]

除双边条约的变通适用之外,我国也可以在《引渡法》的框架内对"本国公民不引渡"原则进行变通。根据我国《引渡法》

---

[1] 参见《中华人民共和国和柬埔寨王国引渡条约》第5条第1款、《中华人民共和国和比利时王国引渡条约》第5条第1款。

[2] 参见《引渡法》第4条第2款:"引渡条约对联系机关有特别规定的,依照条约规定。"第49条:"引渡、引渡过境或者采取强制措施的请求所需的文书、文件和材料,应当依照引渡条约的规定提出;没有引渡条约或者引渡条约没有规定的,可以参照本法第二章第二节、第四节和第七节的规定提出;被请求国有特殊要求的,在不违反中华人民共和国法律的基本原则的情况下,可以按照被请求国的特殊要求提出。"

的规定，我国可与外国在平等互惠的基础上进行引渡合作。[1]这意味着如果他国曾给予我国互惠待遇或者作出相应的承诺，我国也可相应对"本国公民不引渡"原则进行一定程度的变通。具体包括以下几种情形：其一，如果我国与他国存在良好的政治与外交关系或就引渡问题上曾有过成功的合作经验，我国可与其就引渡本国公民的问题作出具体的互惠承诺；其二，在被请求引渡人为中国公民的情形下，若其曾长期居住于某外国并形成了固定的生活和工作习惯，对居住地国的司法环境等较为信任，我国可以允许其在当地接受审判而不直接对请求国作出拒绝引渡的决定；其三，引渡请求国明确承诺将在其境内犯罪的被请求引渡人进行追诉与审判后，将该人送回我国执行刑罚，即以被判刑人移管作为允许引渡的前提条件。

总之，对"本国公民不引渡原则"不可固守一种模式，需要通过合法途径变通适用。我国现有国际条约中的规定既与国际惯例接轨，也符合我国《引渡法》的规定及实践需要，未来需要更加灵活、妥善地处理属地原则和属人原则之间的矛盾，在打击犯罪、保护人权和维护国家利益之间找到平衡点。

第二节 死刑不引渡

死刑制度的存废影响到国与国或地区之间的引渡合作，一直以来都是争议的焦点。世界上有不少国家都将"死刑不引渡"设定为国际刑事司法合作的基本原则，当被请求国有理由相信被请求引渡人在被引渡后有可能被请求国处以死刑时，则将拒绝请求国提出的引渡请求。作为引渡领域中国际公认的另一项

---

[1] 参见《引渡法》第3条第1款。

重要原则,"死刑不引渡"原则对于保护被引渡人的人权以及促进国际刑事司法合作的开展均具有十分重要的意义。

世界上依旧有不少国家保留了死刑制度,其与其他保留死刑的国家之间以及与已经废除了死刑的国家之间如何进行引渡合作都是值得深思的问题。我国对死刑的保留也为近些年来我国与其他国家开展刑事司法合作带来一系列的问题。比如,死刑制度的存在是否意味着我国无法在国际刑事司法合作中适用"死刑不引渡"原则?我国出于顺利开展引渡合作的目的而对被请求国承诺不对被请求引渡人判处死刑或执行死刑,是否意味着我国的刑事管辖权受到了限制?另外,如果我国因为死刑制度的保留而无法在国际上与其他国家开展引渡合作,是否意味着我国对于逃亡在外的犯罪嫌疑人彻底丧失了刑事管辖权?以上问题都将关于"死刑不引渡"原则的适用推到风口浪尖上,成为引渡领域不得不探讨的重难点问题。

一、"死刑不引渡"原则的历史沿革

作为现代引渡制度的产物,"死刑不引渡"原则深受废除死刑运动的影响,其发展与国际人权运动对死刑的态度具有密切关系。人权与死刑一直紧密相连,而伴随着人权运动的发展,更是在国际合作中为死刑和引渡之间搭建起了桥梁。[1]

在早期的引渡活动中,被引渡的对象主要是政治犯罪者和宗教犯罪者,其是否会被判处死刑与是否对其进行引渡之间没有必然联系。关于死刑问题的分歧并未构成各国拒绝开展引渡合作的普遍障碍。不仅如此,死刑甚至因可以起到维护政权稳定的缘故而得到统治者的支持,死刑作为维持统治秩序的刑罚

---

[1] 张旭:《国际刑法论要》,吉林大学出版社2000年版,第241页。

工具，一直为重刑主义者所青睐。直到1764年，意大利著名刑法学家切萨雷·贝卡里亚在其著作《论犯罪与刑罚》中首次明确地提出严格限制死刑或废除死刑的观点，[1]这才使近代刑罚改革拉开了序幕，废除死刑渐成趋势。

19世纪末20世纪初，随着人权意识的觉醒和废除死刑呼声的高涨，世界范围内掀起了第一次废除死刑的高潮，葡萄牙、瑞士、意大利以及巴西等国先后从法律上废除了死刑制度。[2]死刑问题映射在引渡层面即产生了"死刑不引渡"的说法，国际社会不断将目光聚焦于国际引渡合作领域，有关"死刑不引渡"的条款也迅速扩展至越来越多的双边引渡条约。比如1872年，巴西和西班牙率先在双方签署的引渡条约中引入了含有"死刑不引渡"内容的条款。[3]之后"死刑不引渡"原则便成为引渡合作中使用频率较高的拒绝理由或者限制条件。许多国家开始在其国内法中正式废除死刑并在与其他国家签订的双边引渡条约中延续了"死刑不引渡"的规定。[4]然而，这些条约并未直接促成"死刑不引渡"理念的支配性地位。从"死刑不引渡"原则的整体发展情况来看，此时该原则还处在"孕育时期"。[5]

---

〔1〕 参见［意］切萨雷·贝卡里亚：《论犯罪与刑罚》，黄风译，北京大学出版社2008年版，第65~71页。

〔2〕 参见张明楷：《外国刑法纲要》（第2版），清华大学出版社2007年版，第372页。

〔3〕 See William A. Schabas, "Indirect Abolition: Capital Punishment's Role in Extradition Law and Practice", *Loyola of Los Angeles International and Comparative Law Review*, 25（2003），584.

〔4〕 See J. S. Reeves, Extradition Treaties and the Death Penalty, *The American Journal of International Law*, 18（1924），299.

〔5〕 参见马德才：《国际法中的引渡原则研究》，中国政法大学出版社2014年版，第87页。

第五章　拒绝引渡的任择性事由

二战之后，国际社会开始不断反思战争对人类生命权等基本权利的肆意践踏，对人权的认识也更加深入。以1948年联合国大会通过《世界人权宣言》为标志，各种人权理论将个人权利保障推向了高潮，民众逐步对犯罪人的人权加以重视，国际上出现了第二次废除死刑的高潮，这也就直接导致了各国国内引渡法对死刑的重视。1957年，瑞典在其《刑事犯罪引渡法》中将"被引渡者不得因其所犯罪行被处以死刑"规定为准予引渡的条件之一；[1]1967年，英国在其《逃犯法》中亦规定："如果被指控或被定罪的相关罪行在莱索托不会被判处死刑，而提出引渡请求的国家可能或已经因该罪行判处死刑，则部长可决定不根据本节发布命令。"[2]此后，葡萄牙、联邦德国、西班牙、意大利等国家也相继在其国内引渡法中规定了"死刑不引渡"原则，甚至该原则出现在了一些国家的宪法中。例如，瑞典在其1975年颁布的《宪法》中就明确要求废除国内的死刑制度。[3]

这股潮流也逐渐蔓延到国际地区之间的公约中。《美洲国家间引渡公约》规定："如果有关罪行在请求国可处以死刑、无期徒刑或有辱人格的处罚，缔约国不应准予引渡，除非被请求国事先通过外交渠道从请求国获得充分保证，保证不会对被请求引渡人处以上述任何一种处罚，或者如果处以上述处罚，也不会予

---

[1] See The Extradition for Criminal Offences Act 1957, section 12: "When extradition is granted the following conditions, when applicable, shall be prescribed... 3. A person who is extradited may not have the death penalty imposed for the offence."

[2] Fugitive Offenders Act 1967, article 11 (4): "The Minister may decide to make no order under this section in the case of a person accused or convicted of a relevant offence not punishable with death in Lesotho if that person could be or has been sentenced to death for that offence in the country by which the request for ins return is made."

[3] See Constitution of Sweden 1974, Chapter 2, article 4: "There shall be no capital punishment." at https://faolex.fao.org/docs/pdf/swe128132E.pdf.

以执行。"[1]《欧洲引渡公约》也规定:"如果引渡请求所依据的罪行在请求方的法律下可判处死刑,且被请求方的法律未规定对此类罪行判处死刑或通常不执行死刑,则可拒绝引渡,除非请求方作出被请求方认为充分的保证,即不会执行死刑。"[2]正因为"死刑不引渡"原则在世界范围内被广泛接受,为被请求引渡人提供了在面临死刑审判时多元化的法律救济途径,比如可依据国际公约的规定向联合国人权委员会寻求保护,且成功率较高。[3]

国际条约中也出现了引入"死刑不引渡"原则的高潮。例如,1973年美国与意大利签署的双边引渡条约规定:"当请求引渡的罪行根据请求国法律可处以死刑,而被请求国法律未规定对该罪行处以死刑时,应拒绝引渡,除非请求国提供被请求国认为充分的保证,保证不判处死刑或判处死刑后不执行死刑。"[4]

---

[1] Inter-American Convention on Extradition, article 9: "The States Parties shall not grant extradition when the offense in question is punishable in the requesting State by the death penalty, by life imprisonment, or by degrading punishment, unless the requested State has previously obtained from the requesting State, through the diplomatic channel, sufficient assurances that none of the above-mentioned penalties will be imposed on the person sought or that, if such penalties are imposed, they will not be enforced."

[2] European Convention on Extradition, article 11: "If the offence for which extradition is requested is punishable by death under the law of the requesting Party, and if in respect of such offence the death-penalty is not provided for by the law of the requested Party or is not normally carried out, extradition may be refused unless the requesting Party gives such assurance as the requested Party considers sufficient that the death-penalty will not be carried out."

[3] 参见黄风:《引渡问题研究》,中国政法大学出版社2006年版,第26~27页。

[4] Extradition Treaty between the Government of the United States of America and the Government of the Republic of Italy, article Ⅸ: "When the offense for which extradition is requested is punishable by death under the laws of the requesting Party and the laws of the requested Party do not provide for such punishment for that offense, extradition shall be refused unless the requesting Party provides such assurances as the requested Party considers sufficient that the death penalty shall not be imposed, or, if imposed, shall not be executed."

1978年美国和墨西哥之间的引渡条约也有相似的规定。[1]另外,我国与西班牙、法国之间分别签署的引渡条约也都对"死刑不引渡"原则加以规定。[2]

总之,随着社会的不断发展,"死刑不引渡"原则已经成为国际刑事司法合作中广为接受的规则。随着"死刑不引渡"原则在国际引渡合作领域的受重视程度不断增强,废除死刑与人权保障之间的关系也似乎越来越紧密,一个国家对该原则的接受和承认程度被认为会在一定程度上反映出该国在人权保护层面的国际形象。[3]无论是在国际条约中,还是在国内的引渡立法中,"死刑不引渡"条款都已普遍存在。"死刑不引渡"已经不局限于为某一国家为保护人权而设计的口号,而是从一项特殊规则上升为引渡领域的普遍原则,并逐步发展为一条具有国际性的刚性条款。

二、"死刑不引渡"的不同模式

世界各国对死刑的态度并不一致,这也导致对"死刑不引

---

[1] See Extradition Treaty between the United States of America and the United Mexican States, article 8: "When the offense for which extradition is requested is punishable by death under the laws of the requesting Party and the laws of the requested Party do not permit such punishment for that offense, extradition may be refused, unless the requesting Party furnishes such assurances as the requested Party considers sufficient that the death penalty shall not be imposed, or, if imposed, shall not be executed."

[2] 参见《中华人民共和国和西班牙王国引渡条约》第3条第8项:"根据请求方法律,被请求引渡人可能因引渡请求所针对的犯罪被判处死刑,除非请求方作出被请求方认为足够的保证不判处死刑,或者在判处死刑的情况下不执行死刑。"《中华人民共和国和法兰西共和国引渡条约》第3条第7项:"引渡请求所针对的犯罪依照请求方的法律应当判处死刑,除非请求方作出被请求方认为足够的保证不判处死刑,或者在判处死刑的情况下不予执行。"

[3] 参见刘亚军:《引渡新论——以国际法为视角》,吉林人民出版社2004年版,第243页。

渡"原则的落实存在不同模式。整体上又可以根据拒绝引渡是否附带条件分为完全拒绝和部分拒绝两种方式,也有学者对此采用"死刑绝对不引渡"和"死刑相对不引渡"的说法。[1]

"死刑绝对不引渡"是指当被请求国针对请求国所提出的引渡请求认为请求国可能会对被请求引渡人判处死刑时,被请求国完全拒绝请求国的请求,并且不附加任何予以变通的条件。而"死刑相对不引渡"是指将死刑作为拒绝引渡的任意性事由,即便依照请求国的法律可能会对被请求引渡人判处死刑,若请求国作出相应的不判处死刑或不执行死刑的量刑承诺或行刑承诺,被请求国则可以作出准许引渡的决定。例如我国与西班牙签署的引渡条约规定,"根据请求方法律,被请求引渡人可能因引渡请求所针对的犯罪被判处死刑,除非请求方作出被请求方认为足够的保证不判处死刑,或者在判处死刑的情况下不执行死刑"的,我国应当拒绝引渡。[2]《欧洲引渡公约》《美洲国家间引渡公约》以及联合国《引渡示范条约》等采取的均为相对不引渡的模式。[3]

---

[1] 参见高铭暄、张杰:《论国际反腐败犯罪的趋势及中国的回应——以〈联合国反腐败公约〉为参照》,载《政治与法律》2007年第5期。

[2] 参见《中华人民共和国和西班牙王国引渡条约》第3条第8项。

[3] See European Convention on Extradition 1957, article 11: "If the offence for which extradition is requested is punishable by death under the law of the requesting Party, and if in respect of such offence the death-penalty is not provided for by the law of the requested Party or is not normally carried out, extradition may be refused unless the requesting Party gives such assurance as the requested Party considers sufficient that the death-penalty will not be carried out." Inter-American Convention on Extradition, article 9, "The States Parties shall not grant extradition when the offense in question is punishable in the requesting State by the death penalty, by life imprisonment, or by degrading punishment, unless the requested State has previously obtained from the requesting State, through the diplomatic channel, sufficient assurances that none of the above-mentioned penalties will be imposed on the

第五章　拒绝引渡的任择性事由

总体来看，相较于"死刑绝对不引渡"模式，"死刑相对不引渡"模式更受各国青睐。"死刑绝对不引渡"的刚性条款既未考虑到保留死刑的请求国的利益，更不利于国际社会共同打击国际犯罪的需要，使得引渡合作极易陷入僵局。而"死刑相对不引渡"模式在承认"死刑不引渡"原则的基础上加以变通和修正，通过要求请求国作出不判处或不执行死刑的保证的方式允许引渡，绕开了国内法中保留死刑制度的最大障碍。可见，"相对死刑不引渡"模式实际上是对于"死刑绝对不引渡"模式的一种变通，在保留死刑的前提下，适当作出让步可以保证国际刑事司法合作的顺利进行，[1]也体现了各国之间对不同法律制度的相互尊重。

需要注意的是，"死刑相对不引渡"模式有时会受到被请求国国内法的制约。例如，1993年，美国曾依据其与意大利之间在1983年签署的双边引渡条约向其申请引渡涉嫌在美国犯一级谋杀罪的意大利人彼得罗（Pietro Venezia）。由于在两国签署的双边引渡条约中采用的是"死刑相对不引渡"模式，因此美国向意大利作出了对彼得罗不判处或不执行死刑的保证并获得意大利司法部部长准予引渡的决定，然而意大利宪法法院最终却认定上述条约和相关国内法律违宪。[2]本案中，意大利宪法法院的做法实际上使得条约中规定的"死刑相对不引渡"弹性条

（接上页）person sought or that, if such penalties are imposed, they will not be enforced."《引渡示范条约》第4条（d）项："按请求国的法律作为请求引渡原因的罪行应判处死刑，除非该国作为被请求国认为是充分的保证，表示不会判处死刑，或即使判死刑，也不会予以执行。如被请求国据此拒绝引渡，则应在对方提出请求的情况下将此案交由其本国主管当局审理，以便就作为请求引渡原因的罪行对该人采取适当行动。"

〔1〕 参见李翔：《国际刑法中国化问题研究》，法律出版社2009年版，第224页。
〔2〕 参见黄风：《引渡问题研究》，中国政法大学出版社2006年版，第28~29页。

款转变为绝对不引渡的刚性条款，导致引渡合作无法有效展开，也削弱了两国间引渡条约的效力。因此，在引渡双边合作中，为了提高引渡的准确性和效率，还需要对被请求国的国内法有着非常深入的认识。

三、"死刑不引渡"中的量刑承诺制度

国际刑事司法合作中的量刑承诺制度是指："为了推动引渡、非法移民遣返等刑事司法合作的顺利开展，请求引渡或者遣返国向被请求引渡、遣返国作出的关于对被请求引渡、遣返人在回国受审后予以减轻处罚的承诺的制度，其中最为突出的就是不判处死刑或者不执行死刑的承诺。"[1]量刑承诺制度对于变通"死刑不引渡"原则具有非常重要的价值。被请求国就准予引渡的决定附加条件是量刑承诺制度的前提，若被请求国直接决定对被请求引渡人予以引渡则没有必要进行量刑承诺。然而，由于各国间法律制度的差异性，尤其是对于死刑这种关乎国家刑罚种类的根本制度，很难在国内法中予以变革，此时在作出引渡决定之前，被请求国希望请求国能对引渡后的定罪或量刑提前作出承诺将有助于推动引渡程序的顺利开展。反之，如果请求国无法满足这一前提条件，被请求国则会拒绝相应的引渡请求。

我国的量刑承诺制度最早出现在外交部、最高人民法院、最高人民检察院、公安部以及司法部在1992年联合发布的《关于办理引渡案件若干问题的规定》中，即"我国请求引渡时已经就被要求引渡人的定罪、量刑或者执行刑罚等事项向被请求国作出承诺的，我国司法机关在对该人追究刑事责任或者执行刑罚时应当

---

[1] 张磊：《境外追逃中的量刑承诺制度研究》，载《中国法学（文摘）》2017年第1期。

受该项承诺的约束"。[1]《引渡法》对量刑承诺作出了更为细致的规定："被请求国就准予引渡附加条件的,对于不损害中华人民共和国主权、国家利益、公共利益的,可以由外交部代表中华人民共和国政府向被请求国作出承诺。对于限制追诉的承诺,由最高人民检察院决定;对于量刑的承诺,由最高人民法院决定。"[2]我国《引渡法》基本建立起了具有中国特色的量刑承诺制度,对于我国开展引渡国际合作具有重要的推动意义。

根据我国《引渡法》的规定,量刑承诺(广义)制度可以分为追诉承诺和量刑承诺(狭义)。对外而言,量刑承诺的作出主体是外交部,虽然具体内容由最高人民检察院或最高人民法院决定,但由于引渡属于国家行为,只有我国外交部才可以作为对外代表机关发出量刑承诺。具体而言,"实践中,我国量刑承诺通常是以外交照会的形式发出,即由中国驻被请求国大使馆向该国外交部发出外交照会,或者是中国外交部向被请求国驻中国大使馆发出外交照会。所以,在实践中量刑承诺也被称为'外交承诺'"。[3]对内而言,由于我国检察院实行的是领导制度,所以最高人民检察院可以直接作出决定。而人民法院涉及的问题相对而言则更为复杂。

依据我国《引渡法》的规定,量刑承诺的决定主体是最高人民法院,有关量刑承诺的具体内容以及应当如何从宽处罚,只有最高人民法院有权进行决定,办案人员不得随意作出量刑承诺。但是,由于法院系统实行的是审级制度,最高人民法院不能直接干预下级人民法院的个案审判工作,如此就给最高人

---

[1] 《关于办理引渡案件若干问题的规定》第 26 条第 3 款。
[2] 《引渡法》第 50 条第 1 款。
[3] 张磊:《境外追逃中的量刑承诺制度研究》,载《中国法学(文摘)》2017 年第 1 期。

民法院量刑承诺的效力打上了问号。但在实践中，最高人民法院可以通过审级监督、提审等方式来处理以上问题，尤其是对于死刑判决的承诺而言，更是可以通过复核来直接决定结果。

量刑承诺制度在我国近些年来的引渡合作中被广泛使用。既有比较成功的典型案例如黄某勇引渡案，[1]赖某星遣返案，[2]也有失败的案例，比如杨某亮死刑不引渡案。[3]在对赖某星遣返的过程中，"酷刑不引渡"原则与"死刑不引渡"原则的适用与否是本案争议的焦点。"在司法实践中，犯罪外逃人员常常以回国后可能会遭受酷刑为借口，抵制引渡和遣返。"[4]尤其是在贪官外逃案件中，贪官为避免被引渡或遣返回国，所列举的理由一般多集中于政治犯罪，即声称自己为政治犯，一旦被引渡或遣返回国会面临受到政治迫害的风险。这种情形已经被世界上大多数国家所否定，且面对目前全球严厉打击腐败犯罪的趋势，此种借口已经不太可能被其他国家所接纳。在此种背景下，外逃人员开始将希望寄托于酷刑、死刑及其他迫害事项上，不仅仅是因为以上事项在实体上容易找到理由，而且也可以在程序中挖掘到支持的素材，此时量刑承诺就可以很好地打消请求国的顾虑，为引渡的成功实施提供有力的保障。

另外，在引渡实践中，对于"死刑不引渡"和"酷刑不引渡"问题的考察是分别进行的。例如在黄某勇引渡案中，在秘

---

[1] See Inter-American Court of Human Rights Case of Wong Ho Wing V. Peru Judgment（2015），para 92 and 93.

[2] 参见赵秉志主编：《反腐败国际追逃追赃案件精选》，中国方正出版社2019年版，第28~32页。

[3] 参见刘国福选编、翻译：《移民法：国际文件与案例选编》，中国经济出版社2009年版，第385~386页。

[4] 吕昇、徐天宁：《国际警务合作中酷刑的禁止问题——以赖昌星的遣返为例》，载《哈尔滨学院学报》2016年第1期。

第五章　拒绝引渡的任择性事由

鲁最高法院进行引渡听证会上，我方多次提出了涉及不判处行为人死刑的外交照会，同时在外交部发出的第八次外交照会中承诺在不判处黄某勇死刑的基础上，确保其将不会受到酷刑或其他残忍、非人道或有辱人格的待遇和处罚。[1]在进行引渡案件审查时，死刑和酷刑问题也是分别进行的，并不会以对酷刑的审查取代对死刑的审查。例如《中华人民共和国和比利时王国引渡条约》就对"酷刑不引渡"和"死刑不引渡"问题分别予以规定。[2]因此，不能认为"酷刑不引渡"原则与"死刑不引渡"原则二者之间为包含关系。此外，除对死刑作出承诺之外，我国实践中还有关于有期徒刑的量刑承诺。比如在余某东案中，我国向美方书面承诺不对余某东判处死刑及12年以上监禁刑。[3]

当然，我国也有因为死刑而导致引渡不成功的案例。比如在杨某亮死刑不引渡案中，[4]虽然我国已经作出了不判处死刑的承诺，但是被请求国国内引渡法关于死刑的条款被裁定为违宪，从而导致"死刑不引渡"成为一个绝对性的理由，我国的量刑承诺相应地也就失去意义，最终导致引渡失败。

可见，死刑制度的保留一直是司法实践中阻碍我国与其他国家顺利开展国际刑事司法合作的重要因素。鉴于死刑制度关

---

[1] 参见赵秉志主编：《反腐败国际追逃追赃案件精选》，中国方正出版社2019年版，第75页。

[2] 参见《中华人民共和国和比利时王国引渡条约》第3条："有下列情形之一的，应当拒绝引渡……（六）被请求引渡人在请求方曾经遭受或者可能遭受酷刑或者其他残忍、不人道或有辱人格的待遇或者处罚……（九）被请求引渡人可能因引渡请求针对的犯罪被判处死刑，除非请求方保证不判处死刑，或者在判处死刑的情况下不执行死刑。"

[3] 参见周露露：《由余振东案透视若干法律问题》，载《法学杂志》2004年第6期。

[4] 参见刘国福选编、翻译：《移民法：国际文件与案例选编》，中国经济出版社2009年版，第385~386页。

系重大，不能贸然予以废除，因此，虽然我国目前仍保留死刑制度，但在国际刑事司法合作中我国已然可以通过国际条约、双边引渡条约以及量刑承诺等方式变通适用。

四、我国适用"死刑不引渡"原则的实践

我国虽为保留死刑制度的国家，但我国积极通过不判处、不执行死刑的承诺配合与其他国家开展引渡、遣返等不同形式的国际刑事司法合作，开启了打击跨国犯罪和追逃工作的新模式，打破了与其他废除死刑国家间有关"死刑不引渡"的壁垒。

（一）死刑存废之争与"死刑不引渡"原则

死刑废除与否的争论至今尚未形成定论。从逻辑上来看，只要有国家的法律中还存在死刑，关于死刑存废的争议就不会停止，自然关于"死刑不引渡"原则的适用也会一直引发广泛讨论。坚持保留死刑的国家一般认为保护生存权与保留死刑之间并非矛盾对立关系，只要剥夺罪犯的生命是出于遵守法律规定，死刑制度的保留实现的则是保护其他多数人生存权的目的，发挥的是维护社会秩序稳定的功能。[1]即便在保留死刑制度的国家，死刑也是法律体系内最严重的刑罚，并非所有罪行都最终得以判处死刑，必须严格遵守罪刑法定原则，且在实体和程序上均设置了诸多的限制条件。死刑废止属于一国内部刑事政策和刑事立法的问题，其与一国的传统文化、刑事政策理念等诸多因素紧密相关，取决于国家基本的刑罚观念和惩处犯罪的实际需要。

"死刑不引渡"条款的采纳与请求国开展引渡合作的国家是否为死刑保留国亦不存在必然的因果关系。已经明确废除死刑的国家在相互缔结引渡条约时同样可以变通适用"死刑不引渡"

---

[1] 参见刘亚军：《引渡新论——以国际法为视角》，吉林人民出版社2004年版，第63~64页。

原则。例如，澳大利亚和荷兰均属于已经废除了死刑的国家，然而两国于 1988 年缔结的双边引渡条约却规定，当被请求引渡人受到指控的犯罪可判处死刑时可以拒绝引渡，除非请求国承诺不会对其判处死刑或者即使判处死刑也不会执行。[1]而保留死刑的国家在相互缔结引渡条约时也可能要求对向国确立这一原则。比如菲律宾和印度尼西亚均属于依旧保留死刑的国家，两国签署的双边引渡条约也规定："如果引渡请求所针对的犯罪根据请求方的法律可以判处死刑，并且被请求方的法律未规定对此类犯罪判处死刑或者通常不执行死刑，则可以拒绝引渡，除非请求方提出的保证足以使得被请求方相信死刑将不会被执行。"[2]可见，一个国家是否保留死刑和其如何适用"死刑不引渡"原则之间并没有必然的联系，不存在保留死刑就不能进行刑事司法合作的说法。

总之，"死刑不引渡"原则和废除死刑是两个不同维度的概念，两者并非对立关系。保留死刑的立场并不一定绝对会构成国与国之间采用"死刑不引渡"原则的法律障碍。[3]而且从发展趋势来看，"死刑不引渡"相对条款代替对"死刑不引渡"的

---

[1] See Treaty on Extradition between Australia and the Kingdom of the Netherlands 1988, article 3 (2), "Extradition may be refused in any of the following circumstances... (c) where the offence with which the person sought is charged carries the death penalty unless the Requesting State undertakes that the death penalty will not be imposed or, if imposed, will not be carried out".

[2] Extradition Treaty between The Republic of The Philippines and The Republic of Indonesia, article X: "If the crime for which extradition is requested is punishable by death under the law of the requesting Party; and if in respect of such crime the death penalty is not provided for by the law of the requested party or is not normally carried out, extradition may be refused unless the requesting Party gives such assurance as the requested Party considers sufficient that the death penalty will not be carried out."

[3] 参见黄风：《中国引渡制度研究》，中国政法大学出版社 1997 年版，第 106 页。

绝对承认,已经被写入国际公约和引渡条约中,反映的是在引渡中不适用或者不执行死刑而非要求他国废止死刑制度。因此,一味认为由于我国存在死刑制度从而无法与他国开展引渡合作的认识是片面和武断的。

(二) 保留死刑对我国引渡实践的阻碍

虽然死刑制度的存在并不必然导致引渡的失败,但是我国刑法保留较多犯罪的死刑,依旧在一定程度上影响了我国与其他国家开展引渡合作。

第一,主动引渡请求容易被拒绝。死刑在我国刑法分则的罪名中大量存在。实践中,对于一些坚持"死刑绝对不引渡"模式的国家,我国提出的引渡请求会直接被拒绝。另外,对于形式上采用了"死刑相对不引渡"模式,但仍需其宪法法院确认的被请求国而言,引渡也大概率难以成功。

第二,缔结引渡条约时存在较大障碍。以欧盟成员国为代表的不少已经废除死刑的国家在与我国缔结双边引渡条约时,"死刑不引渡"条款成为顺利进行的主要阻碍要素。[1]截至2023年,与我国缔结引渡条约的欧盟成员国有9个,[2]其中仅有少数国家在条约中明确规定了"死刑不引渡"原则。[3]可以说,条约

---

[1] 参见黄风:《我国主动引渡制度研究:经验、问题和对策》,载《法商研究》2006年第4期。

[2] 分别为比利时、保加利亚、塞浦路斯、法国、意大利、立陶宛、葡萄牙、罗马尼亚、西班牙。

[3] 参见《中华人民共和国和法兰西共和国引渡条约》第3条第7项:"引渡请求所针对的犯罪依照请求方的法律应当被处死刑,除非请求方作出被请求方认为足够的保证不判处死刑,或者在判处死刑的情况下不予执行。"《中华人民共和国和比利时王国引渡条约》第3条第9项:"被请求引渡人可能因引渡请求针对的犯罪被判处死刑,除非请求方保证不判处死刑,或者在判处死刑的情况下不执行死刑。"《中华人民共和国和意大利共和国引渡条约》第3条第7项:"如果准予引渡可能会损害被请求方的主权、安全、公共秩序或其他重大利益,或者导致与其本国法律基本

缔结的现状并不能满足我国引渡的现实需求。当然，在我国现有的引渡条约中，存在通过较为模糊的用语来避免直接提及死刑从而实现签署双边引渡条约的目的。比如《中华人民共和国和罗马尼亚引渡条约》第 4 条"可以拒绝引渡的情形"中第 3 项表述为"如果同意引渡将与被请求方法律的一些基本原则相抵触"；《中华人民共和国和巴西联邦共和国引渡条约》第 3 条第 1 款第 9 项则规定当"请求方对被请求引渡人可能判处的刑罚与被请求方法律的基本原则相抵触"时，应当拒绝引渡。这种间接方式巧妙地避免了"死刑"的直接表述，为与其他国家开展引渡合作留下了空间。

第三，违反国内法基本原则的嫌疑。为了克服死刑所带来的引渡障碍，我国大范围地采用了量刑承诺制度。但这一制度的实施却在实践中引发了关于公平性的疑问，尤其是在被引渡行为构成共同犯罪的情况下。某一同案犯仅因为潜逃出国，所以得到了宽容的量刑承诺，而其他同案犯在犯罪事实相同的情况下却要承担更重的责任，这有违背平等原则的嫌疑。虽然死刑的废除可能还需要很长一段时间，但是鉴于"死刑不引渡"原则在实践中适用的普遍性，应当在我国《引渡法》中明确规定该原则，采取较为灵活的部分拒绝的立法方式，以弥补国内法律依据上的欠缺。[1]

（接上页）原则相抵触的后果，包括被请求方法律禁止的刑罚种类的执行。"《中华人民共和国和希腊共和国引渡条约》第 3 条第 9 项："根据请求方法律，被请求引渡人可因引渡请求所针对的犯罪被判处死刑，除非请求方作出被请求方认为足够的保证不判处死刑，或者在判处死刑的情况下不执行死刑而转化为剥夺自由的刑罚。"《中华人民共和国和西班牙王国引渡条约》第 3 条第 8 项："根据请求方法律，被请求引渡人可能因引渡请求所针对的犯罪被判处死刑，除非请求方作出被请求方认为足够的保证不判处死刑，或者在判处死刑的情况下不执行死刑。"

〔1〕 参见赵秉志：《死刑不引渡原则探讨——以中国的有关立法与实务为主要视角》，载《政治与法律》2005 年第 1 期。

(三)"死刑不引渡"原则在我国双边条约中的规定

综合我国签订的双边引渡条约中关于"死刑不引渡"原则的规定,可以总结为以下几种类型。

第一种是规定请求方应保证不判处死刑或判处死刑不予执行。比如,《中华人民共和国和法兰西共和国引渡条约》第3条第7项规定,"引渡请求所针对的犯罪依照请求方的法律应当判处死刑,除非请求方作出被请求方认为足够的保证不判处死刑,或者在判处死刑的情况下不予执行"的,应拒绝引渡。

第二种是通过规定不得违反国内法基本原则等间接规定"死刑不引渡"制度。比如,《中华人民共和国和墨西哥合众国引渡条约》在应当拒绝引渡的理由中规定了"请求方可能判处的刑罚与被请求方法律的基本原则相冲突。为便利引渡被请求引渡人,被请求方可以在不违背其法律基本原则的条件下同意引渡。在此情况下,双方可以达成适当安排"。[1]《中华人民共和国和安哥拉共和国引渡条约》第3条第9项规定,"被请求引渡人可能被判处的刑罚与被请求方的宪法原则相抵触"的,不得引渡。《中华人民共和国和秘鲁共和国引渡条约》第5条则笼统规定"只有在不违反被请求国法律体系时,才能进行引渡"。《中华人民共和国和立陶宛共和国引渡条约》第3条第7项采取的是"被请求方法律不允许的引渡"的表述。除此之外,还有其他不少条约也含有类似规定。[2]

第三种是个别条约通过适用国内法,间接将死刑作为"可以拒绝引渡"的事项加以规定。比如,根据《中华人民共和国

---

[1] 《中华人民共和国和墨西哥合众国引渡条约》第3条第7项。
[2] 参见《中华人民共和国和巴西联邦共和国引渡条约》第3条第1款第9项、《中华人民共和国和葡萄牙共和国引渡条约》第3条第1款第8项、《中华人民共和国和意大利共和国引渡条约》第3条第7项。

和南非共和国引渡条约》第 4 条第 2 项的规定,当"请求国可能判处的刑罚与被请求国法律的基本原则相冲突"时,可以拒绝引渡。[1]另外,《中华人民共和国和纳米比亚共和国引渡条约》和《中华人民共和国和罗马尼亚引渡条约》中都有相似的规定。[2]

(四) 我国对"死刑不引渡"原则的适用规则

虽然我国《引渡法》并没有明确规定"死刑不引渡"原则,但是我国在与外国签订的多数双边引渡条约中都有体现"死刑不引渡"原则的规定,从中也可以总结出我国实践中关于"死刑不引渡"原则适用的基本规则。

第一,避免在引渡条约中直接对"死刑不引渡"原则加以规定。从我国早期的引渡实践来看,我国在与其他国家签署的部分条约中未就"死刑不引渡"原则进行规定,此类情形在我国缔结的双边引渡条约中占比很大。例如我国对外缔结的第一个引渡条约《中华人民共和国和泰王国引渡条约》中就没有出现关于"死刑不引渡"原则的内容。搁置"死刑不引渡"原则的缔约国中还包括意大利、塞浦路斯等废除死刑的国家,我国选择于引渡制度开始多年后与其缔结条约,因此该类引渡条约的签署可以被认为是我国在引渡制度和实践到达较为成熟的阶段时为实现合作而进行的妥协。

第二,采取部分拒绝与完全拒绝相结合的方式对"死刑不

---

[1] 南非宪法法院 1995 年在 State v Makwanyane and Another 一案中认为死刑违宪。See State v Makwanyane and Another(CCT3/94)[1995] ZACC.

[2] 参见《中华人民共和国和纳米比亚共和国引渡条约》第 4 条第 3 项:"请求方可能判处的刑罚与被请求方法律的基本原则相冲突。在此情形下,在各自法律制度的框架内,双方应当进行协商,为便利对被请求引渡人的引渡而寻求适当安排。"《中华人民共和国和罗马尼亚引渡条约》第 4 条第 3 项:"如果同意引渡将与被请求方法律的一些基本原则相抵触。"

引渡"原则加以规定。我国在与西班牙签署的双边引渡条约中首次纳入"死刑不引渡"条款,自此改变了我国此前对死刑问题的回避态度。后续我国与法国、澳大利亚都采纳了此种形式对引渡中涉及死刑犯罪的情况进行处理,即完全拒绝和部分拒绝相结合的模式,直接明确双方间引渡适用"死刑不引渡"原则。[1]既然我国《引渡法》规定了量刑承诺制度,此处的量刑承诺当然包括保证不判处死刑或不执行死刑的承诺,可以看出,我国立法还是在一定程度上接纳了"死刑不引渡"原则。[2]"死刑不引渡"条款的纳入有利于我国在国际上树立良好的人权保障形象,也为下一步同其他国家签订双边引渡条约及开展引渡个案合作提供了便利。

第三,在个案中对"死刑不引渡"问题进行协商。既然我国一般选择不在条约中对该原则加以直接规定,则可以通过个案协商的方式进行互惠承诺。例如我国曾在与白俄罗斯签订引渡条约的谈判过程中明确对于涉及死刑的引渡问题,可由双方就引渡的相关条件进行商定。[3]实践中,就个案进行承诺的方式有利于与其他国家达成协议。当然,我国在引渡实践中也应当注重提升个案承诺的规范性和严肃性,通过实践形成公信力

---

[1] 参见《中华人民共和国和法兰西共和国引渡条约》第3条:"有下列情形之一的,应当拒绝引渡……(七)引渡请求所针对的犯罪依照请求方的法律应当判处死刑,除非请求方作出被请求方认为足够的保证不判处死刑,或者在判处死刑的情况下不予执行。"《中华人民共和国和澳大利亚引渡条约》第3条:"有下列情形之一的,应当拒绝引渡……(六)根据请求方法律,被请求引渡人可能因引渡请求所针对的犯罪被判处死刑,除非请求方保证不判处死刑,或者在判处死刑的情况下不执行死刑。"

[2] 参见刘亚军:《引渡新论——以国际法为视角》,吉林人民出版社2004年版,第246页。

[3] 参见黄风:《中国引渡制度研究》,中国政法大学出版社1997年版,第110页。

保障。[1]

当前，我国正处于全面开展反腐败境外追逃工作的关键时期，针对腐败犯罪的死刑问题几乎是我国面对引渡案件无法回避的问题。虽然基于文化背景、社会制度乃至于价值标准的差异，各个国家对死刑的适用与否均存在不同的认识和评判标准。但不同的引渡条约和国内立法的规定均体现了"死刑不引渡"原则在国际引渡合作领域中的重要性，更彰显了该原则从一项特殊规则向引渡领域基本原则演变的过程。在我国还保有死刑制度的情况下，一方面，我国应根据案件的实际情况在与被请求国进行充分协商，同时兼顾国家利益的基础上适用"死刑不引渡"原则，有力推动国际刑事司法合作的顺利进行；另一方面，也应当积极宣传已经成功引渡的实践案例，增强与世界其他国家的司法互信，为引渡的顺利进行扫清障碍。

第三节 人道主义原则

人道主义原则作为现代引渡合作中普遍被认可的一项国际性规则，往往是拒绝引渡的最后一个理由。大多数国家都在其国内立法或者与其他国家签订的双边引渡条约中将与人道主义相关的考量因素作为可以选择的拒绝引渡事由加以规定。联合国《引渡示范条约》也将其作为拒绝引渡的任择理由，虽然符合引渡的条件，但是"鉴于该人的年龄、健康或其他个人具体情况，将该人引渡将不符合人道主义的考虑"的，可以构成拒绝引渡的理由。[2]

---

[1] 参见初晓华、莫纪宏：《引渡和遣返中的生命权保障问题研究》，载《求是学刊》2022年第3期。

[2] 参见《引渡示范条约》第4条（h）项。

一、人道主义原则的制度内涵

人道主义是一个历久弥新的话题，其不仅是改良法律制度背后的理念，在近代尤其是对刑法的变革产生了直接的影响。贝卡里亚所倡导的近代刑法改革就充满了人道主义色彩。[1]国际刑法的发展更是构建在人道主义和人道主义法的基础之上。[2]在各国的刑事法律中往往也都存在基于人道主义考量而限制追诉以及量刑等相关规定。

人道主义原则也体现在我国的刑事立法中。除罪责刑相适应等原则落实外，人道主义原则还被直接规定在具体的《刑法》条文中。比如我国《刑法》第49条第1款规定："犯罪的时候不满十八周岁的人和审判的时候怀孕的妇女，不适用死刑。"2011年《刑法修正案（八）》出台时，还特意在《刑法》第49条中增加一款作为第2款："审判的时候已满七十五周岁的人，不适用死刑，但以特别残忍手段致人死亡的除外。"我国《刑事诉讼法》也规定，对被判处有期徒刑或者拘役的罪犯中有严重疾病需要保外就医的或者怀孕或者正在哺乳自己婴儿的妇女或者生活不能自理，适用暂予监外执行不致危害社会的，可以暂予监外执行。[3]

二、人道主义原则在引渡国际合作中的适用

我国《引渡法》对人道主义原则也有直接规定，即"由于

---

[1] 参见［意］切萨雷·贝卡里亚：《论犯罪与刑罚》，黄风译，北京大学出版社2008年版，第62~64页。

[2] 参见孙万怀：《国际刑法成长的根基：人道主义诉求》，载《中国刑事法杂志》2009年第5期。

[3] 参见《刑事诉讼法》第265条。

被请求引渡人的年龄、健康等原因,根据人道主义原则不宜引渡的",我国可以拒绝外国提出的引渡请求。[1]从该条款可以看出基于人道主义考虑拒绝引渡的原因主要有以下三大类。

第一类是基于年龄。首先是被请求引渡人属于未成年人的情形。我国《刑法》对未成年人犯罪有不判处死刑及从轻减轻处罚的规定,在引渡合作中,对于未成年人犯罪也应当相应地适用人道主义原则,一般应当拒绝引渡。其次是指被请求引渡人过于年迈的情形。参照《刑法》的规定,对于75周岁以上的被请求引渡人应当被认定为过于年迈以至于不适宜异地接受审判或执行刑罚,被请求主管机关也可以考虑拒绝将其引渡。

第二类是基于健康。此处所谓的"'健康'原因,主要是指被请求引渡人患有严重疾病,不适宜接受审判、服刑或者执行引渡的情况",且"不限于引渡请求提出时被请求引渡人的健康状况,而是包括引渡请求审查的整个过程"。[2]人的健康既包括了身体健康,也包括精神健康,对涉及引渡不能辨认或者不能控制自己行为的精神病人时,应当根据精神病人的精神状态处于何种阶段来判断应适用何种引渡规则。如果被请求引渡人在实施引渡请求所针对的犯罪行为时处于不能辨认或者不能控制自己行为的状态,则属于刑法上的无刑事责任能力人,此时不符合双重犯罪原则,应当拒绝引渡。但如果被请求引渡人是在被请求引渡过程中出现了精神障碍,则属于人道主义原则的考量范畴,可以考虑以人道主义因素拒绝将其引渡。

第三类是除年龄和健康之外的其他因素。参考我国国内法的规定,比较常见的情形如怀孕或正在哺乳自己婴儿的妇女都

---

[1] 参见《引渡法》第9条第2项。
[2] 胡康生主编:《中华人民共和国引渡法释义》,法律出版社2001年版,第23页。

应当属于人道主义的考量范围。

此外，对人道主义原则的适用应当进行全方位的考查，既要从被请求引渡人自身的角度出发，也要将其近亲属或有密切关系的人的利益考虑在内。例如，法国向我国提出引渡请求的马尔丹·米歇尔（Martin Michel）案就涉及是否符合人道主义的判断。在最高人民法院复核期间，马尔丹·米歇尔及其委托代理人提出了"马尔丹·米歇尔系合法入境，并与中国公民奚某生有一女，对其基本权益应予保护，请求不予引渡"的主张，[1]该条理由就属于典型的基于人道主义的考量。为此，法兰西共和国表示对此问题予以妥善解决，最高人民法院最终核准准予引渡的裁定。

当然，人道主义原则容易存在滥用的风险，尤其是法律采用了非穷尽式列举方式来表述其他事由。基于此，我国《引渡法》也是将其规定在"可以拒绝引渡"的事由中，而非"应当拒绝引渡"的事由。在我国与世界各国签订的引渡双边条约中，大部分条约均采取类似的表述，即在被请求方考虑了犯罪的严重性和请求方利益的情况下，由于被请求引渡人的年龄、健康等个人原因，引渡不符合人道主义考虑的，可以拒绝引渡。[2]

---

[1] 参见最高人民法院（2001）法引字第1号引渡裁定书。
[2] 参见《中华人民共和国和西班牙王国引渡条约》第4条第3项："被请求方在考虑犯罪的严重性和请求方利益的情况下，认为由于被请求引渡人的年龄、健康或其他原因，引渡不符合人道主义考量。"《中华人民共和国和泰王国引渡条约》第4条第2项："特殊情况下，在考虑犯罪的严重性及请求方利益的同时，如果被请求方认为由于被请求引渡人的个人情况，引渡不符合人道主义精神。"另外相似规定参见《中华人民共和国和印度尼西亚共和国引渡条约》第4条第2项、《中华人民共和国和突尼斯共和国引渡条约》第4条第3项等。

第六章

引渡的实施

引渡的实施可以类比普通诉讼模式来理解。具体而言，在引渡程序中，提出引渡请求的国家相当于诉讼程序中的原告，向被请求引渡国提出针对被请求引渡人的引渡请求；诉讼请求为将被请求引渡人从被请求国引渡给请求国；被请求国负责引渡案件的主管机关作为裁判者审查请求国提出的引渡请求，被请求引渡人有权聘请律师为自己进行辩护。具体的实施过程可以分为引渡的提起、引渡的审查和引渡的执行三个阶段。在此期间又会涉及引渡羁押措施及引渡程序的特殊制度。

第一节 引渡的提起

引渡活动始于引渡请求的提起。对于请求国提出的引渡请求应当通过什么途径，向被请求国的哪一机关发出，以什么样的形式提出，各个国家的规定不尽一致。

一、引渡提出的途径

各国一般通过外交途径提起引渡，包括广义上的领事途径等。一般由请求国司法机关或本国政府负责法律事务的主管机关将引渡请求提交给本国外交部，再由其向被请求国的使馆转递引渡请求，被请求国的使馆在收到引渡请求后向其外交部提交引渡请求，最终由被请求国外交部将引渡请求转交给本国的引渡主管机关进行审查。领事途径则指有的国家出于便利对外交途径进行一定程度的变通，即请求国司法机关经过本国驻被请求国的领事机构传递引渡请求。比如《美洲国家间引渡公约》规定："引渡请求应当由请求国的外交代表提出，如无外交代表在场时，则由其领事官员提出，或在适当情况下，由经被请求国政府同意受托代表和保护请求国利益的第三国外交代表提出。"[1]可以看出，引渡程序的提起主要通过外交途径，并非交由两国的司法机关直接合作。

比较特殊的是，在欧洲一些合作紧密的国家，往往省略了外交环节，直接通过两国之间的引渡机关进行合作。例如，根据欧盟成员国之间达成的框架合作协议（Framework Decision 2002/584/JHA），当已知被请求引渡人的所在地时，签发欧洲逮捕令的当局可以将欧洲逮捕令直接传递给执行司法当局。[2]此种国际刑事司法合作的方式无疑会大大提高效率，但这与欧盟特殊的地理位置、政治经济文化，尤其是法律制度的互信密切相关。因此，此种合作模式存在严格的前提条件限制，只有在特定的国家之间或者地区中才有可能存在。当然，如果两国之间有特殊的约定自然可以适用此种合作方式。比如《美洲国家间引渡公约》即允许在政府间商定的程序下，请求国的政府可

---

[1] See Inter-American Convention on Extradition, article 10.

[2] See 2002/584/JHA: Council Framework Decision of 13 June 2002 on the European arrest warrant and the surrender procedures between Member States – Statements made by certain Member States on the adoption of the Framework Decision, article 9 (1): "When the location of the requested person is known, the issuing judicial authority may transmit the European arrest warrant directly to the executing judicial authority."

以直接向被请求国的政府提出引渡申请。[1] 除此之外，正常的引渡提起都需要通过外交途径进行。

我国提起引渡的法定机关是外交部。我国在《引渡法》制定之前，主要依据相关国际公约和我国与其他国家缔结的双边引渡条约的规定提起引渡请求，此时虽然没有法律的明文规定，但也是经由外交途径予以解决。《引渡法》颁布之后，对引渡的提起程序有了明确的规定，即"中华人民共和国和外国之间的引渡，通过外交途径联系。中华人民共和国外交部为指定的进行引渡的联系机关。引渡条约对联系机关有特别规定的，依照条约规定"。[2]《引渡法》同时也规定了我国接受引渡请求的机关，即"请求国的引渡请求应当向中华人民共和国外交部提出"。[3] 可见，外交部是我国对外开展引渡合作的法定联系机关。这种做法具有合理性，引渡事务涉及国与国之间的关系，统一处理外交事务的外交部作为联系机关更为合适。[4] 另外，我国《引渡法》还作出了例外规定，即当我国与其他国家之间签署的双边引渡条约有对于引渡请求联系机关的特殊规定时，从条约的规定。[5] 除以上两种情形外，在《引渡法》实施以后，

---

[1] See Inter-American Convention on Extradition, article 10: "Transmission of Request The request for extradition shall be made by the diplomatic agent of the requesting State, or, if none is present, by its consular officer, or, when appropriate, by the diplomatic agent of a third State to which is entrusted, with the consent of the government of the requested State, the representation and protection of the interests of the requesting State. The request may also be made directly from government to government, in accordance with such procedure as the governments concerned may agree upon."

[2] 《引渡法》第4条。

[3] 《引渡法》第10条。

[4] 参见胡康生主编：《中华人民共和国引渡法释义》，法律出版社2001年版，第24页。

[5] 参见《中华人民共和国引渡法》第4条第2款。

如果请求国的司法机关直接向我国对口司法机关提出引渡请求，除非有两国引渡条约的特殊约定，否则我国应当拒绝接受或直接退回。

二、引渡提出的形式

外国的引渡请求应当以请求书的书面形式向被请求国提出。我国《引渡法》对引渡请求书的基本内容作出了详细的规定。

第一，请求机关的名称。[1]请求国的主管机关作为具体案件的请求机关应当在请求书中注明自己的名称。由于各国负责联系的机关并不相同，因此此处所指的请求机关并非当然是请求国的外交部门。请求机关的载明有助于被请求国判断其与请求国之间的关系，在之后的引渡程序中确定具体的联系机关。

第二，被请求引渡人的具体情况。根据我国《引渡法》的规定，被请求引渡人的具体情况应当包括"被请求引渡人的姓名、性别、年龄、国籍、身份证件的种类及号码、职业、外表特征、住所地和居住地以及其他有助于辨别其身份和查找该人的情况"[2]。列明被请求引渡人的基本信息具有两方面的意义：一是从程序上讲，方便被请求国辨认、查找和控制被请求引渡人。《引渡法》另外规定的请求国在出具请求书的同时提供请求国掌握的被请求引渡人的照片、指纹等材料的要求也是出于相同考虑。[3]二是从实体上讲，被请求引渡人具体情况中所包含的身份特征，例如国籍、年龄和种族等有时也可能会成为被请求国拒绝引渡的理由之一。

---

[1] 参见《引渡法》第11条第1项。
[2] 《引渡法》第11条第2项。
[3] 参见《引渡法》第12条。

第三,请求引渡的犯罪事实。[1]我国《引渡法》对此规定的犯罪事实主要包括犯罪的时间、地点、行为以及结果等,主要用于双重犯罪条件的审查,这也是引渡得以成立的基本前提条件。至于证明犯罪事实的证据材料及证明标准,我国《引渡法》只规定了"必要的犯罪证据或者证据材料"。[2]

第四,对犯罪的定罪量刑以及追诉时效等方面的法律规定。[3]提供与犯罪有关的刑事法律依据是十分必要的,方便被请求国根据请求国的国内法对引渡的条件进行实体审查。这在我国与其他国家签订的双边引渡条约中也有体现。比如我国与立陶宛签订的引渡条约即要求书面引渡请求书中附有"请求方法律中规定该项犯罪的有关条文,或者在必要时,对涉及该项犯罪的法律及就该项犯罪可判处的刑罚的说明;以及规定对该项犯罪予以追诉或执行刑罚的时效的有关法律条文"。[4]

此外,《引渡法》还规定了除引渡请求书之外的其他材料。主要包括与提起刑事诉讼和执行刑罚相关的法律文书、必要的犯罪证据材料和被请求引渡人的身份信息三部分。[5]其中需要特别注意的是对证据材料的理解。由于引渡的审查并非真实的刑事诉讼,因此不能要求请求国按照控诉的标准提供证据,但这不等同于允许请求国不提交任何关于犯罪的实体证据。比如在俄罗斯联邦公民沙宾科夫·尼古拉·米哈伊洛维奇引渡案中,法院发现请求国没有提交任何证明犯罪的材料,这明显不符合提起引渡申请的标准,"据此,合议庭依法向最高人民法院提出

---

[1] 参见《引渡法》第11条第3项。
[2] 《引渡法》第12条第1款第2项。
[3] 参见《引渡法》第11条第4款。
[4] 《中华人民共和国和立陶宛共和国引渡条约》第8条第1款第4项。
[5] 参见《引渡法》第12条。

了通过外交途径敦促俄方补充提交有关中文译本和证据材料的建议"。[1]另外，由于我国《引渡法》使用了颇有弹性的"必要的犯罪证据或者证据材料"[2]这一表述，关于要求请求国提供的证据材料标准在何种程度上才符合"必要的"标准，具体还需要结合实践在个案中认定。

第二节　引渡的审查

对引渡请求的审查在结构上大致呈现出与刑事诉讼类似的三角结构。审查引渡请求的机关为人民法院，提起引渡请求的一方相当于控方，被请求引渡人则处于辩方的地位。当然这种类比明显简化了引渡的程序，引渡程序中涉及的国家机关比刑事诉讼中更加广泛，还包括外交机关和行政机关。另外，引渡中的审查机制要比诉讼机制更为复杂。

一、引渡的双重审查机制

双重审查机制是在引渡国际司法合作中较为通用的模式。这主要源于引渡行为本身所具有的双重属性：从政治行为的角度来讲，引渡是国家之间开展的政治合作，不可能不考虑政治利益；从法律的角度来讲，是否可以引渡还涉及司法审查的因素，例如行为是否符合犯罪的标准。因此，在引渡的审查上，各国普遍采用双重审查机制，即由被请求国的司法机关和政府内的行政机关分别对外国提出的引渡请求实行司法审查和行政审查。换句话说，只要引渡行为不符合双重审查中的任何一道

---

[1] 齐奇、黄祥青、徐立明：《准确把握引渡案件的审查要领——上海高院首例引渡案件审查回顾》，载《人民司法（案例）》2007年第4期。

[2] 《引渡法》第12条第1款第2项。

程序，都将导致引渡的失败。

具体来看，各国采用的双重审查模式又各有不同，大致可以分为以下几种：第一种为行政—司法—行政模式。即先由政府部门进行行政审查，在认为没有明显妨碍开展引渡合作的前提下交由司法机关进行司法审查，当司法机关作出准予引渡的审查之后再送回至政府行政机关作出最后的决定。第二种为行政—司法模式。即政府行政机关先对引渡请求进行审查，如果其认为该引渡请求未有明显的形式瑕疵将转交司法机关进行司法审查，由司法机关作出最终决定。第三种为司法—行政模式。与前一种模式的顺序相反，即由政府行政机关作出最终决定。当然，对引渡的审查可以由司法机关和行政机关共同承担，但引渡的执行一般都是由行政机关来实施。

我国传统上在引渡审查中存在行政权力过大的问题，容易导致司法审查流于形式，而《引渡法》的出台改变了过去这一现状，对引渡审查模式进行了明确的规定。从整体框架来看，我国确立了行政机关与司法机关双重审查的机制，模式上基本采用了上述第一种形式，构建了具有中国特色的引渡审查模式。

首先，外交行政部门的审查。我国《引渡法》第16条第1款规定："外交部收到请求国提出的引渡请求后，应当对引渡请求书及其所附文件、材料是否符合本法第二章第二节和引渡条约的规定进行审查。"此时，外交部门大致履行了"立案"的作用，虽然不对引渡请求进行实质审查，但是需要对请求国提请的引渡是否符合形式要件进行审查，只有经过外交部门的审查才能进入司法审查。此外，由于我国《引渡法》规定我国对于引渡请求所针对的犯罪具有刑事管辖权的，可以拒绝引渡，[1]

---

[1] 参见《引渡法》第9条第1项。

因此我国外交部在收到引渡请求后应当同时转交给最高人民检察院，由其来判断是否需要在我国予以追诉，若确定在我国追诉，则需要告知最高人民法院及外交部。[1]法院需要在之后的司法审查程序中对此情形进行审查并决定是否拒绝引渡。

其次，外交部行政审查之后将进入正式的司法审查程序。我国《引渡法》对于履行司法审查的机关、程序、审级都作了明确的规定。《引渡法》第16条第2款规定："最高人民法院指定的高级人民法院对请求国提出的引渡请求是否符合本法和引渡条约关于引渡条件等规定进行审查并作出裁定。最高人民法院对高级人民法院作出的裁定进行复核。"具体而言："高级人民法院根据本法和引渡条约关于引渡条件等有关规定，对请求国的引渡请求进行审查，由审判员三人组成合议庭进行。"[2]由此可知，高级人民法院在审查引渡请求时的依据主要有两个：一是我国《引渡法》关于引渡条件的规定；二是引渡条约中的相关规定。同时按照特别法优先于一般法的原则，二者有规定不一致的地方应当优先适用条约。在司法审查中，法院一般推定外国引渡请求书及其附随材料中的相关证明和说明是真实的，无须对有关的犯罪事实进行调查与核实，否则将会在实体上进入刑事诉讼程序，违背了引渡审查的制度目的。可见，我国对外国所提出的引渡请求进行司法审查本质上是关于引渡请求合法性的审查。

从结果上来看，司法审查具有"一票否决"的效果。最高人民法院对高级人民法院裁定的复核是针对引渡请求进行司法

---

〔1〕 参见《引渡法》第21条规定："最高人民检察院经审查，认为对引渡请求所指的犯罪或者被请求引渡人的其他犯罪，应当由我国司法机关追诉，但尚未提起刑事诉讼的，应当自收到引渡请求书及其所附文件和材料之日起一个月内，将准备提起刑事诉讼的意见分别告知最高人民法院和外交部。"

〔2〕《引渡法》第22条。

审查的最后一道程序。对于不予引渡的裁定一经最高人民法院核准则立即发生法律效力,对于司法行政机关也具有最终约束力,行政审查程序不能继续进行。"外交部接到最高人民法院不引渡的裁定后,应当及时通知请求国。"[1]

最后,由国务院进行最终行政审查。"外交部接到最高人民法院符合引渡条件的裁定后,应当报送国务院决定是否引渡。国务院决定不引渡的,外交部应当及时通知请求国。人民法院应当立即通知公安机关解除对被请求引渡人采取的强制措施。"[2]人民法院对外国的引渡请求进行审查后可以作出符合引渡条件的裁定或不予引渡的裁定。不符合引渡的裁定可以直接终止引渡程序,但是符合引渡的裁定并不具有终局性。有学者认为:"'符合引渡条件的裁定'是'一种具有表态性质的裁定'。"[3]该裁定仅能体现出我国司法审查机关同意引渡的态度,国务院作为我国最高行政机关有权对此裁定不予采纳,并根据自己的行政审查作出最终的不予引渡决定。

综上所述,我国引渡审查采取的是行政—司法—行政三环节、双层次的审查模式。外交部作为行政审查的第一个环节,必须先通过外交部的形式审查才能进入司法审查程序。其后再由最高人民法院指定的高级人民法院进行具体的审查工作,在高级人民法院作出裁决后,无论当事人是否认可,引渡请求的审查都将进入最高人民法院的复核程序。外国的引渡请求通过我国的司法审查程序后,将重新进入行政审查程序,并最终由我国国务院决定是否予以引渡。其基本框架如下图所示:

---

[1] 《引渡法》第29条第1款。
[2] 《引渡法》第29条第2、3款。
[3] 黄风:《引渡问题研究》,中国政法大学出版社2006年版,第60页。

```
          ┌──────┐
          │ 国务院 │
          └──┬───┘
             ↕
                        ┌──────┐
┌──────┐     ┌──────┐   │最高检│
│请求国│ ⇄  │外交部│ ⇄ ├──────┤    ┌──────┐
└──────┘     └──────┘   │最高院│ ⇄ │ 高院 │
             ↙      ↘   └──────┘    └──────┘
                        ┌──────┐
         引渡羁押请求   │公安部│
                        └──────┘
```

我国引渡审查流程图

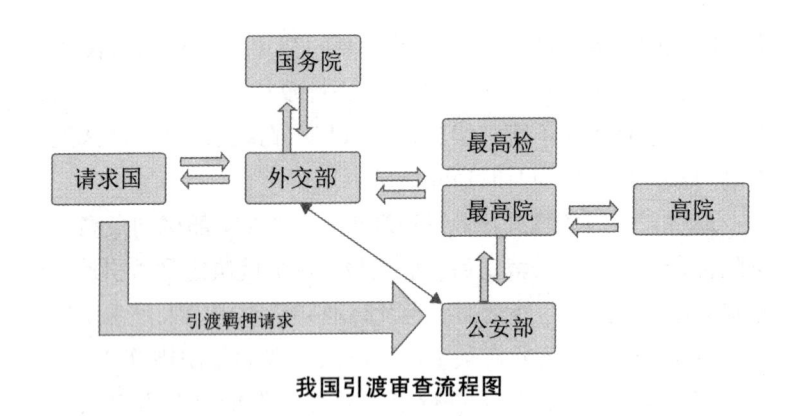

另外,在我国引渡的双重审查程序中,还有以下两点需要注意。

第一,我国最高人民检察院和公安机关都并非严格意义上引渡司法审查程序主体。实际上,在正式的引渡司法审查程序中并没有公诉人的角色,交由最高人民检察院审查是否予以追诉依旧是在确定管辖权的问题。另外,我国公安机关在引渡的审查程序中只起到查找被请求引渡人、对其采取强制措施以及执行对其进行移交的职能,并不直接参与引渡的行政审查与司法审查程序。

第二,我国的双重审查机制并不存在主体间的位阶关系。针对引渡请求的行政审查可以分为初始审查和最终审查。初始审查是指由我国外交部或者引渡条约中所指定的联系机关对引渡请求的形式要件进行审查。具体而言,负责审查引渡请求书及其所附材料是否在形式上符合要求,相当于决定是否"立案"。最终审查指的是国务院的行政审查,居于最后把关的地位,只有国务院可以作出准予引渡的最终决定,且有权推翻高级人民法院作出的且经最高人民法院复核的符合引渡条件的裁定。然而,这并不意味着在我国的引渡审查制度中行政权高于司法权,或者存在某种位阶关系。事实上,关于引渡适用双重审查程序的规定主要是出于对我国国家主权和利益维护的综合考量,因此司法审查主要针对的是引渡请求的合法性,行政审查在此基础之上,还需要对被请求国的外交政策和利益等进行综合审查以作出最符合我国国家利益的决定。[1]

二、引渡审查的内容及证据标准

引渡的审查主要针对引渡请求的实质要件和形式要件两个方面展开。

形式审查主要是对引渡请求书及所附材料的审查。以我国《引渡法》为例,针对引渡请求的形式要件审查主要指请求国出具的书面请求书。[2]因我国采用的是双重审查模式,不符合标准的引渡申请材料将会在外交部的审查程序中直接被过滤。因此,司法程序的重点明显不仅在于形式审查。

引渡的实质审查则主要包括两大部分内容。第一部分是判断引渡请求中是否具有法律规定的引渡例外情形。具体而言,即根据我国《引渡法》第8条、第9条以及引渡条约中的相关规定,判断外国向我国提出的引渡请求中是否具有拒绝引渡的事由。以上事由均属于引渡实体法的主体内容,在前文已有详细的论证,此处不再赘述。第二部分是关于犯罪的认定。面对请求国提出的引渡请求,首先要审查该请求是否符合双重犯罪的前提。对此,目前各国做法不一。从整体来看,有的国家仅审查请求国提供的引渡请求书等相关法律文件是否符合形式要件,即只进行形式审查;而有的国家则要求请求国提供更为详细的材料以判断被请求引渡的人行为是否构成犯罪,接近于实质审查。此处就需要针对行为是否构成犯罪的证明标准进行探讨。

---

[1] 参见薛淑兰:《引渡司法审查研究》,中国人民公安大学出版社2008年版,第96页。

[2] 参见《引渡法》第16条。

目前各国对此采用的证据标准主要可以分为以下三类。

第一类是充分证据标准。即明确规定请求国需要提供足够且充分的证据，在没有其他证据予以明确反驳的情况下，请求国所提供的证据将成为法院审判的充足根据。比如《美洲国家间引渡公约》规定："主管司法当局或公共事务部签发的逮捕证或其他类似性质文件的核证副本，以及根据被请求国法律足以逮捕被请求引渡人并将其交付审判的证据的核证副本。"[1]在我国与他国签订的双边条约中也有类似的规定。[2]这类证据标准的要求最高。

第二类是要求请求国提供有关犯罪事实的说明，并附有一定的证据；针对被请求引渡人已被定罪的情形还应提供已生效的判决书和说明等。在此标准下需要请求国提供一定的能够证明犯罪事实发生的证据。典型如我国《引渡法》规定的"必要

---

[1] Inter-American Convention on Extradition, article 11: "1. The request for extradition shall be accompanied by the documents listed below, duly certified in the manner prescribed by the laws of the requesting State: a. A certified copy of the warrant for arrest, or other document of like nature, issued by a competent judicial authority, or the Ministerio Público as well as a certified copy of evidence that, according to the laws of the requested State, is sufficient for the arrest and commitment for trial of the person sought. mis last mentioned requirement shall not apply if the laws of the requesting State and of the requested State do not so provide. If the person has been tried and convicted of the offense by the courts of the requesting State, a certified verbatim copy of the final judgment shall suffice."

[2] 参见《中华人民共和国和莱索托王国引渡条约》第7条第1款第2项第3目："负责追诉该案的主管机关签发的文件，其中包括现有证据摘要以及根据请求国法律上述证据足以证明有理由起诉该人的说明。"《中华人民共和国和巴基斯坦伊斯兰共和国引渡条约》第6条第1款第2项第3目："负责追诉该案的主管机关签发的包含现有证据摘要和一项证明根据请求方法律有足够证据起诉被引渡人的说明的文件。"《中华人民共和国和南非共和国引渡条约》第7条第1款第2项第3目："负责追诉该案的主管机关签发的文件，其中包括现有证据摘要以及根据请求国法律上述证据足以证明有理由起诉该人的声明。"

的犯罪证据或者证据材料"。[1]这在我国与其他国家签订的条约中也有体现。[2]

第三类是零证据标准,即只要求请求国提供对被请求引渡人签发的逮捕令以及案情说明即可。本类证据标准低于第二类,与第二类证据标准的区分较为模糊。需要注意的是,本类证据所要求的并不是不需要请求国提供材料,只是这些材料主要针对的不是犯罪事实,而是引渡申请的形式材料。其在犯罪事实审查层面是形式审查,采用的是零证据标准。典型的如《欧洲逮捕令和成员国之间移交程序的框架决定》制度的规定。[3]我国在与他国签订的引渡条约中对此规定存在细微的差别,[4]但

---

[1] 参见《引渡法》第12条第1款第2项。

[2] 例如《中华人民共和国和泰王国引渡条约》第7条第2款第2项:"表明应当逮捕并羁押该人以便进行审判的证据,包括证明被请求引渡人就是逮捕证所指的人的证据。"

[3] 2002年6月13日《欧洲逮捕令和成员国之间移交程序的框架决定》(Council Framework Decision of 13 June 2002 on the European arrest warrant and the surrender procedures between Member States)第8条列举了缔约国引渡时申请方需要提交的材料,其中并未要求提供被请求引渡人犯罪的证据,而只要求提供犯罪的性质、分类以及对犯罪情形的描述等信息。See Framework Decision on the European Arrest Warrant, article 8 (1): "Content and form of the European arrest warrant."

[4] 例如,《中华人民共和国和越南社会主义共和国引渡条约》第7条要求引渡请求应当以书面形式提出,包括:不但要求提供完整的引渡机关及其请求时间、地点的信息,要求提供犯罪嫌疑人个人信息、完整的案件事实说明(包括犯罪的时间、地点、行为和结果)及其相关犯罪刑事管辖权、定罪和量刑的法律规定及追诉时效的规定,此外最重要的是,提供请求方主管机关签发的逮捕证的副本及其相关文件译文。在以上条款的基础上,《中华人民共和国和西班牙王国引渡条约》第7条、《中华人民共和国和比利时王国引渡条约》第7条和《中华人民共和国和法兰西共和国引渡条约》第8条则不要求引渡机关提供"提出请求的时间和地点"。《中华人民共和国和俄罗斯联邦引渡条约》的标准较低,其第8条针对请求引渡的主体,不要求提供提出请求的时间和地点、请求机关的地址;此外针对犯罪事实,仅要求提供"关于犯罪行为和后果,包括物质损失的概述";同样,《中华人民共和国和智利共和国引渡条约》第9条也采用较低的审核标准。

大致都可以归到此类标准之中。

综合以上三种证据标准,第一类证据标准明显要求较高,引渡请求本身仅为虚拟的司法审查,用如此高的证据标准来要求引渡的犯罪事实缺乏合理性;第二类证据标准平衡了虚拟审查与互信的矛盾,较为合理,但是存在着实践中缺乏明确标准,较难把握的问题;第三种证据标准建立在两国须对彼此的司法程序有较高的互信基础之上。实践中,各国也并非一刀切地采用某一类标准,往往是根据不同的合作对象而采用不同的标准,这也恰好体现出引渡的政治属性。

我国《引渡法》采用了第二类标准,即需要请求国提供"必要的犯罪证据或者证据材料"[1]。引渡的司法审查不同于实质上的刑事追诉,自然不宜采用刑事追诉的证明标准。引渡司法审查中的法律审查是根据我国《引渡法》和现有的双边引渡条约以及国际公约中的有关规定,对其他国家提出的引渡请求进行是否符合法律条件的审查。具体在审查是否符合双重犯罪的条件时,只根据请求国提供的犯罪事实进行审查,假设在引渡请求所指的犯罪是真实的前提下,审查是否符合法律规定的条件,因此这一证明标准必然是低于追诉标准。但如果采用零证据标准明显也是不合理且不现实的。我国《引渡法》最后采用的"必要证据"标准,既在立法中对证据标准有了明确的规定,同时也增强了我国与其他国家之间开展司法合作的灵活性,可以在具体的条约签订中,以及在个案中根据不同的情形对证据标准进行灵活的解释适用。

在朴柱铎引渡案中,被请求引渡人朴柱铎的律师提出应当考虑本案是在韩国面临东南亚金融危机的背景下发生,我国法

---

[1] 参见《引渡法》第12条第1款第2项。

院在审查中认为,"请求国提出引渡请求时已经提供了证明朴柱铎涉嫌犯罪的必要的证据。对朴柱铎涉嫌犯罪的具体金额及起因是否具有当时当地的历史原因等事实,应由韩国司法机关根据本国法律和程序进行审理后认定,本院依法不予审查和认定"。[1]本案清晰地表明了引渡审查中对犯罪事实的审查与刑事诉讼中对犯罪事实审查的区别,即引渡审查的重点在于请求国提供了"必要"的证据以证明有犯罪事实需要引渡即可,审查机关并不需要审查具体的犯罪细节。再如在法兰西共和国申请引渡马尔丹·米歇尔(Martin Michel)案中,在最高人民法院复核期间,马尔丹·米歇尔及其委托代理人曾提出认定马尔丹·米歇尔犯强奸罪的证据不足,最高人民法院复核认为法兰西共和国为请求引渡马尔丹·米歇尔已提供了我国《引渡法》规定的应当提供的证据材料,最后作出了准予引渡的裁定。[2]

三、被请求引渡人的救济权利

各国国内引渡法中一般都含有对引渡裁定的上诉或申诉程序的相关规定。比如《英国2003年引渡法》即允许被请求引渡人对引渡决定向高等法院提起上诉。[3]我国《引渡法》也规定了被请求引渡人的权利救济制度,无论是在引渡的审查过程中还是针对最终的引渡结果,都为被请求引渡人规定了权利保障措施。

---

〔1〕 齐奇、孙公幸、陈增宝:《引渡案件的司法审查》,载《人民司法》2010年第18期。

〔2〕 参见最高人民法院引渡裁定书(2001)法引字第1号,载http://gongbao.court.gov.cn/Details/bf904ae4669d711913bd5e6adf4526.html,2024年10月16日访问。

〔3〕 See Extradition Act 2003, article 103 (1): "If the judge sends a case to the Secretary of State under this Part for his decision whether a person is to be extradited, the person may appeal to the High Court against the relevant decision".

首先，高级人民法院应当在收到最高人民法院转来的引渡请求书之日起10日内将引渡请求书副本发送被请求引渡人，保障被请求引渡人的程序性权利。在实体上，高级人民法院应当听取被请求引渡人的陈述及其委托的中国律师的意见，[1]保障被请求引渡人最基本的辩护权利。

其次，在高级人民法院作出引渡裁定后，被请求引渡人及其委托的律师可以向最高人民法院提出意见。[2]需要明确的是，在我国引渡程序中，被请求引渡人提出意见的权利并不等同于刑事诉讼法中规定的辩护权，并不影响程序的发起和终结。无论被请求引渡人对高级人民法院的引渡裁定是否有不同意见，是否向法院提出，案件都会进入最高人民法院的复核程序。

最后，最高人民法院应当在作出核准或者变更的裁定之日起7日内将裁定书送交外交部，并同时送达被请求引渡人。[3]当然，在任何一个审查阶段中，如果被请求引渡人被采取强制措施，一旦审查后认为其不适宜引渡的，应当立刻解除强制措施。

总体而言，我国对于引渡司法审查程序中被请求引渡人的权利规定了较为完善的保障途径，但是对于行政审查环节的救济较少，而且缺少对最终结果的异议程序，需要进一步明确和完善。

第三节　引渡强制措施

在必要条件下，为了防止被请求引渡人逃逸，需要对其采取强制措施，以保证引渡工作的顺利进行。在审判前就对犯罪

---

[1] 参见《引渡法》第23条。
[2] 参见《引渡法》第25条。
[3] 参见《引渡法》第28条。

嫌疑人采取羁押措施，会严重限制被请求引渡人的人身权利，需要审慎适用。在引渡程序中采用强制措施则更应当严谨，不仅要受到各国国内立法的限制，也要遵照双边引渡条约以及国际公约中的相关规定。我国《引渡法》规定的引渡强制措施包括引渡拘留、引渡逮捕和引渡监视居住三种形式。[1]

一、引渡拘留

我国的引渡拘留可以分为收到请求国引渡请求后的正式拘留和因紧急情况未收到引渡请求时的临时拘留。

正式羁押中的拘留大致可以分为两种情形：其一，对于在最高人民法院接到引渡请求书及所附材料时被请求引渡人已经处于拘留状态的。此时人民法院按照程序直接予以审查即可，[2]被请求引渡人被采取的羁押措施继续有效，可以正常延续至人民法院作出是否引渡的裁定，再根据裁定的内容决定是否需要对其变更强制措施。其二，对于外国正式提起引渡前并没有对被请求引渡人采取强制措施的。最高人民法院应当通知公安机关查找被请求引渡人，而公安机关在找到后应当对被请求引渡人采用拘留或者监视居住的强制措施。[3]从文义来看，

---

[1] 参见《引渡法》第5条。

[2] 参见《引渡法》第20条第1款："外国提出正式引渡请求前被请求引渡人已经被引渡拘留的，最高人民法院接到引渡请求书及其所附文件和材料后，应当将引渡请求书及其所附文件和材料及时转交有关高级人民法院进行审查。"

[3] 参见《引渡法》第20条第2款："外国提出正式引渡请求前被请求引渡人未被引渡拘留的，最高人民法院接到引渡请求书及其所附文件和材料后，通知公安部查找被请求引渡人。公安机关查找到被请求引渡人后，应当根据情况对被请求引渡人予以引渡拘留或者引渡监视居住，由公安部通知最高人民法院。最高人民法院接到公安部的通知后，应当及时将引渡请求书及其所附文件和材料转交有关高级人民法院进行审查。"

此处公安机关只能在强制措施中选择适用某一种强制措施,而不是选择是否予以适用强制措施。可见,我国在引渡中对强制措施的适用是非常刚性的。当然,对于公安机关经查找后无法确认被请求引渡人行踪的,自然也不存在是否采取强制措施的问题,只需要通知最高人民法院,由其转达外交部并最终告知请求国。

另外,我国《引渡法》还规定了紧急情况下的临时拘留程序。[1]我国与外国签署的双边引渡条约对此通常采用"临时羁押"的表述。[2]紧急情况下的引渡拘留需要满足特殊条件,其适用程序也具有特殊之处。

首先,从适用条件上来看,"对于外国正式提出引渡请求前,因紧急情况申请对将被请求引渡的人采取羁押措施的,公安机关可以根据外国的申请采取引渡拘留措施"。[3]虽然我国《引渡法》并没有明确说明何为"紧急情况"且没有司法解释释明,但是通过目的解释来看,在诉讼中使用强制措施的根本目的即在于保障诉讼的顺利进行,在引渡程序中也是如此。因此,该条所规定的"紧急情况","主要是指被请求引渡的人即将逃匿难以捕获等情况"[4]。

---

[1] 参见《引渡法》第 30 条第 1 款的规定:"对于外国正式提出引渡请求前,因紧急情况申请对将被请求引渡的人采取羁押措施的,公安机关可以根据外国的申请采取引渡拘留措施。"

[2] 参见《中华人民共和国和法兰西共和国引渡条约》第 12 条:"一、在紧急情况下,请求方主管机关可以要求对被请求引渡人实施临时羁押……"《中华人民共和国和意大利共和国引渡条约》第 9 条:"一、在紧急情况下,请求方可以为提出引渡请求的目的,请求临时羁押被请求引渡人……"《中华人民共和国和西班牙王国引渡条约》第 9 条:"一、在紧急情况下,一方可以请求另一方在收到引渡请求前临时羁押被请求引渡人……"

[3] 《引渡法》第 30 条第 1 款。

[4] 胡康生主编:《中华人民共和国引渡法释义》,法律出版社 2001 年版,第 59 页。

其次，从提起程序上来讲，此种"紧急情况"下的申请可以通过外交途径或者向公安部书面提出的形式进行。依据我国签署的双边引渡条约，临时引渡拘留的措施申请则可以通过外交途径、中央机关或国际刑警组织提出，且大多情况下要求需以书面的形式。比如，《中华人民共和国和乌克兰引渡条约》第11条第1款即规定："在紧急情况下，缔约一方可请求缔约另一方在收到本条约第八条规定的引渡请求前羁押被请求引渡人。书面申请可以通过中央机关、国际刑事警察组织或外交途径以任何通讯手段提出。"可见，临时拘留的提出途径相较引渡申请明显选择更多，这符合制度设立的初衷。相应的，在告知程序上，由于临时羁押的紧迫性，请求国可以不通过外交部而直接向我国公安部提出临时羁押的申请。此时，对于通过外交途径提出申请的，外交部应当及时将该申请转送公安部；对于向公安部提出申请的，公安部应当将申请的有关情况通知外交部。[1]

再次，从审查内容上来看，对临时拘留的审查仅为形式上的审查。公安机关可以推定请求国所提交的证据材料都是真实的，这明显有别于国内刑事诉讼中对拘留的审查。在临时拘留措施的审查中，《引渡法》第30条第1款明确规定："对于外国正式提出引渡请求前，因紧急情况申请对将被请求引渡的人采取羁押措施的，公安机关可以根据外国的申请采取引渡拘留措施。"这意味着公安机关对此具有自由裁量权，完全有权决定对被请求引渡人不采取引渡拘留措施，这与正式拘留中刚性的规定不同。

最后，由于羁押措施本就是对被请求人人身自由的限制，而紧急情况下的临时羁押更容易侵犯被请求引渡人的权利，因

---

[1] 参见《引渡法》第30条第3款。

此需要对此种强制措施进行严格的限制。在次数的限制上，虽然我国《引渡法》并没有明确的规定，但是从理论上来讲，紧急情况下的申请属于正式引渡请求发出前的临时措施，所以基于保护被请求引渡人基本权利的考量，请求国申请紧急情况下对被请求引渡人采取引渡拘留的次数通常只能有一次。[1]关于临时拘留的期限，我国《引渡法》规定了紧急情况下引渡拘留的时间限制，"公安机关采取引渡拘留措施后三十日内外交部没有收到外国正式引渡请求的，应当撤销引渡拘留，经该外国请求，上述期限可以延长十五日"。[2]另外，我国与其他国家签署的引渡双边条约也有对时间的限制。例如，《中华人民共和国和泰王国引渡条约》规定的临时羁押期限为60天，[3]《中华人民共和国和印度尼西亚共和国引渡条约》规定的临时羁押期限为45天，[4]《中华人民共和国和俄罗斯联邦引渡条约》规定的临时羁押期限为30天内，可延长10天，[5]而《中华人民共和国和意大利共和国引渡条约》规定的临时羁押期限为30天，并可延长15天。[6]

二、引渡逮捕

逮捕是引渡中较为常用的强制措施。我国在与一些国家签订的双边引渡条约中所采用的引渡"羁押"概念实际上指的是"引渡逮捕"。例如，《中华人民共和国和白俄罗斯共和国引渡条

---

[1] 参见薛淑兰：《引渡司法审查研究》，中国人民公安大学出版社2008年版，第271页。

[2] 《引渡法》第31条第2款。

[3] 参见《中华人民共和国和泰王国引渡条约》第9条第4款。

[4] 参见《中华人民共和国和印度尼西亚共和国引渡条约》第9条第4款。

[5] 参见《中华人民共和国和俄罗斯联邦引渡条约》第11条第4款。

[6] 参见《中华人民共和国和意大利共和国引渡条约》第9条第4款。

约》第 10 条规定:"被请求的缔约一方收到引渡请求后,除根据本条约规定不得引渡的情形外,应立即采取措施羁押被请求引渡人。"我国关于引渡逮捕的实施需要满足主体、程序以及实体方面等一系列前提条件。

第一,主体要件。在我国,引渡逮捕的决定机关只能是人民法院。[1]由于引渡程序中并无公诉人的角色,因此能够在引渡程序中作出逮捕决定的主体比国内刑事诉讼程序中的主体更少。

第二,前置程序要件。根据《引渡法》第 32 条的规定,"高级人民法院收到引渡请求书及其所附文件和材料后,对于不采取引渡逮捕措施可能影响引渡正常进行的,应当及时作出引渡逮捕的决定"。这意味着,在外国已经正式向我国提出引渡请求之后,法院才有权作出是否予以逮捕的决定。当然,由于外交部只有在经行政审查程序之后认为引渡请求符合形式要件的才会将该请求转交人民法院,因而此处暗含了该引渡请求已通过行政审查程序的基本前提。

第三,实体要件。引渡逮捕需要满足实体要件,根据我国《引渡法》第 32 条的规定,即"对于不采取引渡逮捕措施可能影响引渡正常进行的",才应当及时作出引渡逮捕的决定,而对于不采取引渡逮捕措施的被请求引渡人,应当作出引渡监视居住的决定。实践中,当被请求国面临被请求引渡人可能逃跑或将要采取其他措施规避起诉和审判活动,以及人民法院在对已经掌握的材料作出可能要引渡的判断时,都会成为引渡逮捕的实质理由。

---

[1] 参见《引渡法》第 32、36 条。

三、引渡监视居住

作为强制措施手段的监视居住一般在两个层面适用：一是在与引渡拘留、引渡逮捕等强制措施平行的层面；二是在作为引渡逮捕强制措施的替代措施层面。

我国公安机关在外国提出正式引渡后，可以决定执行监视居住的强制措施。[1]另外，"高级人民法院收到引渡请求书及其所附文件和材料后，对于不采取引渡逮捕措施可能影响引渡正常进行的，应当及时作出引渡逮捕的决定。对被请求引渡人不采取引渡逮捕措施的，应当及时作出引渡监视居住的决定"。[2]以上两种情形下的引渡监视居住措施，都是在与引渡拘留或者引渡逮捕强制措施平行选择的层面上进行的。

此外，引渡监视居住还可以作为引渡逮捕的替代措施来予以适用。出于人道主义的考虑，我国《引渡法》规定了有关引渡逮捕的两种特殊情形，即"对于应当引渡逮捕的被请求引渡人，如果患有严重疾病，或者是正在怀孕、哺乳自己婴儿的妇女，可以采取引渡监视居住措施"。[3]可见，引渡中的监视居住可以作为引渡逮捕的替代措施予以适用。然而，此条例外规定与我国《引渡法》第36条之间是否存在矛盾关系值得引起注意。我国《引渡法》第36条规定："国务院作出准予引渡决定

---

[1]《引渡法》第20条第2款："外国提出正式引渡请求前被请求引渡人未被引渡拘留的，最高人民法院接到引渡请求书及其所附文件和材料后，通知公安部查找被请求引渡人。公安机关查找到被请求引渡人后，应当根据情况对被请求引渡人予以引渡拘留或者引渡监视居住，由公安部通知最高人民法院。最高人民法院接到公安部的通知后，应当及时将引渡请求书及其所附文件和材料转交有关高级人民法院进行审查。"

[2]《引渡法》第32条。

[3] 参见《引渡法》第35条。

后,应当及时通知最高人民法院。如果被请求引渡人尚未被引渡逮捕的,人民法院应当立即决定引渡逮捕。"第 36 条只规定了引渡逮捕,并没有替代措施的适用空间,与我国《引渡法》第 35 条之间存在一定的冲突之处。实践中如果出现这种情况,可以将我国《引渡法》第 36 条视为引渡逮捕的一般规定,而将第 35 条作为引渡逮捕的特别规定,二者发生冲突时应当优先适用第 35 条的规定。

四、引渡过境中的羁押措施

通常来说,一方引渡人员需经过另一方领土时,前一方应当向后一方提出同意过境的请求。但是,如果使用航空运输并且没有在后一方境内降落的计划,则无需获得后一方同意。在引渡领域中,被请求方在不违反本国法律的情况下,应当批准第三国引渡人员从本国领土过境。但若发生计划外的着陆,则需要补充请求。[1] 外国之间的引渡合作需要经过我国领域的,应按照法律规定提交过境的请求,由外交部依照我国《引渡法》审查是否准予过境。[2]

一旦准予过境,此时就涉及引渡过境中羁押措施的应用问题。我国《引渡法》对此原则性规定过境的相关事宜由公安部决定并交由公安机关执行。[3] 我国与其他国家签订的双边条约中也有明确的法律依据,比如《中华人民共和国和南非共和国引渡条约》第 19 条第 2 款规定:"如果使用航空运输并且未计划在过境国着陆,则过境无须授权。在发生计划外着陆时,过境国可要求另一缔约国提出第一款规定的过境请求。只要在计

---

[1] 参见《引渡法》第 44 条。
[2] 参见《引渡法》第 45 条第 1 款。
[3] 参见《引渡法》第 45 条第 3 款、第 46 条。

划外着陆后尽早收到必要请求,过境国应在其法律允许的范围内,羁押过境人直至过境完成。"

国际社会普遍认可第三国协助引渡过境的义务。联合国《引渡示范条约》规定:"过境国应确保有法律规定而可在该人过境时仍予拘押。"[1]对此,我国《引渡法》第46条有明确规定,即"引渡的过境由过境地的公安机关监督或者协助执行。公安机关可以根据过境请求国的请求,提供临时羁押场所"。我国签订的双边引渡条约中也有类似的规定,比如《中华人民共和国和乌兹别克斯坦共和国引渡条约》第16条第3款规定:"过境发生国应向缔约另一方执行押送任务的公务人员提供必要的帮助。"《中华人民共和国和澳大利亚引渡条约》第18条第3款也规定:"在符合被请求方法律的情况下,同意该人过境可以包括同意在过境期间对该人予以羁押。"

然而,对于过境引渡的时间规定并不一致。联合国《引渡示范条约》对过境引渡时间的规定为:"如发生计划外着陆,拟被请求允许过境的缔约国可根据押送人员的请求,在收到根据本条第1款提出的过境请求之前,将该人拘押48小时。"[2]由于我国《引渡法》并没有统一规定时间,因此可以通过双边引渡条约对此进行细化。比如《中华人民共和国和意大利共和国引渡条约》第16条第3款规定:"如果采用航空运输且没有在过境方降落的计划,则无需获得同意。如果发生未计划的降落,只要过境方在九十六小时内收到过境请求,过境方应当羁押过境人直至完成过境。"

---

[1] 参见《引渡示范条约》第15条第3款。
[2] 参见《引渡示范条约》第15条第4款。

五、引渡强制措施的撤销与解除

结束强制措施可以分为撤销和解除两种,二者适用的条件和特点均有一定的区别。

第一,对引渡强制措施的撤销。在被请求引渡人被采取临时引渡措施的情形下,如果在采取引渡拘留措施后的法定时间内外交部没有收到外国的正式引渡请求,应当撤销引渡拘留。[1]从原理上讲,这种类型属于被请求国没有按时提交正式引渡请求所采取的撤销措施,此时引渡案件还没有正式进入司法审查程序,因此并不违反一事不再理原则,请求国可以在事后对同一犯罪再次提出引渡请求。我国《引渡法》也作了如此的规定。[2]此外,对于外国撤销和放弃引渡请求的,也应当立即解除对被请求引渡人采取的强制措施。[3]相应的,因请求国提出引渡请求后又撤销从而给被请求引渡人造成损害的,被引渡请求人的赔偿申请应当向请求国提出。[4]

第二,对引渡强制措施的解除。在引渡审查中的任何一个环节,一旦相关主体作出了不予引渡的裁定或决定,都将在事实上终结引渡程序,此时应当立即解除对被请求引渡人的强制措施。我国《引渡法》第28条第2款规定:"最高人民法院核准或者作出不引渡裁定的,应当立即通知公安机关解除对被请求引渡人采取的强制措施。"同时,在最终的行政审查程序中,如果国务院决定不引渡的,也应当解除对被请求引渡人的强制措施。"国务院决定不引渡的,外交部应当及时通知请求国。人

---

[1] 参见《引渡法》第31条第2款。
[2] 参见《引渡法》第31条第3款。
[3] 参见《引渡法》第37条。
[4] 参见《引渡法》第53条。

民法院应当立即通知公安机关解除对被请求引渡人采取的强制措施"。[1]可见,引渡程序的终结自然也意味着为了保障引渡顺利进行而实施的强制措施走向了终结。

第四节 引渡的执行

一、引渡执行的一般原理

引渡的执行,又称被请求引渡人的移交,是指被请求国在对请求国提出的引渡请求进行审查后作出核准引渡的决定,并同意将被引渡人移交给请求国的行为。根据我国《引渡法》的规定,我国引渡的执行机关是公安机关。[2]在决定执行引渡时,公安机关应当根据人民法院的裁定,向请求国移交与案件有关的财物。[3]移交涉案财产是刑事诉讼中的常规做法,在引渡程序中跟随被请求人的引渡而移交涉案财产也符合常理。事实上,在我国境外追赃的过程中,有相当一部分案件正是通过追逃来附带实现追赃的目的。

我国与其他国家签订的双边引渡条约对引渡的执行进行了更加细致的规定。比如《中华人民共和国和意大利共和国引渡条约》对于执行时间作了特别规定,即"如果被请求方同意引渡,双方应当迅速商定执行引渡的时间、地点等有关事宜。移交被请求引渡人的期限应为请求方收到同意引渡的通知之日起四十天"。[4]在执行中,如果引渡条约与我国《引渡法》的规

---

[1]《引渡法》第29条第3款。
[2] 参见《引渡法》第38条。
[3] 参见《引渡法》第39条第1款。
[4]《中华人民共和国和意大利共和国引渡条约》第11条第1款。

定有不一致的地方，应当优先适用引渡条约的内容。

另外，对于请求国在法定期限内不接收被请求引渡人的，应当视为请求国已经自动放弃了引渡请求。虽然我国《引渡法》第40条第1款规定了"请求国自约定的移交之日起十五日内不接收被请求引渡人的，应当视为自动放弃引渡请求。公安机关应当立即释放被请求引渡人，外交部可以不再受理该国对同一犯罪再次提出的引渡该人的请求"，但根据一事不再理原则及禁止双重风险的要求，此处应以"应当"拒绝受理为原则，只有在极特殊的情况下才可能考虑再次受理引渡请求。

二、引渡执行中的特殊情形

在引渡决定作出之时，如果被请求国发现被引渡人涉嫌在国内犯罪，或已经被起诉或正在服刑，则可以在诉讼终结或服刑期满前中止或暂缓引渡，以此保证犯罪人的追诉和引渡工作互不影响。请求国也可以根据自身调查等需要，申请被请求国先将被请求引渡人临时引渡回国，但请求国必须向被请求国作出在一定期限送还被请求引渡人的承诺。可以看到，暂缓引渡和临时引渡的制度目的都是在不改变引渡决定的同时，最大限度照顾到请求国与被请求国的共同利益，属于引渡执行中的特殊制度。

（一）暂缓引渡

暂缓引渡，又称暂缓移交或者推迟移交，"是指被请求国因需要对被请求引渡人在本国进行刑事审判或者执行刑罚而推迟向请求国移交该人；它出现在针对同一人在请求国和被请求国同时存在不同的刑事诉讼的特殊情况下"。[1]暂缓引渡也是引渡

---

[1] 黄风：《国际刑事司法合作的规则与实践》，北京大学出版社2008年版，第34页。

国际刑事司法合作实践中比较常见的制度,联合国《引渡示范条约》也作了相应的规定,即"被请求国在就引渡请求作出决定后可推迟移交所通缉者,以便就作为请求引渡原因罪行以外的罪行,对该人进行诉讼程序,或当该人业经判罪时执行作出的判决。在这种情况下,被请求国应相应地通知请求国"。[1]

我国不仅在《引渡法》中规定了暂缓引渡制度,[2]在与其他国家的双边引渡条约中也对此有明确的规定。比如《中华人民共和国和泰王国引渡条约》和《中华人民共和国和葡萄牙共和国引渡条约》。[3]综合我国《引渡法》及相关条约的规定,暂缓引渡的实施需要满足以下条件。

第一,被请求引渡人在引渡请求中所涉及的罪行不需要由我国司法机关追诉。若最高人民检察院认为引渡请求所指的犯罪应当由我国管辖,并且认为应当由我国追诉的,则其应当将准备提起刑事诉讼的意见分别告知最高人民法院和外交部,人民法院可以据此拒绝引渡。[4]因此,请求国所请求引渡的犯罪必然是我国司法机关没有管辖权或者认为不适宜管辖而放弃管辖的案件。

第二,被请求引渡人正因其他犯罪而在我国进行刑事诉讼

---

[1]《引渡示范条约》第12条第1款。

[2]参见《引渡法》第42条:"国务院决定准予引渡时,对于中华人民共和国司法机关正在对被请求引渡人由于其他犯罪进行刑事诉讼或者执行刑罚的,可以同时决定暂缓引渡。"

[3]参见《中华人民共和国和泰王国引渡条约》第11条第1款:"如果被请求方正在对被请求引渡人因引渡请求所涉及的犯罪以外的犯罪提起诉讼或执行判决,被请求方可以移交被请求引渡人,或者暂缓移交直至诉讼终结或全部或部分判决执行完毕。被请求方应将暂缓移交通知请求方。"《中华人民共和国和葡萄牙共和国引渡条约》第12条第1款:"如果被请求引渡人正在被请求方因为引渡请求所针对的犯罪之外的犯罪被提起刑事诉讼或者服刑,被请求方可以在作出同意引渡的决定后,暂缓引渡该人直至诉讼终结或者服刑完毕。被请求方应当将暂缓引渡事项通知请求方。"

[4]参见《引渡法》第21、9条。

或被执行刑罚。此处强调的应当是被请求人的"其他犯罪",因为根据我国《引渡法》第9条第1项的规定,对被请求引渡人正在进行的刑事诉讼或者准备提起刑事诉讼的属于我国可以直接拒绝引渡而非暂缓引渡的情形。

第三,引渡请求已经通过了人民法院的司法审查与外交部和国务院的行政审查,且国务院决定准予引渡。暂缓引渡从性质上讲属于引渡执行阶段的特别规定,在决定不予引渡的情况下自然也不存在暂缓引渡的可能性。

此外,虽然我国《引渡法》并没有明确规定暂缓引渡的期限,但是通过总结我国与其他国家签订的双边引渡条约可知,暂缓引渡的期限一般止于诉讼终结或者服刑完毕。例如《中华人民共和国和俄罗斯联邦引渡条约》第13条第1款规定:"如果被请求引渡人在被请求的缔约一方境内因另一犯罪被追究刑事责任或者服刑,被请求的缔约一方可以暂缓引渡直至诉讼终结、服刑期满或者提前释放,并应将此通知请求的缔约一方。"

(二) 临时引渡

在暂缓引渡可能给请求国带来较大程序障碍的时候,被请求国可以采取临时引渡的措施。临时引渡的制度目的在于保证被请求国对被请求引渡人的司法管辖权的同时鼓励开展国家间的引渡合作。比如联合国《引渡示范条约》规定:"被请求国如不推迟移交,可按照两国间拟予确定的条件,将所通缉者暂时移交请求国。"[1]除国际性条约之外,各国国内法也对临时引渡进行了相关规定,比如《加拿大引渡法》规定,部长可以下令将被下令拘押的人临时移交给引渡伙伴,以便对该人提起诉讼或确保该人在有关的上诉程序中出庭,临时引渡的条件是引渡伙伴

---

[1]《引渡示范条约》第12条第2款。

需要作出保证,[1]同时也对临时引渡予以了时间上的限制。[2]

我国《引渡法》中也含有关于临时引渡的规定,即"如果暂缓引渡可能给请求国的刑事诉讼造成严重障碍,在不妨碍中华人民共和国领域内正在进行的刑事诉讼,并且请求国保证在完成有关诉讼程序后立即无条件送回被请求引渡人的情况下,可以根据请求国的请求,临时引渡该人"。[3]除满足暂缓引渡的前提条件之外,临时引渡的决定还需要具备以下条件。

第一,暂缓引渡可能给请求国的刑事诉讼造成严重障碍。由于临时引渡会在一定程度上为被请求国带去不便,因此只有在暂缓引渡可能对被请求国的刑事诉讼程序造成严重障碍时才能适用。"所谓重大障碍是指没有被请求引渡人的出席,请求国的刑事诉讼会遇到很大的困难甚至无法进行。"[4]实践中,比如在一些重大的共同犯罪或者有组织犯罪审判中,主犯以及首要

---

[1] See Extradition Act 1999, article 66 (1): "The Minister may order the temporary surrender to an extradition partner of a person who is ordered committed under section 29 while serving a term of imprisonment in Canada so that the extradition partner may prosecute the person or to ensure the person's presence in respect of appeal proceedings that affect the person, on condition that the extradition partner give the assurances referred to in subsections (3) and (4)."

[2] See Extradition Act 1999, article 66 (3): "The Minister may not order temporary surrender under subsection (1) unless the extradition partner gives an assurance that the person will remain in custody while temporarily surrendered to the extradition partner and (a) in the case of temporary surrender for a trial, that the person will be returned within 30 days after the completion of the trial, unless a relevant extradition agreement provides for another time limit; and (b) in the case of temporary surrender for an appeal, that the person will be returned within 30 days after the completion of the proceedings for which the presence of the person was required, unless a relevant extradition agreement provides for another time limit."

[3] 《引渡法》第43条第1款。

[4] 胡康生主编:《中华人民共和国引渡法释义》,法律出版社2001年版,第78页。

分子的缺席就会给案件审理带来巨大的阻碍。

第二，临时引渡的适用不会对我国的刑事诉讼造成严重妨碍。这意味着临时引渡所带来的妨碍应当出于我国对外开展引渡合作的合理需要，而不能对我国正常的刑事诉讼造成干扰与阻碍，否则将不能对被请求引渡人予以临时引渡。这也是国务院在作出临时引渡决定前需要征求最高人民法院或者最高人民检察院同意的主要原因。

第三，请求国需保证在完成相关的诉讼程序后立即无条件送回被请求引渡人。此项条件是出于保护被请求国司法管辖权的考虑，且此种承诺一般需要请求国在临时引渡的正式决定作出之前以书面的形式递交被请求国。临时引渡的目的是协助完成请求国的刑事诉讼，伴随的义务是在完成诉讼程序后必须无条件送回被请求国，进而能够同时维护被请求国和请求国双方的司法主权。

实践中，我国曾以临时引渡的方式成功将陈某雄、陈某园二人引渡回国。中山市实业发展总公司的时任经理和法定代表人的陈某雄、陈某园夫妇因涉嫌贪污犯罪于1995年潜逃至泰国，同年8月被通缉；泰国清迈府法院在2000年以"非法入境、非法拘留及非法持有和使用骗取的证件罪"对该案作出判决，分别判处有期徒刑13年零10个月和11年零4个月。[1]鉴于本案的特殊情况，我国选择了以临时引渡的方式处理该案。根据我国与泰国签订的双边引渡条约，[2]我国采取先将陈某雄、陈某

---

〔1〕 参见《金融大盗陈满雄夫妇回国受审》，载 https://www.chinacourt.org/article/detail/2004/09/id/131955.shtml，访问日期：2004年9月9日。

〔2〕 参见《中华人民共和国和泰王国引渡条约》第11条第2款："如果认为某人可以引渡，被请求方可以在其法律允许的范围内，根据缔约双方商定的条件，将被请求引渡人临时移交给请求方以便起诉。临时移交后返回被请求方的人，可以根据本条约的规定被最终移交给请求方，以执行判决。"

园临时引渡回国的方式，在对其完成刑事诉讼程序之后，再将其送回泰国服刑。2002年11月15日，泰国最高法院作出了准予引渡陈某雄、陈某园回中国的判决；同年12月26日，泰国警方派特警协助押送陈某雄、陈某园回中国；中山市中级人民法院一审判决以挪用公款罪判处陈满雄无期徒刑、判处陈秋园有期徒刑14年，后二人上诉，广东省高级人民法院终审维持原判；2006年，二人依约被送回泰国服刑，泰国法院最终于2008年8月裁定将陈某雄、陈某园引渡回中国。[1] 本案正是成功应用临时引渡制度的结果，且同时满足了中泰两国的诉讼目的。

第五节　向外国请求引渡的程序

我国向外国提出引渡请求要受到国外引渡法及我国与该国签订的双边引渡条约的约束，我国《引渡法》仅规定了向外国提出引渡的程序。

首先，引渡的提出机关。我国各具体办案机关如果有引渡或引渡过境需求的，均按照隶属层级关系先分别上报到国家层面的最高管理机构，即最高人民法院、最高人民检察院、公安部、国家安全部及司法部。然后经最高管理部门与外交部审核后，统一通过外交部对外提出。[2] 因此，外交部始终是我国接受引渡或者提出引渡请求的法定代表机关，公安部则负责准予引渡情况下的财产交接。

其次，临时强制措施的申请。我国《引渡法》规定，对于紧急情况下需要对被请求引渡人采取强制措施的，可以通过外

---

[1] 参见黄风主编：《中国境外追逃追赃经验与反思》，中国政法大学出版社2016年版，第26~27页。

[2] 参见《引渡法》第47条。

交途径或者被请求国同意的其他途径提出。[1]所谓"被请求国同意的其他途径"多规定在我国与其他国家签订的双边引渡条约中,主要包括通过双方各自指定的机关,或国际刑事警察组织或双方同意的其他途径。[2]按照互惠合作的原则,我国《引渡法》也允许紧急情况下的强制措施申请可以直接向我国公安部提出。[3]

再次,提交材料的要求。按照条约优先的原则,对于与我国签署引渡条约的国家或地区,应按照引渡条约的要求准备相关材料。如果双方之间没有签署引渡条约或者条约没有规定的,可以参照我国《引渡法》的相关规定;被请求国有特殊要求的,在不违反我国法律基本原则的情况下,可以被请求国的要求为准。[4]

最后,关于外交承诺。被请求国就准予引渡附加条件的,由外交部代表我国向被请求国作出承诺。外交承诺在我国引渡实践中的适用范围非常广泛,尤其是在死刑相关问题上。限制追诉的承诺由最高人民检察院决定,量刑的承诺则由最高人民法院决定,已经作出的承诺在成功引渡之后的司法程序中对司法机关具有约束力。[5]

---

[1] 参见《引渡法》第48条。
[2] 参见《中华人民共和国和葡萄牙共和国引渡条约》第9条第1款:"在紧急情况下,一方可以在提出引渡请求前,请求另一方临时羁押被请求引渡人。此种请求可以通过本条约第六条规定的途径、国际刑事警察组织或者双方同意的其他途径以书面形式提出。"该条约第6条规定:"一、为本条约的目的,双方应当通过各自指定的机关进行联系。二、本条第一款所指的机关,在中华人民共和国方面为外交部,在葡萄牙共和国方面为共和国总检察院。三、本条第一款所指机关之间进行联系,可以使用英文。"
[3] 参见《引渡法》第30条第3款。
[4] 参见《引渡法》第49条。
[5] 参见《引渡法》第50条。

总体而言，我国向外国提出引渡的程序整体上遵守了条约优先的原则，体现出我国信守承诺的立场。对于引渡条约中没有规定或者规定不明的情形，可以参照我国《引渡法》中接受引渡申请的程序来处理，这也体现了我国遵守互惠原则的另一立场。

第六节 引渡特殊程序

引渡的简易程序和附带引渡程序省略了一般引渡程序中的部分环节，不仅体现了对被请求引渡人意志的尊重，也节省了大量的司法资源，对国际顺利开展引渡合作具有重要的实用价值。

一、简易引渡

简易引渡是指在被请求引渡人明确同意自愿接受引渡至请求国接受审判和处罚的条件下，被请求国可依据其国内法中的规定采取有别于一般审查程序的简易程序，从而快速将该人移交给请求国。[1]显然，实行简易引渡制度一方面可以有效提高引渡的效率，加快各国或地区间开展国际刑事司法合作的进程；另一方面，通过缩短被请求引渡人被羁押的时间减轻被请求引渡人的诉累，体现了对被请求引渡人基本人权的尊重和保障。简易引渡制度符合当下国际社会尊重与保护人权的趋势，因而被世界上许多国家所采用。1999年《新西兰引渡法》就允许任何人可以在任何时候通知法院其同意就引渡请求所针对的一项或多项可引渡的犯罪被移交给引渡请求国。[2]

---

〔1〕 参见黄风：《国际引渡规则合作的新发展》，载《比较法研究》2006年第3期。

〔2〕 See Extradition Act 1999, article 28（1）："A person may at any time notify the court that he or she consents to being surrendered to the extradition country for the extradition offence or extradition offences for which surrender is sought."

不少国际公约和条约也规定了简易引渡制度。《引渡示范条约》规定:"被请求国在其本国法律不予排除的情况下,可于收到暂时逮捕的请求后准予引渡,但须所通缉者在主管当局面前明确表示同意。"[1]欧盟则于1995年出台了《欧盟成员国间简易引渡程序公约》(Simplified Extradition Procedure between the Member States of the European Union)(以下简称《欧盟简易引渡公约》)以简化和改进《欧洲引渡公约》中所规定的引渡程序。根据《欧盟简易引渡公约》的规定,各成员国在被请求引渡人同意引渡且被请求主管机关准许的情况下,无须提交引渡请求书,[2]也不需要适用一般情况下复杂的引渡程序。[3]《联合国打击跨国有组织犯罪公约》也规定:"对于本条所适用的任何犯罪,缔约国应在符合本国法律的情况下,努力加快引渡程序并简化与之有关的证据要求。"[4]同样的规定也被写入了《联合国反腐败公约》。[5]

我国与不少国家签署的双边引渡条约中含有简易引渡条款,多称"简捷移交"或"加快引渡程序"等。比如,《中华人民共和国和秘鲁共和国引渡条约》第13条规定:"如果被请求引渡人同意被移交给请求方,被请求方可以在其法律允许的范围

---

[1] 参见《引渡示范条约》第6条。

[2] See Simplified Extradition Procedure between the Member States of the European Union 1995, article 3 (2): "The surrender referred to in paragraph 1 shall not be subject to submission of a request for extradition or the documents required by Article 12 of the European Convention on Extradition."

[3] See Simplified Extradition Procedure between the Member States of the European Union 1995, article 4~12.

[4] 参见《联合国打击跨国有组织犯罪公约》第16条第8款。

[5] 参见《联合国反腐败公约》第44条第9款:"对于本条所适用的任何犯罪,缔约国应当在符合本国法律的情况下,努力加快引渡程序并简化与之有关的证据要求。"

内尽快移交该人,而无需任何后续程序。"另外,《中华人民共和国和墨西哥合众国引渡条约》第 13 条规定:"如果被请求引渡人告知被请求方主管机关同意被引渡,被请求方可以采取其法律允许的措施以加快引渡。"一般而言,被请求引渡人可以在引渡决定作出前的任何时间向主管机关表达愿意接受引渡的意愿,从而启动简易程序。

我国《刑事诉讼法》以专节的形式规定了简易程序。[1]然而遗憾的是,我国《引渡法》中并没有简易引渡程序的相关规定。且不说双重审查的机制,即使在司法审查阶段,我国高级人民法院在作出准予引渡的决定之后,仍需自动转入最高人民法院进行复核,程序显得较为复杂。因此有不少学者呼吁,随着我国对外交往活动的增多,应该适当考虑在我国《引渡法》中引入并实施简易引渡程序,[2]这不失为我国加快与其他国家或地区之间开展刑事司法合作的一项更为合理的选择。

在实践中,我国公安部"猎狐行动"工作组曾经适用简易引渡程序成功将犯罪嫌疑人陈某华押解回国。犯罪嫌疑人陈某华在 2009 年 2 月至 2012 年 5 月期间,未经金融监管部门的批准,非法吸收公众资金超 2000 万元,并于 2013 年 3 月潜逃至法国;法国警方在国际刑警组织对其发布红色通报之后于 2015 年 10 月成功将其抓获,后我方通过外交渠道向法国提出了引渡请求。[3]由于我国与法国之间签订的双边引渡条约已于 2015 年 4

---

〔1〕 参见《刑事诉讼法》第三编第二章第三节。

〔2〕 参见薛淑兰:《引渡司法审查研究》,中国人民公安大学出版社 2008 年版,第 318~319 页;周某钧、石某斌:《完善〈中华人民共和国引渡法〉的若干思考》,载《法商研究》2002 年第 3 期。

〔3〕 参见《我国首次从法国成功"猎狐"》,载 https://www.gov.cn/xinwen/2016-09/20/content_ 5109709.htm,访问日期:2024 年 11 月 9 日。

月生效,因此两国之间的引渡合作开展得十分顺畅,法国司法部门也最终同意简化移交手续,将陈某华引渡回中国。[1]

二、附带引渡

附带引渡是指"当请求国的引渡请求中所列举的数项犯罪行为中只有一项或者数项犯罪行为符合可引渡犯罪的法定条件和标准,而其他次要犯罪行为未达到这些条件和标准时,被请求国在允许对主要犯罪实行引渡的同时,也允许对其他次要犯罪实行引渡"。[2]附带引渡是国际刑事司法合作中比较常用的一种制度,1957年《欧洲引渡公约》即规定了附带引渡制度。[3]只要引渡请求所针对的犯罪中的主犯罪符合有关的刑期标准,即可允许对其他未达到标准的次要犯罪附随主要犯罪一起引渡。当然,是否允许附带引渡属于被请求国的一项权利,被请求国可以根据实际情况进行自由裁量,而非承担必须附带引渡的义务。

一般而言,附带引渡的适用需要具备以下条件:其一,附带引渡中的主犯罪需符合引渡的条件,即构成引渡行为的主要依据。其二,附带引渡中的其他次要犯罪根据请求国和被请求国双方的法律均构成犯罪,但对此各国的具体规定存在差异。

---

[1] 参见冉刚:《国际追逃工作实务》,中国方正出版社2018年版,第182页。

[2] 黄风:《国际刑事司法合作的规则与实践》,北京大学出版社2008年版,第26页。

[3] See European Convention on Extradition, article 2 (2): "If the request for extradition includes several separate offences each of which is punishable under the laws of the requesting Party and the requested Party by deprivation of liberty or under a detention order, but of which some do not fulfil the condition with regard to the amount of punishment which may be awarded, the requested Party shall also have the right to grant extradition for the latter offences."

我国《引渡法》明确规定了附带引渡的条件和内容。[1]根据该规定，附带引渡也应当满足双重犯罪的标准。具体而言，实施附带引渡的犯罪依照我国的法律和请求国的法律均应构成犯罪，且需要达到最低的量刑标准。因此，普通的行政违法行为是被排除在外的，不应准予附带引渡。

除国内法的专门规定之外，我国在与其他国家签署的双边引渡条约也允许进行附带引渡。比如《中华人民共和国和俄罗斯联邦引渡条约》第2条第4款规定："如果引渡某人的请求涉及几个行为，每个行为根据缔约双方法律均应处以刑罚，但其中有些行为不符合本条第一、二款规定的条件，在该人至少因一个可引渡的行为而被允许引渡时，被请求的缔约一方也可因这些犯罪行为允许引渡该人。"附带引渡制度的存在，为请求国和被请求国提供了更加高效的制度工具，节省了司法资源，有助于国际刑事司法合作的有效开展。

---

[1] 参见《引渡法》第7条："外国向中华人民共和国提出的引渡请求必须同时符合下列条件，才能准予引渡：（一）引渡请求所指的行为，依照中华人民共和国法律和请求国法律均构成犯罪；（二）为了提起刑事诉讼而请求引渡的，根据中华人民共和国法律和请求国法律，对于引渡请求所指的犯罪均可判处一年以上有期徒刑或者其他更重的刑罚；为了执行刑罚而请求引渡的，在提出引渡请求时，被请求引渡人尚未服完的刑期至少为六个月。对于引渡请求中符合前款第一项规定的多种犯罪，只要其中有一种犯罪符合前款第二项的规定，就可以对上述各种犯罪准予引渡。"

第七章

引渡的替代措施

引渡本是国家与国家之间相互移交罪犯最为妥当的司法合作方式，但由于"条约前置主义"以及引渡各项基本原则的限制，实际操作过程中国家间开展引渡合作困难重重。纯粹依据双边引渡条约或者基于互惠原则成功引渡的数量有限，不少犯罪嫌疑人会逃至与犯罪地国家尚未建立双边引渡关系的国家，进而达到逃避处罚的目的。这种现实障碍就要求主权国家不断寻找行之有效的替代措施以加强国与国之间在打击跨国犯罪领域方面的合作。在此背景下引渡的替代措施应运而生。

引渡的替代措施是指"在无法诉诸正式的引渡程序或者引渡遇到不可逾越的法律障碍的情况下所使用的手段，它既包括对在逃人员的异地追诉，也包括采用外国移民法手段对非法入境或居留者的遣返"[1]。适用引渡替代措施的国与国之间往往难以适用引渡程序。其中一种情况是两国之间尚未签订双边引渡条约，引渡无法可依；另一种情况是即使两国之间具备一定的条约基础，但不论根据双边引渡条约还是国际引渡公约，均无法有效开展引渡合作。实践中最主要的障碍在于被请求方未严格遵守"条约前置主义"国家的情形。例如，虽然我国与荷兰都是《联合国反腐败公约》的缔约国，双方均负有打击跨国腐败犯罪的义务，但荷兰作为坚持"条约前置主义"的国家，

---

[1] 黄风：《引渡问题研究》，中国政法大学出版社2006年版，第119页。

拒绝采用多边公约作为引渡依据，也不接受基于互惠原则与我国开展引渡合作。这也是在杨某珠案中，我国未能成功将其从荷兰引渡回国的重要原因。

引渡的替代措施可以分为合法的替代措施和非法的替代措施两类。合法的引渡替代措施包括遣返、异地追诉和劝返，在该领域，我国已有多个成功先例。比如在余某东案中，由于美国属于严格坚持"条约前置主义"的国家，且我国与美国之间没有签署双边引渡条约，在此背景下，我国无法基于国际公约或者双边引渡条约直接对余某东进行引渡，针对余某东的犯罪行为，最终只能以"遣返"作为引渡的替代措施使其归国。在当代国际合作日渐盛行的情况下，只要不违背国际社会公认的国际法一般原则，或者得到相关国家的明示或者默示的认可，即可认为是合法的。

非法的替代措施则主要指诱捕。诱捕是指"在无法诉诸正式的引渡程序或引渡遇到不可逾越的法律障碍的情况下，根据国家的授意或在国家的许可下，采取诱惑、欺骗的手段，实现对目标人物的控制，以将其带到本国进行追诉、审判或执行刑罚"。[1]诱捕又可以分为诱骗捉捕和诱骗引渡。诱捕不具有正当性，且与现代司法理念背道而驰，还可能会侵犯相关国家主权和当事人的基本权利。《公民权利和政治权利国际公约》规定："人人有权享有身体自由及人身安全。任何人不得无理予以逮捕或拘禁。非依法定理由及程序，不得剥夺任何人之自由。"[2]显然诱捕并不具有实体和程序上的正当性。

我国公民就曾面临被其他国家诱捕的情况。比如美国爱宝公司以诱骗手段将袁某伟引至与美国引渡关系密切的英国，在

---

[1] 张磊：《国际刑事司法协助热点问题研究》，中国人民公安大学出版社2012年版，第7页。

[2] 参见《公民权利和政治权利国际公约》第9条第1款。

第七章　引渡的替代措施

本质上即通过诱骗的手段对袁某伟予以逮捕。[1]诱捕措施的适用可以绕过复杂的引渡合作程序将欲缉拿的人员成功逮捕，但是却严重损害了相关国家的主权以及被缉捕人员的人权，违背了国际交往中互相信任和平等协商的基本立场。可见，诱捕等非法措施是对引渡替代措施的滥用，会对国际刑事司法合作造成严重的负面影响。

我国在境外追逃工作中经常采用引渡的替代措施，实践中引渡替代措施的适用具有综合性。一个外逃人员，其最终成功回国归案往往是几个不同的引渡替代措施综合适用的结果。例如杨某珠案，就是我国综合运用多种引渡替代措施成功开展境外追逃工作的典型。该案中，在对杨某珠启动非法移民程序进行遣返的同时，我国也在积极地推进异地追诉程序的开展，最终杨某珠回国投案的结果离不开劝返的重要影响。[2]

第一节　遣返

遣返是指"一国单方驱逐非法移民或协助遣返回国的行为"。[3]作为引渡的替代措施，遣返具有补充性的特点，即在无法诉诸正式的引渡程序或者引渡过程中遇到无法跨越的法律或现实障碍时才能适用遣返措施。遣返在司法实践中发挥着重要作用，有效推进了国际追逃追赃工作的顺利进行，是引渡替代

---

〔1〕　参见王强军：《"美国诱捕袁宏伟"案的法理缺失》，载《法学》2008年第1期。

〔2〕　参见张磊：《境外追逃中的引渡替代措施及其适用——以杨秀珠案为切入点》，载《法学评论》2017年第2期。

〔3〕　姜伟、曹吴清：《反腐败追逃追赃国际合作的若干问题》，载《中国应用法学》2023年第2期。

措施的主要类型。

一、遣返的类型

以遣返的依据为标准,大概可以将遣返分为"行政遣返"与"刑事遣返"。[1]非法移民遣返属于典型的"行政遣返",指的是由遣返国直接启动非法移民遣返程序将非法入境者强制遣返。[2]本质上讲,非法移民遣返是"将不具有合法居留身份的外国入境者遣送回国,是遣返国为维护本国安全和秩序而单方面作出的决定"[3]。因此,对于非法移民身份的认定就是在非法移民遣返程序中首先要解决的问题。

非法移民指的是"违反一国的移民法律或出入境管理法律法规或有关国际法而非法入境、出境或居留的人,包括非法偷渡移民和非法滞留移民两种"。[4]总体而言,非法移民即非法居留在一国境内的外国人,因此对于具有本国国籍的公民一般不能适用遣返。对于某些通过非法方式取得本国国籍的非法移民,应当在取消其国籍之后再对其进行强制遣返程序。与此相关的,实践中外逃人员往往欲通过难民身份得到所在国的庇护,从而逃脱被遣返回国的结果。比如赖某星就曾以所谓回国会受到政治迫害为由申请获取难民身份。然而,根据《关于难民地位的公约》[5]（Convention relating to the Status of Refugees）的规定,其并不适

---

[1] 参见冉刚:《国际追逃工作实务》,中国方正出版社2018年版,第199页。

[2] 参见湖北省纪委监委协调指挥室编著:《反腐败国际追逃追赃理论与实践》,中国方正出版社2020年版,第70页。

[3] 张磊:《国际刑事司法协助热点问题研究》,中国人民公安大学出版社2012年版,第4页。

[4] 徐军华:《非法移民的概念及其法律化》,载《理论月刊》2007年第6期。

[5] 本公约于1954年4月22日生效,我国于1982年9月24日交存加入书,并自1982年12月23日起对我国生效。

用于在以难民身份进入避难国以前曾在避难国以外犯过严重非政治罪行的人员。[1]

遣返的上述特性使得其可以作为引渡的替代措施来使用。例如在赖某星遣返案中，因为我国与加拿大之间缺乏双边引渡条约，所以启动的是非法移民遣返程序，而非引渡程序。实践中还存在"刑事遣返"的类别，此时遣返的时间点发生在犯罪嫌疑人在被遣返国定罪量刑之后，待其服刑完毕或者于其服刑期间将其遣返回国。比如2015年，美国将涉嫌贪污贿赂犯罪的嫌疑人邝某芳在美国服刑完毕之后遣返回中国。[2]有时犯罪人在逃往国因刑事犯罪直接被司法机关判处了驱逐出境的刑罚，或者因其他事由被判处驱逐出境的行政处罚。比如我国《刑法》就规定了驱逐出境的刑罚，[3]《出境入境管理法》规定了驱逐出境的行政处罚措施。[4]

二、遣返的实施

由于引渡程序不仅复杂，且易受到各国间政治和外交因素

---

[1] 参见《关于难民地位的公约》第1条第6款："（六）本公约规定不适用于存在着重大理由足以认为有下列情事的任何人：（甲）该人犯了国际文件中已作出规定的破坏和平罪、战争罪或危害人类罪；（乙）该人在以难民身份进入避难国以前，曾在避难国以外犯过严重的非政治罪行；（丙）该人曾有违反联合国宗旨和原则的行为并经认为有罪。"

[2] 参见《历时17年 追逃从未停歇——许超凡被强制遣返背后》，载https://www.ccdi.gov.cn/toutiaon/201807/t20180711_93655.html，访问时间：2024年11月12日。

[3] 参见《刑法》第35条："对于犯罪的外国人，可以独立适用或者附加适用驱逐出境。"

[4] 参见《出境入境管理法》第81条规定："外国人从事与停留居留事由不相符的活动，或者有其他违反中国法律、法规规定，不适宜在中国境内继续停留居留情形的，可以处限期出境。外国人违反本法规定，情节严重，尚不构成犯罪的，公安部可以处驱逐出境。公安部的处罚决定为最终决定。被驱逐出境的外国人，自被驱逐出境之日起十年内不准入境。"

的影响,因此实践中许多国家倾向于用遣返的形式与其他国家开展国际刑事司法合作。遣返遵循着一定的规则,其中包括程序规则和实体规则,程序规则指的是实施遣返的主体、流程等相关规定,而实体规则是在程序中应当考虑是否应当适用遣返的问题,也即包括移民身份的认定和遣返的风险评估等。然而,与引渡不同,遣返毕竟不是一种正式的国际刑事司法合作形式,在多数情况下遣返具有单方性,是否追诉遣返对象、是否采取强制措施以及判处何种刑罚都由遣返国单独决定,遣返的可预期性较低。在遣返程序中,请求国只是处于有利害关系的"第三人"位置上,遣返国在遣返程序中所受的限制要小于其在引渡中的限制。

从实体上讲,实践中被遣返人的身份成为决定其是否能被遣返的核心因素。以杨某珠案为例,杨某珠在 2003 年出逃后曾辗转多个国家,我方在其被荷兰警方以非法居留为由扣留期间积极争取将其遣返回国;而杨某珠则先后以"政治避难"为由向法国和荷兰提出申请,虽均以失败告终,但其后又在被遣返前夕逃离荷兰赴美。[1]抵达美国后,杨某珠又因违反美国免签证相关规定被美国执法部门羁押,[2]再次面临遣返时,其向美方提出政治庇护申请。[3]此时决定对杨某珠能否适用遣返的关键在于审查其是否具有非法移民的身份。由于美方认定杨某珠违反了签证规定,因此可以确定其符合非法移民身份。但杨某

---

[1] 参见颜新文、高生:《她的"避罪天堂"是这样坍塌的——"百名红通人员"头号嫌犯杨秀珠归案纪实》,载《中国纪检监察》2017 年第 16 期。

[2] 参见《美国执法部门证实羁押杨秀珠》,载 https://www.gov.cn/xinwen/2015-05/30/content_ 2870761. htm,访问日期:2024 年 5 月 30 日。

[3] 参见《"红色通缉令"头号嫌犯杨秀珠纽约受审》,载 https://www.gov.cn/xinwen/2015-06/10/content_ 2876639. htm,访问日期:2024 年 6 月 10 日。

珠又提出避难申请，美方需要对其是否属于"难民"予以审查。根据美国1980年《难民法》的规定，"难民"是指在其国籍国之外，或者虽然没有国籍但在其惯常居住的任何国家之外，由于种族、宗教、国籍、特定社会团体成员身份或政治观点等原因受到迫害或有充分理由担心受到迫害而无法或者不愿返回该国，也无法或不愿利用该国保护的人，不包括任何因种族、宗教、国籍、特定社会团体成员身份或政治观点而命令、煽动、协助或以其他方式参与迫害他人的人。[1] 另外，根据《美国移民和国籍法》的规定，如果有理由相信该外国人在到达美国之前在美国境外实施了严重的非政治罪行，即被排除在难民之外。[2] 因此，杨某珠虽然提出了难民庇护的申请，但是根据美国法律，

---

[1] See Refugee Act of 1980, Sec201 (a): "(42) The term 'refugee' means (A) any person who is outside any country of such person's nationality or, in the case of a person having no nationality, is outside any country in which such person last habitually resided, and who is unable or unwilling to return to, and is unable or unwilling to avail himself or herself of the protection of, that country because of persecution or a well-founded fear of persecution on account of race, religion, nationality, membership in a particular social group, or political opinion, or (B) in such special circumstances as the President after appropriate consultation (as defined in section 207 (e) of this Act) may specify, any person who is within the country of such person's nationality or, in the case of a person having no nationality, within the country in which such person is habitually residing, and who is persecuted or who has a well-founded fear of persecution on account of race, religion, nationality, membership in a particular social group, or political opinion. The term 'refugee' does not include any person who ordered, incited, assisted, or otherwise participated in the persecution of any person on account of race, religion, nationality, membership in a particular social group, or political opinion."

[2] See Immigration and Nationality Act, Sec 208 (b) (2) (A): "IN GENERAL. —Paragraph (1) shall not apply to an alien if the Attorney General determines that— (iii) there are serious reasons for believing that the alien has committed a serious nonpolitical crime outside the United States prior to the arrival of the alien in the United States."

其不能获得难民地位。

从程序上讲，遣返程序还包含一系列风险评估等前置程序，直接影响到遣返的实施。比如遣返国需要判断被遣返人被遣返回国后是否会面临死刑、酷刑等非人道的待遇等因素，对这类风险的评估直接决定了能否对被请求人遣返。在赖某星遣返案中，虽然实体上早就已经否定了赖某星的难民身份，但在其被遣返前还有风险评估程序。该程序主要围绕酷刑和死刑状况，以及中方对赖某星不判处死刑承诺的可行性进行。[1]

第二节 异地追诉

异地追诉也称域外追诉或所在国追诉，是指在难以开展引渡合作的情况下，境内办案机关协助逃犯发现地国家依其本国法律对逃犯提起诉讼，是一种常用于追逃追赃的特殊国际刑事司法合作形式。《联合国反腐败公约》规定："如果根据本条第一款或者第二款行使管辖权的缔约国被告知或者通过其他途径获悉任何其他缔约国正在对同一行为进行侦查、起诉或者审判程序，这些缔约国的主管机关应当酌情相互磋商，以便协调行动。"[2]异地追诉可以借助追诉地国的司法和执法资源联合对逃犯进行追捕工作，当逃犯在发现地被定罪量刑之后依旧可以被遣返回国接受制裁。异地追诉作为引渡的替代措施，在追逃工作中发挥了重要的作用。

---

[1] 赵秉志主编：《反腐败国际追逃追赃案件精选》，中国方正出版社2019年版，第22页。

[2] 参见《联合国反腐败公约》第42条第5款。

一、异地追诉的特点

异地追诉与引渡中的"或引渡或起诉"原则不同。适用"或引渡或起诉"原则的前提条件是"被请求引渡人犯有或者被指控犯有国际条约中确定的可引渡犯罪,无论这种犯罪是通过规定双重犯罪的条件和有关的刑期标准加以确定,还是通过在国际条约(公约)中直接列举罪名或罪状的方式加以确定"。[1]"或引渡或起诉"原则是一项强制性、义务性规定,犯罪地所在国若不引渡则应当无例外地对其提起诉讼。但作为引渡替代措施之一的"所在国追诉制度"则并非强制性义务,犯罪发现地国家可以基于司法管辖权自行决定是否起诉。此外,以上二者所针对的行为对象也有所不同,"或引渡或起诉"原则针对的是在请求国发生的犯罪行为,行为人在所在国是否采取引渡或者起诉措施受到双重犯罪和一事不再理原则的限制,而所在国追诉制度针对的是可以按照所在国刑法进行诉讼的犯罪行为,并且这一犯罪行为属于新罪,并非在请求国发生的犯罪行为。

异地追诉虽然是罪犯在境外定罪服刑后被强制遣返,但其与遣返在本质上依旧存在不同之处。首先,二者的法律依据不同。遣返的法律依据是外逃犯罪嫌疑人所在国的移民法,而异地追诉的法律依据则是刑事法,故而两者也分别被称为移民法替代措施与刑事法替代措施。[2]其次,二者的证据要求不同。遣返所提供的材料主要是非法移民材料,需要证明外逃的犯罪嫌疑人在被请求国不具有或不应当具有合法的居留身份,而异

---

[1] 黄风、凌岩、王秀梅:《国际刑法学》,中国人民大学出版社2007年版,第188页。

[2] 参见王秀梅、朱贝妮:《反腐败追逃追赃域外追诉探讨》,载《法学杂志》2019年第4期。

地追诉提供的材料则需要证明外逃犯罪嫌疑人的行为构成刑事犯罪，达到刑事控诉的标准。

异地追诉在我国司法实践中得以适用的情形较多，相较于其他引渡的替代措施具有明显的制度优势。

首先，异地追诉所受限制较少，适用范围更广。异地追诉并不以请求国提出引渡请求为启动的前提，在异地追诉工作中，国内办案机关主要是协助追诉地国或地区开展调查取证等工作，由追诉地国依据其本国法律对逃犯的行为追究相应的责任。同时，异地追诉也不以追逃国与逃犯所在国之间存在缔结的双边引渡条约或共同参加的国际公约为前提。这使得在未签订双边引渡条约的国家之间适用异地追诉方式对犯罪嫌疑人开展工作的优势更为明显。

其次，异地追诉的时效性较强。由于在异地追诉中，追逃国对犯罪嫌疑人的缉捕并不以犯罪嫌疑人的移交为最终目的，而是选择在追诉国开展刑事追诉工作，因此使得外逃人员无法通过出逃他国的方式逃避审判，有利于追逃国成功实现及时追逃境外犯罪嫌疑人的目的。也因此，在获得追诉国主管机关的配合后，往往能在最短的时间内将犯罪嫌疑人抓捕归案。

最后，异地追诉的附随效果较为明显，有助于转移境外财产的追缴。在适用异地追诉的案件中，犯罪嫌疑人大多通过跨境转移的方式将赃款藏匿于他国，异地追诉有利于境外追赃从而挽回财产损失。所在国的司法机关往往在对外逃犯罪嫌疑人判处刑罚的同时，判决其将涉案的赃款予以返还。异地追诉在针对犯罪嫌疑人开展的刑事诉讼过程中，推动以判处自由刑和财产刑为目的的双边司法协助齐头并进，对于犯罪人的刑罚执行完毕后予以遣返，对冻结的财产按照双边财产处置机制或者国际规则进行分配，对国际刑事司法协助的实践和制度完善也具有重要的意义。

二、我国异地追诉的实践与经验

异地追诉的前提是外逃人员在潜逃国也存在违法行为,追逃国协助潜逃国依其本国法律对该外逃人员进行刑事追诉后实现追逃目标。实践中,外逃人员在潜逃国犯其他种类新罪的情形较少,但是如果根据所在国法律,其罪行与在请求国所犯之罪存在连接点时,就可以较为容易地实现异地追诉的目标。尤其是当犯罪嫌疑人于所在国实施的犯罪和请求国实施的犯罪具有类似于上、下游犯罪之间的紧密关联时,比如洗钱类犯罪,所在国即可适用属地原则进行管辖。李某祥案即是如此,"本案自 2005 年 10 月开始,在最高人民检察院授权下,广东省人民检察院与澳大利亚警方进行磋商,在获知澳大利亚无法直接将李某祥引渡或遣返的情况下,同意由澳方以洗钱罪对其立案先行处理,中方向澳方提供了李某祥涉嫌洗钱上游犯罪的证据材料"[1]。该案较为合理地解决了两国在缺乏双边引渡条约的情况下难以有效遏制犯罪的问题,为澳大利亚方面进行追诉相关犯罪提供了便利条件,大力推进了所在国诉讼的顺利进行。

在我国境外追逃追赃工作的司法实践中,已有多起成功采取异地追诉方式追逃追赃的实例。比如在李某波案中,犯罪嫌疑人李某波外逃至新加坡后,因我国与新加坡之间缺乏双边引渡条约,导致引渡工作难以开展。我国检察机关根据《联合国反腐败公约》的规定以及互惠互利原则向新加坡提出司法协助请求,新方最终根据我方提供的证据材料等线索对李某波开展异地追诉工作,最终判处李某波有期徒刑 15 个月,并冻结其全

---

[1] 赵秉志主编:《反腐败国际追逃追赃案件精选》,中国方正出版社 2019 年版,第 194~195 页。

部赃款，李某波在新加坡服完 2/3 刑期后被遣返回国。[1]

这些案件的成功办理也离不开国与国之间的刑事司法协助。在李某波案的办理过程中，两国就相互提出了刑事司法协助的请求，交换了诉讼证据资料和涉案信息，最大化实现了异地追诉的效果。[2]李某祥案也是如此，中方向澳方提供了关于李某祥上游犯罪的证据材料，澳方还多次派员来华在中方的协助下向证人取证。[3]可见，无论是引渡还是引渡的替代措施，其成功实施都需要综合手段的运用。

三、异地追诉面临的挑战

在新形势下的国际刑事司法合作中，异地追诉还存在很多困难，未来也面临着诸多挑战。

第一，异地追诉的成功高度依赖于外逃人员所在国的意愿与配合，受所在国国内法的约束较多。异地追诉具有单向性和间接性，其成功开展需要借助外逃人员所在国的刑事追诉程序，如果外逃人员所在国并不重视对其所犯罪行的追诉，异地追诉将无从开展。另外，在某些情况下，若所在国的法律规定与我国国内法存在较大差异，也会导致裁判的公平性问题，使我国在坚持引渡和支持其在所在国追诉之间难以作出选择。

---

[1] 参见《检察官讲述最高检工作报告中的故事之三：李华波贪污案追逃追赃》，载 https://www.spp.gov.cn/spp/zdgz/201803/t20180312_370427.shtml，访问日期：2024 年 3 月 12 日；郭芳：《追捕"红色通缉令"2 号嫌犯李华波》，载《中国经济周刊》2015 年第 19 期。

[2] 参见赵晨光：《从李华波案看我国腐败犯罪跨境追赃机制的完善》，载《法律适用（司法案例）》2017 年第 6 期。

[3] 参见吴冰：《广东外逃贪官在国外获刑 26 年：超 3/4 赃款缴国内》，载 https://www.chinacourt.org/article/detail/2011/09/id/464711.shtml，访问日期：2024 年 9 月 26 日。

第二，在部分国家异地追诉证明标准较高，刑事诉讼程序繁琐。涉外案件本身就存在取证困难的问题，以及世界各国普遍对涉外案件更为慎重，严格的证明标准使得异地追诉的调查取证工作异常困难，刑事诉讼程序时限不断拉长，必然影响到异地追诉的效率。例如在中国银行广东省分行开平支行原行长许某凡贪污、挪用公款一案中，许某凡自外逃出境至最终被强制遣返回国共耗时长达17年之久。[1]为了遣返赖某星回国，我国办案机关与加拿大共耗时12年。[2]被誉为新中国成立以来最为复杂引渡案中的黄某勇更是于1998年8月出逃，我国历时18年才最终于2016年将其引渡回国。[3]在李某祥一案中，2006年我国即与澳大利亚警方达成异地追诉李某祥的共识，但直到2011年澳大利亚昆士兰州最高法院才得以就本案开庭审理。[4]

第三，异地追诉的成功高度依赖于国家间已有的刑事司法协助合作。即使异地追诉程序启动，追逃国仍需配合他国办案机关提供大量证据材料，这对于追逃国来说也是巨大的挑战，将进一步加大异地追诉的难度。异地追诉的顺利开展既涉及管辖权的判断，又涉及证据的流转，还涉及涉案财产的处置等方面的诸多事宜，十分考验两国之间的司法协助体系。在司法协助体系比较薄弱

---

〔1〕 参见《从美国遣返的"红通人员"中国银行开平支行原行长许超凡贪污、挪用公款案一审开庭》，载 https://www.ccdi.gov.cn/yaowen/202102/t20210225_236519.html，访问日期：2024年2月25日。

〔2〕 参见《开展国际追逃劝返独具优势》，载 https://www.spp.gov.cn/ztk/dfld/2015dfld/dfld54/gzjyt/201503/t20150306_92302.shtml，访问日期：2024年3月4日。

〔3〕 参见赵秉志、张磊：《黄海勇案引渡程序研究（上）——以美洲人权法院黄海勇诉秘鲁案判决书为主要依据》，载《法学杂志》2018年第1期。

〔4〕 参见吴冰：《广东外逃贪官在国外获刑26年：超3/4赃款缴国内》，载 https://www.chinacourt.org/article/detail/2011/09/id/464711.shtml，访问日期：2024年9月26日。

的情况下，即使启动了异地追诉程序，最后也难以取得理想的效果。

总之，异地追诉制度特有的优势在于其法理上的正当性和可行性，但其高成本、低效率的劣势也大大削减了其适用的频率。虽然我国现阶段对异地追诉的适用较少，但其依旧是一种稳定可行的引渡替代措施，该制度依旧有很大的完善空间。未来我国应在尊重外逃犯罪嫌疑人所在国法律的基础上，一方面大力提高我国涉外法律规则体系的构建，为涉外法律合作奠定基础；另一方面也要加强对区域国别法律体系的研究，结合案件的实际情况与其他国家灵活开展有效的刑事司法合作，合力提高海外追逃追赃工作的效率。

第三节　劝返

劝返是指"在无法诉诸正式的引渡程序或者引渡遇到不可逾越的法律障碍的情况下，根据国家的授意或在国家的许可下，采取对外逃分子进行说服教育的方式，使其主动回到追逃国，接受追诉、审判或执行刑罚"[1]。劝返相较于遣返、异地追诉等其他引渡替代措施，更加具有效率优势，是我国当前追逃工作中适用最多，也最具中国特色的引渡替代措施。从"百名红通人员"的归案方式可以看出，我国对潜逃境外的犯罪分子多以劝返的方式归案。统计显示，截至2023年6月，我国已经成功追回62名"百名红通人员"，其中46人（74%）是通过劝返措施被追逃回国。[2]劝返是我国在境外追逃的工作中摸索出来

---

[1] 张磊：《国际刑事司法协助热点问题研究》，中国人民公安大学出版社2012年版，第6页。

[2] 参见商浩文：《境外追逃中劝返措施的法治化建构》，载《法学评论》2023年第5期。

的一种具有中国特色的引渡替代措施,为我国追逃工作提供了一套行之有效的方案,开辟了新的道路。

一、劝返的实践

劝返作为引渡的合法替代措施,可以在追逃工作中正常使用。如果仅从成本—收益的角度来看,劝返无疑是性价比最高的引渡替代措施。且从司法实践中来看,我国追逃组往往最先使用的即劝返措施。需要注意的是,劝返与其他替代措施并非对立排斥、非此即彼的关系。在适用引渡、非法移民遣返、所在国追诉等措施的过程中,即使劝返工作并不能直接达到使外逃人员自愿回国的效果,但是持久的劝返会使外逃人员的心理产生变化,使其对于回国的抵抗态度有所缓和,外逃人员的抵触情绪也会随着劝返效果的显现而相应降低,减少其刻意对抗所制造的法律障碍,有助于其他追逃程序的适用。比如,对于"百名红通人员"头号嫌犯杨某珠,我方采取的正是"劝返、遣返、异地追诉"三管齐下并以劝返为主的追逃策略。[1]

在其他措施失效的情形下,劝返更是发挥着不可或缺的作用。在胡某劝返案中,我国与新加坡之间既没有签订刑事司法协助条约和双边引渡条约,此前也没有可以为之参照的司法实践合作经验;新加坡方面也没有加入国际刑警组织,也拒绝在执法方面为我国提供协助,这使得我国和新加坡两国在胡某一案中无法在短时间内迅速达成一致,难以实现引渡、遣返或异地追诉等方式的合作,于是我国办案机关转而也只能采取劝返

---

〔1〕 参见李鹏:《天网恢恢虽远必追——劝返"百名红通人员"头号嫌犯杨秀珠回国投案纪实》,载 http://m.ccdi.gov.cn/content/70/63/131 22.html,访问日期:2024年11月5日。

的方式将胡某最终押解回国。[1]无论是引渡,还是非法移民遣返或异地追诉制度,都面临着严格且复杂的审查程序,以及因性质不同的法律障碍而无法发挥实质作用,极易造成时间及司法资源的大量消耗。在其他追逃措施失败或者成本过高时,如果劝返工作取得进展,将与其他程序和措施形成合力,能有效节省双方的司法资源。劝返对我国境外追逃追赃工作具有重要的意义,是实践中成功实现追逃追赃目标最主要的手段。

我国在陈某雄、陈某园案中即使用了劝返措施。虽然一开始追逃组并没有直接将其劝返回国,但是劝返工作依旧在之后的引渡程序中起到了积极的作用。[2]在胡某劝返案中,我国对劝返措施的适用已经较为成熟。缉捕胡某的过程体现了劝返的所有特征,体现了劝返手段的简单便捷和高效。[3]

二、劝返存在的问题

虽然劝返在很多情况下能够弥补其他引渡替代措施的不足,发挥其他措施所无法实现的效果,但劝返在我国开展国际刑事司法合作的实践中也存在一定的问题。主要体现在以下几个方面。

第一,缺乏劝返的明确法律依据。当前我国开展劝返工作的主要依据依旧是"宽严相济"的刑事政策,辅之以刑事法律中的"自首""认罪认罚从宽"等制度,尚没有专门的法律对劝返的主体、程序等进行明确规定。这种现状制约了劝返措施

---

[1] 参见张磊:《从胡星案看劝返》,载《国家检察官学院学报》2010年第2期。

[2] 参见黄风主编:《中国境外追逃追赃经验与反思》,中国政法大学出版社2016年版,第23~27页。

[3] 参见赵秉志主编:《反腐败国际追逃追赃案件精选》,中国方正出版社2019年版,第171~172页。

的规范化进程，也成为许多国家对我国劝返工作合法性提出疑问的主要原因。

第二，劝返措施没有从整体上形成统一的规范程序，高度依赖于具体办案人员的水平。由于个案的情况不同，我方对外逃人员采取的劝返措施也存在差异，劝返效果实际上因人而异。从我国司法实践中劝返的应用情况可以看出，办案人员如何与外逃人员进行沟通是劝返成功与否的关键，而这一点却很难从法律层面上予以落实。

第三，劝返承诺的法律地位和效力尚不明确，其内容与范围也缺少制度依据。劝返承诺是影响在逃人员能否回国投案的关键因素之一，但劝返承诺的内容能否被落实为从宽情节以及效力等都缺乏明确的规定。承诺地位的不明确会影响在逃人员的心态，导致其丧失回国接受审判的信心。但过分的承诺既有可能会对犯罪人造成实质上的不公，也可能因无法兑现而损害司法的权威性。因此有观点指出应当对追逃人员在劝返中作出的承诺进行限制和规范。[1]

以上因素均在不同程度上增加了劝返工作的不确定性，使得劝返的政策性的特征更加明显，长期来看还需要进一步的制度构建。

三、劝返中的承诺

实践中，以劝返方式开展国际刑事司法合作首要面临的争议便是"被劝返回国"能不能被认定为自首，这是关乎外逃人员能否获得从轻或减轻处罚的关键性情节。同时，另一方面也经常出现对于外逃人员和境内犯罪人同罪不同罚的争议。如何

---

[1] 参见王秀梅、宋玥婵：《新时代我国反腐败追逃的经验与完善——聚焦于"百名红通"》，载《北京师范大学学报（社会科学版）》2018年第5期。

确保承诺的合理性和有效性就成为实施劝返必须解决的难题。

我国《刑法》第67条第1款规定，"犯罪以后自动投案，如实供述自己的罪行的，是自首"。即只要满足"自动投案"和"如实供述"两个要件就可以被认定为是自首。从刑法理论上来讲，自动投案强调的是"自动性"，一般指的是在没有被采取强制措施或者国家工作人员介入之前主动投案的，才能构成自首。从这个角度来看，劝返的过程中，国家工作人员赶赴海外对外逃人员进行规劝，此时已经不存在自动投案的空间，难以构成自首。但是从实践的角度出发，公安机关在实际的工作中也常有"电话传唤"的先例，只要犯罪嫌疑人归案的，也可以被认定为自首。因此，从效果上来讲，也有人认为外逃人员经劝返回国本身就属于"自动投案"的行为，只要在回国后对自己的犯罪行为能做到"如实供述"，则与自首在本质上属于相同的行为，体现了其人身危险性较低，完全可以成立自首。[1]值得注意的是，对于在国外已经被采取强制措施的外逃人员，虽然其尚未被我国司法机关采取强制措施，但应认定其已经丧失了"自动投案"的空间，其后再经追捕回国的，一般不能被认定为自首。

另外，我国《刑法》第67条第1款也规定，"对于自首的犯罪分子，可以从轻或者减轻处罚。其中，犯罪较轻的，可以免除处罚"。外逃人员被认定为自首后，能否从轻、减轻处罚则需要司法机关根据具体案件事实和造成的社会危害性进行综合考虑。2018年国家监察委员会、最高人民法院、最高人民检察院、公安部以及外交部曾根据境外追逃的特点，为给予境外在逃人员改过自新、争取宽大处理的机会，联合发布了《关于敦

---

[1] 参见张磊:《从胡星案看劝返》，载《国家检察官学院学报》2010年第2期。

促职务犯罪案件境外在逃人员投案自首的公告》，对于自首从轻的处罚幅度进行了明确的规定。[1]此外，对于自首中的"自动投案"也进行了较为宽松的解释，"经亲友规劝投案的，或者亲友主动报案后将职务犯罪案件境外在逃人员送去投案的，视为自动投案"。[2]这一规定为劝返工作提供了良好的法治土壤。

除自首情节外，劝返工作人员也往往会承诺给予外逃人员量刑上的优惠。劝返的承诺与我国《引渡法》中的量刑承诺制度有所区别，后者指的是国家作为主体依据《引渡法》作出的承诺。[3]我国《国际刑事司法协助法》也作了类似的规定。[4]量刑承诺明显属于外交承诺的一种，是国与国之间的承诺，无论是在作出主体、适用范围还是法律效果上，都与劝返中的承诺

---

[1] 参见《关于敦促职务犯罪案件境外在逃人员投案自首的公告》第1条："职务犯罪案件境外在逃人员自本公告发布之日起至2018年12月31日前，向监察机关、公安机关、人民检察院、人民法院或者其所在单位、城乡基层组织等有关单位、组织自动投案，或者通过我国驻外使领馆向监察机关、公安机关、人民检察院、人民法院自动投案，如实供述自己罪行，可以依法从轻或者减轻处罚。其中，有效挽回被害单位、被害人经济损失，积极退赃的，可以减轻处罚；犯罪较轻的，可以免除处罚。"

[2] 《关于敦促职务犯罪案件境外在逃人员投案自首的公告》第3条。

[3] 参见《引渡法》第50条："被请求国就准予引渡附加条件的，对于不损害中华人民共和国主权、国家利益、公共利益的，可以由外交部代表中华人民共和国政府向被请求国作出承诺。对于限制追诉的承诺，由最高人民检察院决定；对于量刑的承诺，由最高人民法院决定。在对被引渡人追究刑事责任时，司法机关应当受所作出的承诺的约束。"

[4] 参见《国际刑事司法协助法》第11条："被请求国就执行刑事司法协助请求提出附加条件，不损害中华人民共和国的主权、安全和社会公共利益的，可以由外交部作出承诺。被请求国明确表示对外联系机关作出的承诺充分有效的，也可以由对外联系机关作出承诺。对于限制追诉的承诺，由最高人民检察院决定；对于量刑的承诺，由最高人民法院决定。在对涉案人员追究刑事责任时，有关机关应当受所作出的承诺的约束。"

完全不同。

　　劝返本就因为在我国立法上缺乏正式的依据而被质疑其正当性，劝返中所给出的关于量刑上的优惠承诺就更是面临怀疑。尤其是对于外逃人员和境内犯罪人的同罪不同罚的争议，始终伴随着劝返的实施。对劝返正当性怀疑的回应，需要从刑罚的本质入手。刑罚作为一种最严厉的制裁手段，通过对一般人进行警示和警戒的方式发挥其教育作用。[1]这种警示作用是刑罚作为一种法的规范所必然带有的，仅是由于刑罚自身的特点而显得更为严厉和强烈。与刑罚的严厉性相比，刑法的威慑力更加体现在其确定性上。因此，在劝返中，办案人员为了达到劝说外逃人员回国并使其回国承担刑事责任的目的，通常需要承诺其回国后的待遇或处遇，这实属两害相权取其轻后作出的整体考量，不可过于苛责。

　　对劝返承诺的正当性可以通过"宽严相济"的刑事政策予以填补。宽严相济的刑事政策是我国刑事法领域的基本政策，它贯穿了我国刑事立法、刑事司法和刑罚执行的全过程。劝返工作始终围绕着刑事追诉展开，劝返工作中的量刑承诺可以被认定为我国国家工作人员适用宽严相济刑事政策的具体举措。宽严相济不仅应体现在刑事审判阶段，其在最早的劝返时期就应该能够适用，而且可以贯通式地一体适用，这样才能在程序上做好与公诉和审判的衔接。

　　总之，虽然在没有明确法律认可的情况下，"承诺"的性质很难界定，但该制度对于犯罪人自愿回国至关重要，其在时效性上具有其他措施不可比拟的优势，不能与常规程序性事项相提并论。从长远来看，为了化解反腐败国际追逃追赃中劝返措

---

[1] 参见舒国滢主编：《法理学导论》，北京大学出版社2006年版，第40页。

施的困境，还是应当在立法上明确劝返措施的地位，并对相关制度进行法制化构建。

第四节　我国适用引渡替代措施的经验总结

党的十八大以来，党中央高度重视国际追逃追赃工作，尤其是在反腐败领域。在中央反腐败协调小组国际追逃追赃工作办公室的统筹协调下，我国部署开展了"天网行动""猎狐行动"等一系列专项行动。最高人民法院、最高人民检察院、公安部以及外交部等职能部门互相配合，共同形成打击跨境犯罪以及开展追逃追赃工作的内外合力，我国的反腐败追逃追赃工作取得了尤其瞩目的成就，向全世界展现了中国智慧与中国经验。这与我国各部门灵活运用各种引渡的替代措施开展工作是密不可分的。当然，我们也应当充分认识到新时代背景下追逃追赃工作所面临的新风险和新挑战，更加灵活地适用引渡的替代措施，加强与国内法律程序的衔接，积极稳步推进下一步工作的有序开展。

一、灵活运用多种引渡替代措施

从实践中来看，我国采取的引渡替代措施主要有遣返、异地追诉和劝返三种措施。三者彼此之间并非非此即彼，并不互相排斥，在国际刑事司法合作实践中往往需要综合适用才能最终实现追逃目的。比如杨某珠案的成功办理，正是我国办案人员综合运用非法移民遣返、异地追诉、劝返等手段的结果。[1]在这三种措施中，遣返和异地追诉程序的复杂程度仅次于引渡，

---

〔1〕参见赵秉志主编：《反腐败国际追逃追赃案件精选》，中国方正出版社2019年版，第113~120页。

而劝返则可以避开逃犯所在国的法律程序，相较前面两种措施更为简便易行。"据不完全统计，各地检察机关在职务犯罪国际追逃工作中，通过劝返取得成功的案件比例超过一半。"[1]实践表明，分析不同替代措施的特点并对其进行综合和灵活适用才能有效开展境外追逃追赃工作。"一般来说，在与我国外交关系良好的发展中国家，以采取缉捕措施为主，在发达国家则以采取劝返措施为主。当然，如果两国近期外交关系比较紧张，劝返工作受到政治因素的阻碍难以开展时，选择比较正式的遣返程序就是更加理性的安排。"[2]

二、进一步完善对外承诺制度

健全对外承诺的效力机制是我国开展境外追逃工作中亟需解决的重要问题。在劝返程序中，工作人员对潜逃人员作出的承诺能否最终兑现是影响其是否愿意接受回国调查的最关键因素。我国应尽快明确劝返承诺法律效力的进程，确保劝返的规范性及效率，同时一并提升我国在国际社会中的司法公信力。此外，由于我国属于保留死刑的国家，而"死刑不引渡"原则是国际社会中多数国家通行的一项刚性原则。这就要求我国在保留死刑制度的基础上进一步完善关于死刑的量刑承诺问题，并严格遵守和兑现不判处死刑的承诺，为境外追逃追赃工作减少障碍。

三、建立完备的国际刑事司法合作机制

从我国具体适用引渡替代措施的实践案例中可以看出，不

---

[1] 《开展国际追逃劝返独具优势》，载 https://www.spp.gov.cn/ztk/dfld/2015dfld/dfld54/gzjyt/201503/t20150306_92302.shtml，访问日期：2024年3月4日。

[2] 湖北省纪委监委协调指挥室编著：《反腐败国际追逃追赃理论与实践》，中国方正出版社2020年版，第79~80页。

少外逃人员的最终回国都建立在我国与其他国家的政治、外交以及司法合作关系上。鉴于我国外逃人员多选择藏匿于坚持"条约前置主义"的国家，我国应当加快与以上国家签署引渡双边条约的进程。同时与其建立可行的刑事司法协助机制，增强国际社会上其他国家与我国开展国际刑事司法合作的信心。同时，境外追逃追赃工作必须依法有序进行，只有完善的国内立法才能为我国的境外追逃追赃工作提供明确的法律依据，我国今后应当继续在《引渡法》《国际刑事司法协助法》等专门立法的基础上进一步完善涉外法律制度。

总之，引渡的替代措施为我国近些年来的国际追逃追赃工作作出了重要的贡献。未来我国应持续强化办案的法治思维，在法治模式下不断完善引渡替代措施的适用，建立健全我国的国际刑事司法合作体系，不断提升我国国际刑事司法的法治形象。